흐름의 한국
축적의 일본

한·일 간 차이를 만드는 세 가지 축

흐름의 한국
축적의 일본

FLOW & STOCK

· 국중호 지음 ·

한국경제신문

국중호 교수의 《흐름의 한국 축적의 일본》을 읽으면서 내 머릿속을 무겁게 내리누르는 물음도 역시 일본이라는 나라는 어떠한 나라라고 해야 하는가 하는 것이었다.

선량하고 친절하고 매우 현명한 일본 국민, 그러나 그들이 제아무리 바른 판단을 하고 옳은 국제 감각을 발휘할 수 있다고 해도 집단이 되고 정치라는 울타리 속에 들어가기만 하면, 도도한 반동의 물결에 휩쓸려가고 반反 휴머니티를 당연한 역사로 받아들였다는 그들의 오랜 역사를 어떻게 설명할 것인가.

그것은 인류 역사 어디에서나 볼 수 있는 현상이 아니겠는가라고 할지 모른다. 그렇다. 그러나 그러한 지난날의 역사를 부정하고 비판하려는 회한에 넘친 눈을 하기보다는 도리어 그것을 긍정하고 미화하고 싶어 하는 심성이 오늘도 이어지고 있다고 한다면, 그들은 세계에서, 특히 아시아에서 외로울 수밖에 없는 것 아니겠는가. 나는 일본을 생각할 때마다 이처럼 일본 국민의 아시아에서의 고독, 세계사에 있어서의 고립을 생각하게 되는 것을 피하지 못하고 있다. 그리고 그러한 일본으로 말미암은 동북아시아에 있어서의 극복하기 어려운 대립과, 그럼으로써 우리가 이 평화의 시대에 맛봐야 하는 불안을 되씹지 않을 수 없다.

《흐름의 한국 축적의 일본》과 같은 일본론이 아시아에서, 특히 한국에서 거듭거듭 되풀이되는 데는 그러한 불안한 의식이 잠재해 있기 때문이 아닐까. 일본을 위한다고 하기보다는 아시아를 위해, 세계 평화를 위해, 아시아의 우정과 공동 번영을 위해, 일본의 위정자들은 그 국민의 따뜻한 심성을 동원할 수는 없는 것인가. 그것이 바로 1945년 종전과 더불어 일본이 그 국민과 함께 결의했던 조심이 아니겠는가. 그 폐허 속에서 다짐했던 일본의 결단, 그것이 아시아가 평화로 가는 길, 아시아의 통합과 번영으로 가는 별빛이 아니었을까. 그것이 바로 일본의 국민들이 역사의 주인으로서 처음으로 체험하는 에너지가 되는 것이 아닐까 생각했다.

위와 같이 나아가는 것이 새 시대를 향한 아시아의 에너지로 확산되고 그 힘으로 아시아가 역사에서 일찍이 볼 수 없었던 활력과 번영, 정의와 우정을 이뤄가는 길이 아닐까. 그러한 길에 들어설 때 새로운 아시아의 시대가 온다. 세계사적인 평화와 번영이 찾아온다. 일본의 이러한 전환 없이 어떻게 아시아의 상호 이해와 평화, 번영이 있다고 할 수 있겠는가. 일본에 대한 비판적인 자세란 바로 이러한 일본에 대한 기대를 반증한다고 할 것이다.

한반도가 어제도 오늘도 변함없이 일본에 대해 과도하리만치 비판을 일삼고 있다고 할지 모른다. 《흐름의 한국 축적의 일본》도 이러한 상황에서 읽혀질 것이 아닌가 생각한다. 지금처럼 한국과 일본이 서로 반발하는 시대가 아니라 서로 미소로 손잡고 나아가는 시대를 멀리 그려보면서 많은 독자들이 이 귀중한 책을 즐기게 되기를….

전 한일문화교류회의 위원장
지명관

한국은 일본을 좇아가는가

스마트폰이라는 손바닥 위의 혁명적 기기로 많은 사람들과 연결되는 세상이 되면서 그때그때 대응해야 하는 일들이 많아졌다. 언제 어디서나 필요한 정보와 지식을 손에 넣을 수 있다 보니, 들고 다니기 거추장스럽고 무거울 수 있는 책보다는 궁금한 것이 있으면 금방 들여다볼 수 있는 스마트폰에 손이 가게 된다. 그런 흐름과 함께 책을 가까이하는 시간이 줄어드는 요즘이다. 어느 한 가지에 골몰해 깊이 생각하는 기회도 그만큼 줄어들었다.

책이 인터넷상에서의 글보다 나은 이점은 무엇일까? 이에 대한 답을 일본의 국어학자인 사이토 다카시齋藤孝 교수가 제시한다. 그는 "정보량이나 망라성에서 승부할 수 있는 인터넷과는 달리, 책의 가치나 중요성은 '작가의 성품'에 있다. (책에는) 저자의 의견이나 '편집된' 존재로서의 중요성이 있다"(사이토 다카시, 《어휘력이야말로 교양이다》, 111쪽)고 말하고 있다.

나는 이 책을 한일 사회·경제·정치 등의 특징 비교 고찰과 함께 내 의견이 잘 편집되고 다듬어진 존재로서 내보내고 싶었다. 돌이켜보면 참으로 많은 시간과 정성이 들었다는 생각이다. 그렇게 엮어낸 한 결정체로서의 이 책에 나의 성품이 어떻게 투영되어 비칠 것인가에 대한 두려움도 있다. 다른 기존의 책들이나 인터넷 정보에도 사실과 분석을 내세운 학문적인 고찰이나 개인의 감상 자료까지 망라되어 있을 수 있다. 나의 내공이 이 책에 잘 스며들어 기존 서적이나 인터넷 정보와 구별되는 차별성으로 받아들여지고 손때 묻은 책으로 남는다면 필자로서는 더없는 보람이겠다.

이 책을 집필하면서 그동안 써왔던 신문 칼럼이나 월간지 등의 발표 글이 많은 도움이 되었다. 이들 원고를 한 편 쓸 때마다 '제대로 쓸 수 있을까?' 하는 불안함 속에 적지 않은 기력을 쏟아붓곤 했다. 전체적인 틀을 맞추기 위해 2013년 출간한 《호리병 속의 일본》에서 일부 아이디어나 글을 빌려오기도 했지만, 이 책을 작성하면서 많은 첨삭이 이뤄졌다. 테마별 취급에 있어 나름 전반적인 뼈대 형성과 살 붙이기가 이뤄지지 않았나 여겨진다.

주제를 잡아 화제를 이끌어갈 때는 '아, 그렇겠다'고 호소하는 직관적 이유 몇 가지(대개는 세 가지)를 들고 그 각각의 이유를 운율 있는 논리로 묘사하려 했다. 묘사 시에는 가급적 부드럽고 담담한 필치로 다가가고자 했다. 한국과 일본에 관한 언급은, 감정에 치우치지 않고 시시비비, 즉 '옳은 것은 옳고 그른 것은 그르다'의 입장을 견지하려 했다. 나의 직관적 이유와 운율 섞인 논리 묘사가 얼마나 와 닿고 또 어떠한 공감대를 형성하게 될지는 독자 제현諸賢의 평가에 달려 있음은 물론이다.

이 책은 모두 5부로 구성되어 있다. 전개 방식으로는 우선 1부에서는 이 책의 차별성 언급과 함께 일본을 어떻게 대할 것인가에 관한 팁을 제시하고 있으며(1장), 한일 특징을 이해하기 위한 세 가지 축으로서 '넓고 얕게'의 한국 vs. '깊고 좁게'의 일본, 디지털 한국 vs. 아날로그 일본, 흐름flow(플로)의 한국 vs. 축적stock(스톡)의 일본을 제시하고 있다(2장).

이어 2부에서는 사회·문화, 3부에서는 경제·경영, 4부에서는 정치·외교 등의 주제로 넘어가는 방식을 취했다. 마지막 5부에서는 앞에 언급한 세 가지 축을 요약하면서 제언과 가다듬기로 마무리하고 있다. 각각의 주제를 다루면서는 소제목을 달아 전체적 내용의 이미지가 들어오거나 상상할 수 있도록 했다.

이 책의 전반적인 메시지를 간단히 카피 문구처럼 적는다면 '넓고 깊게'의 추구, 디지털과 아날로그의 조화, 흐름과 축적 속성의 겸비가 되지 않을까 싶다.

집필 형식으론 먼저 본문을 적고 그다음에 '이삭줍기' 란을 마련해 못다한 말을 한두 단락 첨가하는 형식을 취했다. 내용적으로 영근 이삭을 주워 담으려 했다. 한국의 50원짜리 동전과 일본의 5엔짜리 동전에는 벼이삭이 새겨져 있으며 50원과 5엔은 그 가치도 거의 동일하다. 이삭도 줍고 돈도 줍기를 바라는 마음이다.

5엔을 일본어로 읽으면 '고엔'이 된다. 고엔이란 발음은 '좋은 인연'을 연상시키는 '고엔ご縁'이라는 말과 발음이 같은 까닭에, 일본에서는 5엔 동전을 좋은 인연 고엔과 연결시키는 이미지가 강하다. 이 책을 통해 좋은 인연이 되었으면 하는 바람이다.

이 책을 집필하면서 주변으로부터 분에 넘치는 격려도 받았다. 일일이 지면에 열거하기에 벅찰 정도이지만, 그래도 꼭 지면에 감사를 표하고 싶은 분들이 있다. 우선 서울대학교 경제학과의 주병기 교수님은 내가 한국으로 연구년을 오면서 친절하게 맞이해주시고 좋은 연구 환경을 제공해주셨다. 장원실 님, 허광무 님, 손영환 님, 박기임 님은 원고 초고 단계 때부터 검토해주고 많은 코멘트를 해주셨다. 코멘트를 받을 때마다 필자로서 '많이 부족했구나'를 느끼게 되었고 교정 작업을 하는 데 큰 도움이 되었다. 이와 함께 삼성경제연구소의 이갑수 님, 이유경 님, 한국무역협회의 김용태 님도 많은 독려를 주셨다.

'국중호의 정경일침'이라는 대문 제목으로 칼럼을 쓸 수 있게 배려해준 당시 국가미래연구원의 김광두 원장님(현 국민경제자문회의 부의장)께도 감사함을 전하고 싶다. 〈한국경제신문〉 칼럼 집필 시 담당부장으로 배려를 해주신 김태완 님, 정태웅 님, 송태형 님도 고마운 분들이다. 이 세 분들 외에도 같은 신문사에 있으면서 많은 대화로 책 편찬을 북돋아주신 최인한 이사께도 깊은 사의를 표한다.

최근 출판사 사정이 힘든 위치에 있다 하더라도 '좋은 책은 독자들이 반응한다'는 믿음으로 출판이 이뤄지도록 힘써주신 한경BP 한경준 대표 님, 전준석 본부장님, 이근일 편집자님께도 깊이 감사드리는 바다. 이 책이 다소나마 한경BP의 믿음에 보답했으면 하는 바람이다. 마지막으로 궂은 일을 마다하지 않고 도와준 아내 이미영의 고마움도 빼놓을 수 없다.

서울대학교 관악캠퍼스 연구실에서

국중호

○

차례

○

1부 **Different**: 한국 vs. 일본, 무엇이 다른가

1장 | 일본을 올바로 안다는 것

2장 | 차이를 만드는 세 가지 축

2부 Culture: 사고방식과 문화가 다른 일본

3부 **Economy: 한일 간 경제적 차이는 어떤가**

Comment: 일본, 어떻게 대할 것인가

Different

한국 vs. 일본, 무엇이 다른가

1장
일본을
올바로 안다는 것

어떤 관점으로 볼 것인가

몇몇 질문

일본을 올바로 안다고 해 어떠한 유익함이 있을 것인가? 향후 한국은 일본을 따라갈 것인가? 한국과 일본, 한국인과 일본인, 한국 사회와 일본 사회는 어떤 점이 같고 어떤 점이 다른가? 일본에 관한 얘기가 나오면 괜히 얄밉고 감정이 상하는데 일본과 관계 개선을 할 필요가 있겠는가? 일본을 이해함에 있어 어떤 기준을 세우고 보다 명확히 파악할 수는 없는 것일까? 등등 여러 질문이 나올 수 있을 법하다. 이 책은 이러한 질문들에 대한 답이 얻어지길 바라는 마음에서 집필하고자 했다.

차별성은 무엇인가?

우리나라에는 이미 일본 관련 서적들이 꽤 출판되어 있다. 이 책이 이들 기존 문헌과 비교해 차별성으로 들 수 있는 점은 무엇일까? 우선, 전반적인 차원에서 이 책의 차별성을 말한다면 사회·경제·정치 등에서 한일 양국은 어떠한 특징적 차이를 보이는지, 한국인과 일본인의 생각이나 사고방식은 어떻게 다른지 드러내고, 우리가 취해야 할 태도는 어떠해야 하는지에 대한 필자의 생각을 제시했다는 데 있다. 또한 위에서 제기한 질문들에 대한 답은 한마디로 건넬 수 있는 것은 아니라 하더라도 이 장에서 나름대로 그 윤곽이 될 만한 몇몇 팁을 적고자 한다.

균형 잡힌 이해가 될 수 있도록

필자의 생각을 피력할 때는 직관과 논리를 살려가며 어떤 특성이 왜 그렇게 나타나고, 그것을 어떻게 해석할 수 있는지 부각시키려 했다. 직관만을 내세우면 비약이 있을 수 있고, 논리만을 따라 전개하면 딱딱함이 있다. 쓰인 글이 재미있고 유익하려면 직관과 논리 중 어느 한쪽만으로는 부족하다는 생각이다.

한정된 지면에 일본에 관한 일들을 모두 망라해 다룰 수는 없다. 또 그렇게 하는 것이 바람직하다고 할 수도 없다. 핵심이 흐려지기 때문이다. 그렇더라도 가급적 다양한 분야를 다뤄 일본 사회나 일본인의 사고방식에 대해 한일 비교의 관점에서 균형 잡힌 이해가 될 수 있도록 노력했다. 이때 그저 단순히 주제를 나열하고 설명하는 방식은 흥미가 반감되기 쉽다. 이를 피하고 독자들의 흥미를 유발하기 위한 방편으로, 대상 파악 시 근거나 논리에 입각해 일본인들의 사고방식이나 필자의 생각을 드러내고자 했다.

무엇을 얻을 것인가

특징 파악을 위한 세 가지 축

알 듯하면서도 전체 상(像)이나 이미지가 확실히 잡히지 않는 것이 일본에 대한 이해가 아닐까 싶다. 이 책에서는 한국과 일본을 대비해 이해하기 위한 세 가지 축을 세우고 있다. '넓고 얕게'의 한국 vs. '깊고 좁게'의 일본, 디지털 한국 vs. 아날로그 일본, 흐름의 한국 vs. 축적의 일본이라는 세 가지 축이다.

이를 통해 한국과 일본에 어떻게 다른 특성이 나타나는지, 필자는 어떠한 입장을 취하고 있는지, 그리고 어떠한 메시지를 주는지를 찾고자 했다. 이들 세 가지 축은 필자가 30년 가까이 일본에 체재하고 또 한국과 일본을 왕래하면서 경험하고 느낀 개념 축이기도 하다.

'보완성' 차원에서 일본을 활용

일본은 특히 한국이 간과하기 쉬운 특징을 지니고 있어, 한국인이나 한국 사회로서는 '보완성' 차원에서 일본을 활용하는 방식이 큰 이득으로 이어질 수 있다는 생각이다. 순서 없이 몇 가지를 들어본다면 다음과 같다.

우선 일본에는 기술·자본·지식 등이 많이 쌓여 있으므로 이 축적을 활용함으로써 1) 비교적 단기간에 사고 범위를 크게 넓힐 수 있다는 점, 2)공부나 사업을 하는 데 많은 아이디어나 힌트를 얻을 수 있다는 점, 3) 적은 비용으로 많은 효과를 낼 수 있을 것이라는 점이 그것이다. 또한 일본은 아날로그성이 강해 디지털 면에서 보면 답답함이 느껴질 수 있겠으나, 바꾸어 생각하면 디지털이 갖고 있는 불안정성을 보완하는 4)안정감을 얻을 수 있다는 점을 그 이점으로 들 수 있을 것이다. 마지막으로 조직에 속한 구성원으로서 한 우물 파기(즉 '깊고 좁게')의 태도로 서로 협력하려는 성향이 강한 일본인들로부터는 5) 혼자선 함께하는 여럿을 당하기 어렵다고 자각하게 된다는 점이 아닐까 싶다.

어떻게 대할 것인가

일본에 대해 취해야 할 태도

그렇다고 무작정 일본 이해나 한일 비교로부터 이득이 얻어지는 것은 아니다. 일본 대하기^{handling}에 있어 취해야 할 태도라 여겨지는 것 몇 가지를 들고자 한다.

1) 일본 몰이해로 빚어지는 지도자의 행동은 국가나 국민에게 큰 경제적 손실을 부르기 쉬우므로 매우 조심해야 하는 점, 2) 실익 또는 실리를 찾고자 한다면 감정 논리나 한국에서 통용되는 민주 논리를 내세워도 그리 설득력이 없다는 점, 3) 일본인과 약속해 무엇인가를 하기로 했으면 그 약속을 지켜야 한다는 점, 4) 일본인들과 함께 어떤 일을 추진하고자 한다면 한꺼번에 많은 것을 추진하려 하기보다는 조금씩 시작해 상대방에게 불안을 심어주지 않도록 해야 한다는 점이 그것이다.

나아가 일본인들과 어떤 일을 추진하고자 할 때 그것을 이루기 위한 보다 구체적인 방식으로는, 5) 일단 한번 실행해보고 안심할 수 있다는 '전례前例를 형성'해가며 추진해가는 것이 나을 것이라는 점, 전례를 형성해가는 것을 포함해 일본인들과 일을 해나갈 때는 6) 어느 특정인에게 부담을 주는 방식이 아니라 구성원들이 정보를 공유할 수 있도록 해야 무리가 없을 것이라는 점 등을 들 수 있지 않을까 생각된다.

일본 대하기에 있어 주의점

일본이나 일본인을 대할 때는 주의할 점들도 꽤 많이 있다. 이러한 주의점이 일본인이나 일본 사회의 특성과 관련이 있음은 물론이다. 그 주의점에 대한 몇 가지를 순서 없이 적어보면 다음과 같다.

1) 한국인들 간 분열되는 모습을 보이거나 배타적으로 행동해서는 모두에게 손해를 가져올 수 있다는 점, 2) 일본에서 이뤄지고 있는 것들이 설사 한국인의 눈에 비효율적으로 보인다 하더라도 쉽게 생각해 "그렇게 하는 것은 비효율적이니 이렇게 고칩시다" 하고 나서지 않는 편이 낫다는 점(일본인들한테 설사 그것이 비효율적이라고 문제 제기를 하더라도 십중팔구는 고쳐지지 않을 것이다. 비효율적이지만 그렇게 형성되어온 데는 그동안의 관례에 따른 것이 많다. 일본은 그러한 관례를 쉽게 고치려 하기보다는 조금 불편하더라도 앞에서 해오던 것을 지키려는 성향이 강하기 때문이다), 3) 일상 회화나 글 등에서 천황에 대한 비판이나 비난을 하지 말아야 한다는 점(일본인들의 유전자DNA 속에 천황 존중의 인자가 있으려니 여기고 천황에 대한 비판이나 비난을 하지 않는 것이 좋다. 왜 그러한지에 대해서는 이 책의 6장에 적고 있다), 4) 일본인들과 얘기를 하다 보면 대개는 한국인이 말을 많이 하고 일본인이 주로 듣는 입장이 되는 경우가 많으므로, 우리에게도 참고 들을 수 있는 인내력이 요구된다고 하는 점, 5) 일본인들의 교제 범위는 넓지 않은 경우가 많기 때문에 일본인을 향해 성의 있는 관심을 보이며 대하는 것이 좋을 것이라는 점, 그렇다고 한국에서처럼 아주 허물 없이 지내는 것도 부담스러울 수 있기 때문에 6) 적당한 거리를 유지할 필요가 있다는 점이다. (일본어에 '8할의 교제 방식八分目の付き合い'이라는 말이 있다. 이는 어떤 사람과 사귀는 데 있어, 너무 속 깊이 들어가는 것보다

80% 정도 선을 넘지 않는 것이 나을 것임을 상기시켜주는 말이다. 예컨대, 일본인과 친해져 그 사람의 집을 방문했을 때 주인 허락 없이 냉장고 문을 열어본다거나 책상 서랍을 열어보거나 하는 식의 행동은 삼가해야 할 것이다. 대개의 일본인들이 설령 겉으로 표시내지는 않더라도 속으로는 그러한 행동에 대해 몹시 당황스러워할 것이다.)

이삭줍기: 창업 성공 10계 중 하나가 '상호 협력'

한국에선 창업을 장려하고 밀어주려 한다. 캘리포니아대학교 버클리 캠퍼스 비즈니스 스쿨에서 말한 창업 성공 10계 중 하나가 '한 사람은 협력하는 여럿을 당할 수 없다'이다. 한국이 일본에 뒤지는 것도 '상호 협력'이다. 한국이 일본처럼 그저 집단에 충성하기를 바라지는 않는다. 그렇게 하는 것이 바람직하지도 않으며 또 그렇게 할 수 있다고 여겨지지도 않는다. 개인이 톡톡 튀면서 나아가며 창의력을 발휘하려는 것은 좋지만 판을 깨는 일이 없도록 하는 것도 중요하다. 한반도는 좁은 땅덩어리임에도 남북한으로 판이 갈라져 있다. 일이 잘되기 위해서는 정치가의 리더십과 함께 국민의 상호 협력 풍토도 빼어놓을 수 없다는 생각이다.

2장
차이를 만드는
세 가지 축

'넓고 얕게'의 한국, '깊고 좁게'의 일본

한국인과 일본인의 이미지

한국인과 일본인은 생김새는 비슷하나 참으로 다른 사고방식의 소유자임을 속 깊이 느끼곤 한다. 일본인은 한국인보다 여기저기 관여하는 바가 적은 편이기에 자신이 종사하는 분야에 깊이 파고드는 성향이 강하다. 한국인들도 전문 분야의 지식을 익히고 익숙해지기 위해 많은 노력을 하겠지만 일본인에 비하면 자신의 종사(전문) 분야 외에 관여하는 곳

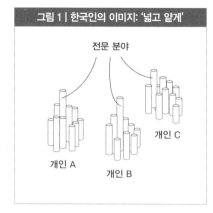

그림 1 | 한국인의 이미지: '넓고 얕게'

전문 분야

개인 A
개인 B
개인 C

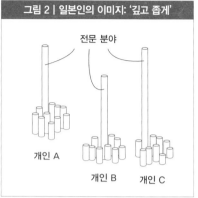

그림 2 | 일본인의 이미지: '깊고 좁게'

전문 분야

개인 A
개인 B
개인 C

자료: 국중호, '한국과 일본 교수의 특징 비교'.

이 많은 편이다. 그림을 통해 한국인과 일본인의 이미지를 보이도록 하자. 〈그림 1〉과 〈그림 2〉는 각각 한국인과 일본인의 이미지를 제시한 것이다. 그림 중 막대기의 높이는 각각의 분야에 대한 지식 정도를 나타낸다.

〈그림 1〉에서 보듯이 한국인은 자신의 전문 분야에 대한 식견이 다른 분야보다 높기는 하지만, 다른 분야에 대해서도 관심을 보이며 상당 정도 지식을 갖고 있다. 이에 비해 〈그림 2〉를 보면 일본인은 자신의 전문 분야에서는 두각을 나타내나 전문 분야 이외의 다른 분야에 대한 지식 수준이 그리 높은 편은 아니다. 부연하면 한국인은 어느 한 분야에 특화되어 있다기보다는 여러 다른 분야에 대해서도 관심의 촉수觸手가 닿아 있다. 그러다 보니 처음 만나 여러 방면에 대해 얘기를 나누게 되면 한국인이 일본인에 비해 이것저것 많이 아는 것처럼 비춰진다. 반면에 자신의 전문 분야로 한정하면 일본인이 한국인에 비해 훨씬 구체적이고 심도 있게 파악하고 있다.

다양한 경험으로 이것저것 섭렵하는 것은 저변을 넓히는 데 도움을 준다. 한편으로 그것이 자칫 잘못되면 여기저기 서성대다 특정 분야에서 일가견을 이루지 못한 채 엉거주춤하게 끝날 수 있다. 물은 100℃라는 임계점에 달해야 액체에서 기체로 변하는 질적 변화가 있게 된다. 조금씩 덥혀졌다 식혀졌다 하다가는 미적지근한 상태로 있게 되고 기체로 뛰쳐나오지 못한다. 〈그림 2〉에서 보듯이 일본인들 가운데는 자기 전문 분야에서 일가견을 이룬 사람들이 많이 포진해 있다. 예컨대 필자의 지도교수였던 이시 히로미츠石弘光 히토쓰바시대학 전 총장은 "재정학에 대해선 절대로 다른 이들한테 지지 않겠다"며 대학 산악부 때부터 체득한 끈기로 노력해온 인물이다. 실제로 이시 교수는 일본 재정학계의 거두로 자리 잡았다.

단기전은 한국인이 판정승

엉뚱한 질문이지만, 한국 사람과 일본 사람이 한판 붙는다면 누가 이길까? 이 속물스런 물음으로 양국인의 성격과 성향을 진단해보자. 단기전의 대결에서는 한국인이 일본인을 압도하는 분위기다. 한국 사람은 이것도 저것도 아는 듯 일본 사람 앞에서 자신의 지식 수준을 역설한다. 그러면 나서지 않는 일본인들은 대개 "아! 그렇습니까? 그건 몰랐네요" 하고 고개를 끄덕이며 받아들인다. 한국인이 일본인한테 자신이 하고 있는 일 이외 분야에 대해 말을 꺼내면, 일본인은 설사 자신이 어느 정도 알고 있다 해도 "그건 내 분야가 아니라 잘 모르겠다"며 대답을 꺼려 한다. 한두 번의 단기전으로 끝난다면 1라운드는 한국인의 판정승이다.

장기전은 일본인이 판정승

문제는 장기전일 때다. 아마도 일본인과 마주했던 한국인은 상대방을 떠올리며, "저 친군 이런 것도 모르나!" 하며 답답해할 수 있다. 틀린 진단은 아니다. 이제 여러 번 만나면서 자신이 종사하는 분야에 대해 깊이 얘기한다고 하자. 그러면 전세는 역전된다. 여기저기 관여하는 한국인은 어느 특정 분야에 몰입해 장시간 공부하려는 습성이 그리 배어 있지 않다. 한국인들이 보기에 "아니, 저런 세세한 것까지 알고 있나?" 할 정도로 일본인들은 자기 분야에 깊이 파고들어가 있다. '계속은 힘이다(継続は力なり)'를 믿으며 덕후(일본어로는 오타쿠ぉ‹라 한다)처럼 몰두하는 일본인을 당하기 어렵다. 요컨대 전문 분야에서의 장기 개인전으로 가면 일본인의 판정승이다.

필자는 일본 히토쓰바시대학에서 유학을 마친 후 한국조세재정연구원에서 연구위원으로 2년간 근무한 경험이 있다. 그 후 1999년 4월부터 요코하마시립대 교수로 자리를 옮겨 연구 및 교육에 종사해왔다. 직장을 옮긴 데는, "이러다간 무엇인가 진득하게 몰두할 시간을 갖기 어렵겠다"라는 이유가 컸다. 한국의 연구기관에선 수시과제(속어로 '짱돌'이라 한다)가 종종 주어진다. 이 수시과제가 때론 긴급성 및 중요성을 띠기도 하는지라 거기에 에너지를 쏟다 보면 자신의 관심 분야에 전념할 시간이 적어진다. 또 기관장이 누구인가에 따라 분위기가 심히 달라지기도 하고, 충성파와 비충성파로 나뉘어 소모전을 펼치기도 한다. 일본에서도 학생 교육과 학내외 업무 등 일이 적지 않지만 자신한테 주어진 일을 하면 일단락되는 분위기다. 갑자기 옆에서 치고 들어와 리듬 끊기는 일은 그리 일어나지 않기에 한국보다는 집중하기에 유리한 환경이다.

단체전은 어떨까?

그렇다면 단체전은 어떨까? 〈그림 2〉에서 보듯이 일본인은 이런저런 주변 지식이 결여되어 있어 어딘가 한쪽으로 치우쳐 있는 듯한 인상을 준다. 유념해야 할 것은, 이들 개인이 모여 큰 조직을 이룰 때는 한국으로선 당하기 어렵다는 점이다. 이를 그림으로 확인해보자. 〈그림 3〉에서는 〈그림 2〉의 개인들이 모여 이룬 일본의 조직(집단) 이미지가 나타나 있다.

〈그림 3〉에서 보듯이 각각의 높은 전문 지식을 갖는 사람들이 모이게

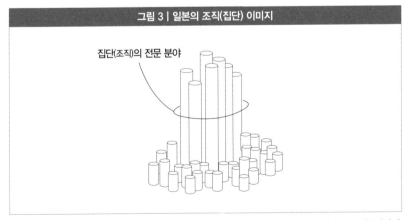

그림 3 | 일본의 조직(집단) 이미지

집단(조직)의 전문 분야

자료: 국중호, '한국과 일본 교수의 특징 비교'.

되면 다양한 분야에서의 전문가 집합이 된다. 깊이 아는 전문가로 묶여 있는 일본인 집단을, 단결이 어렵고 전문성도 약한 한국인 집단이 단체전에서 이기기는 어렵다. 한국의 전문가들(예컨대, 교수나 박사 등) 세 명을 일렬로 세우기는 미꾸라지 세 마리를 일렬로 세우기보다 어렵다고 꼬집는 말이 있다. 비단 교수나 박사와 같은 전문가들만이 아니라 일반인들도 한국인이 일본인보다 튀는 행동을 많이 하는 편이기에 조직의 힘으로 묶어내는 데 어려움이 많다.

〈그림 1〉과 같은 '넓고 얕게'의 이미지를 갖는 한국인의 장점으로는 다양한 분야를 섭렵하는 동적dynamic 활발함을 들 수 있다. 반면 약점으로서는 어떤 위기 상황에서 정작 중요한 핵심 문제를 해결하지 못하고 이리저리 좌충우돌할 수 있다는 점이다. 2014년 세월호 침몰 사고 때 생명구조는 하지 못하고 우왕좌왕 발만 동동 굴렀었다. 어떻게 하면 힘을 결집해 국력을 발휘할 것인가가 한국의 큰 숙제임을 시사한다. 한국이 노벨상을 타지 못하는 것도 어쩌면 '이거다' 하고 내세울 결과물(오랫동안 끈기 있게 축적한 전문 지식)을 찾기 어렵기 때문일 것이다(노벨상에 대해서는 4장 참조).

종적 사회의 일본

나카네 지에中根千枝의 《종적 사회의 인간관계》에서 제시하고 있듯이, 일본은 종적 계열의 영향력이 강하고 횡적 연결이 약한 편이다. 그런 까닭에 평소에는 깊은 전문 지식이 충분히 활용되지 못하는 경우도 비일비재하다. 일종의 잠재력처럼 숨어 있다. 그러다가 예컨대 전쟁과 같은 비상사태가 발생해 '국가를 위해' 결집하는 전체주의 쪽으로 작용하면, 일본인들이 뭉치는 행동은 주변국 입장에서 볼 때 두려움으로 다가올 수 있다.

20세기 초(1904년) 일본이 러일전쟁에서 이길 것이라 예상하지 못했지만 일본이 승리를 거뒀다. 시바 료타로司馬遼太郎의 《언덕 위의 구름》이란 대하 역사소설을 보면, 일본이 러일전쟁에서 이기는 과정이 생생하게 묘사되어 있다. 일본이 운 좋게 러일전쟁에서 이긴 것이 아니고 이기기 위한 많은 준비가 있었음을 느끼게 한다. 러일전쟁으로 한반도에서의 일본 입지는 확고해졌고 한국은 일본의 식민지로 전락해갔다. 전쟁만이 아니라 지진 발생과 같은 재해에서도 일사분란하게 움직인다. 반면 일본인들은 스스로 알아서 처리하는 융통성이 뒤떨어지는 경향을 보이기도 한다.

이삭줍기: '덕후'와 '오타쿠'의 차이

한국에서 '어느 한 가지 일에 푹 빠져 다른 일에 무관심한 사람'이라는 뜻의 덕후라는 말이 쓰이곤 한다. 이는 일본의 오타쿠에서 온 말이다. 덕후나 오타쿠라 할 때, 다른 일에 무관심한 사람이라는 부정적 뉘앙스를 풍길 수 있으나, '어떤 일에 흥미와 열정을 갖고 몰두하는 사람'이라는 긍정적 의미도 내포하고 있다. 일본은 자기 일에 매달리는 사회 분위기가 강한지라, 일본의 오타쿠가 한국의 덕후보다 훨씬 많다는 인상이다. 오타쿠 기질이 좋은 쪽으로 나타나면 해당 분야에서 정통한 전문가가 되

지만, 나쁜 쪽으로 발현되면 지엽적인 문제에 집착한 나머지 큰 줄기를 파악하지 못

하는 병폐가 나타난다.

한국은 디지털, 일본은 아날로그

디지털 기기의 경이로움과 주의점

일상생활에서 접하는 디지털 세계의 확장은 가히 혁명적이다. 인공지
능(AI)이나 로봇 기술등의 4차 산업혁명의 장래는 어떻게 전개될지 예측
하기 어려울 정도다. 우리 주변에 있는 디지털 기기의 걸작은 스마트폰
이다. 손바닥 위의 꽃게 딱지만 한 기계로 전화, 메일, 영화·음악 감상,
TV 시청, 길 찾기, 스케줄 관리, 게임, 사전 기능, 계산, 검색, 표 예매,
인터넷 등 할 수 있는 기능은 거의 만능에 가깝다. 하도 빠르게 변하는
지라 세대에 따라 또는 처한 상황에 따라 받아들이는 속도나 태도에 큰
차이를 보인다. 젊은이들에겐 필수품이지만 중고령 세대가 따라가기는
벅찰 때도 많다. 기억 용량으로 치면 어중간한 인간의 기억 용량이 손톱
만 한 집적회로(IC칩) 하나를 당해내기 어려운 세상이 되었다.

디지털 세계의 전개가 반드시 행복으로 연결되는 것은 아니다. 일반
적으로 새로운 디지털 기기를 쉬지 않고 좇아가는 사람은 상대적 박탈
감에 빠지기 쉽다. 디지털 기기가 제공하는 다양한 기능이나 방대한 정

보량을 섭렵하지 못하면 무언가 뒤떨어져 있다는 불안에 짓눌리기 때문이다. 공교롭게도 디지털 기기가 대신해주는 일의 영역이 많아질수록 일자리 잡기는 더욱 어려워질 수도 있다. 엄청난 천재가 아니고서야 비집고 들어갈 데가 없을 것 같다는 착각, 또 일등이 아니면 살아남을 수 없다는 강박관념에 빠지기 쉽기 때문이다. 클릭이나 터치에 따라 이것저것 보여주는 가상 세계와 욕심대로 되지 않아 실망을 가져다주곤 하는 현실 세계 간에는 큰 괴리도 있다. 때문에 현실을 직시하기보다는 회피해 떨어져 있으려는 유혹에 빠지기 쉽다. 가상과 현실과의 괴리를 메우지 못하고 가상현실Virtual Reality, VR에 탐닉할 위험이 있다는 뜻이다.

아날로그에 강한 일본

아날로그 기술은 오랜 기술 축적이 뒷받침된다. 디지털 분야에서는 한국에 뒤지고 있는 일본이지만, 고기술 아날로그 속성의 사업 분야는 여전히 일본 기업이 세계 곳곳에서 강점을 보인다. 오랜 시간 또는 성상星霜의 경험과 섬세한 감각으로 '암묵지暗默知'를 통해 기술 배양에 힘써왔기 때문이다. 암묵지라 함은 '말로는 설명할 수 없는 경험적 지식이나 신체 동작에 배어 있는 지식'을 말한다(노나카 이쿠지로野中郁次郎의 《지식창조의 경영》). 축적 기술을 중요하게 여기는 일본 기업이니만큼 앞으로도 아날로그 산업에선 두각을 나타낼 것이다.

일본은 2011년 동일본 대재해 때 지진 및 쓰나미로 후쿠시마 원전 사고를 비롯해 막대한 피해를 입었다. 대재해로 정전이 되자 가장 먼저 타격을 입은 것은 최첨단 디지털 기기였다. 전기가 있어야 움직이는 스마트폰은 먹통이 되었고 디지털 센서로 작동하던 자동문은 열리지 않았다. 반면 위기에 대비해 전기를 일절 사용하지 않고 재래식 방법으로 담가온 술독의 술은 건재했다. 할아버지 세대에서 아버지 세대로 또 그다음 아들 세대로 몇 백 년을 이어온 술 담그기 전통비법은 다시 손자 세대로 이어지고 있다. 디지털화에는 뒤져 있다 하더라도 일본에는 각 지역마다 유명한 전통술이나 공예품, 정밀기계 등의 산업이 포진하고 있다. 이들 분야는 장기간의 기술 축적이 있어야 하기에 하루아침에 따라잡을 수 있는 분야가 아니다.

쏠림 현상 속 행복 찾기

한국이 선호하는 디지털 분야는 큰 돈뭉치를 가져올 수 있지만 '모 아니면 도'와 같은 특성이 있어 불안정하다. 첨단 디지털 기술 응용으로 히트상품을 내게 되면 거금을 거머쥐기도 하지만 소득양극화를 초래할 위험성도 간과해서는 안 된다. 디지털 산업은 고용 창출이 많지 않을 뿐더러 소수의 성공자에게 부가 집중되기 쉬운 속성을 띠기 때문이다. 실제로 한국이 일본보다 소득 분포의 불평등도가 높게 나타난다. 정부가 고소득층으로부터 저소득층으로 소득 재분배 정책을 제대로 수행하지 못하게 되면 소득이나 부의 쏠림 현상은 심화된다. '쓰리고에 피박'으로 한방의 일확천금을 선호하는 사회라면 상대적 박탈감의 만연은 감수해야 한다.

숱한 정보를 갖고 있는 디지털 기기의 달인이라 해 그가 과연 행복한 가 하는 것은 다른 차원의 문제다. 행복의 척도는 어떤 마음가짐으로 사 느냐에 달려 있기 때문이다. 디지털 기기의 달인인 어느 젊은이가 최신 스마트 기기로 들뜬 기분을 만끽하면서 멋진 음악과 영화 감상을 하며 행복감에 젖을 수 있다. 이와는 다른 차원에서 디지털 세계를 모르고 따 스한 손길로 손주들의 배를 쓰다듬는 우리네 할머니 할아버지한테도 달 관된 차원의 따스한 행복이 있다. 디지털은 빠른 속도감을 요구하기에 '차분한 생활slow life'에서의 행복을 깊숙이 느끼지 못하고 그냥 지나쳐버 리기 쉬운 함정이 도사린다.

디지털의 궁극은 아날로그

의아하게 들릴지 모르겠으나 엄밀히 말하면 단속斷續(끊어짐과 이어짐)의 디 지털은 연속의 매끄러운 동그라미를 그릴 수 없다. 손으로 그저 종이에 그은 매끄러운 아날로그 동그라미에 미치지 못하는 게 디지털 동그라미 다. 선명하게 보이는 디지털 화질에 감탄하지만 화면의 화소 수를 아무 리 늘려도 매끄러운 연속의 아날로그가 될 수는 없다.

화소 수가 늘어난다 함은 모눈종이의 사각형 눈금이 작아지고 모눈의 개수가 많아짐을 뜻한다. 디지털 화면에서는 이 모눈을 채워 곡선을 그 리기에 지그재그의 직선 흔적이 남게 된다. 연속의 매끄러운 진짜 곡선 이 아닌 지그재그의 유사類似 곡선이 디지털 곡선이다. 디지털이 추구하 는 곡선의 저편에 아날로그 곡선이 있다. 이렇게 보면 '디지털의 궁극은

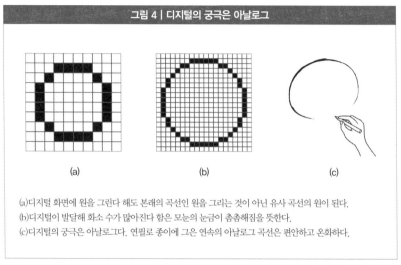

그림 4 | 디지털의 궁극은 아날로그

(a)   (b)   (c)

(a)디지털 화면에 원을 그린다 해도 본래의 곡선인 원을 그리는 것이 아닌 유사 곡선의 원이 된다.
(b)디지털이 발달해 화소 수가 많아진다 함은 모눈의 눈금이 촘촘해짐을 뜻한다.
(c)디지털의 궁극은 아날로그다. 연필로 종이에 그은 연속의 아날로그 곡선은 편안하고 온화하다.

자료: 국중호, 《호리병 속의 일본》.

아날로그'다. 고사리 손으로 그린 동그라미는 부드럽고 편안하다(〈그림 4〉
참조).

디지털과 아날로그의 공존

지금은 많이 사라져가고 있지만 한국에는 '뭉텅 모은 돈으로 한턱내는
문화'가 있었다. 정신없이 자기 것을 챙기며 달려가다가 주변 사람에 대
해 소홀해지는 것은 아닌지 모르겠다. 아흔아홉 섬 가진 이가 백 섬 채
우겠다고 한 섬 가진 이를 압박하면 인색함을 넘어 갈등으로 치닫는다.
'모 아니면 도'로 치닫기 쉬운 디지털 세계가 '이웃사촌'이라는 관심으로
이어지길 바라는 마음이다. 두려운 것은 디지털 신봉자가 '독차지'하는

데서 그냥 끝나고, 한턱내지 않고 인색한 구두쇠로 계속 남을 때다. 단속의 디지털 세계와 연속連續의 아날로그 세상의 공존을 갈구해본다. 단속의 디지털과 연속의 아날로그의 융합 추구다.

이삭줍기: **아날로그는 자연수적 변화, 디지털은 제곱수적 변화**

아날로그와 디지털의 사고방식에 기초한 사회가 상황 변화에 어떻게 대응하는가를 아라비아 숫자의 두 수열數列을 예로 들어 그 차이를 나타내보자(국중호, 《호리병 속의 일본》). 하나는 '자연수적 변화'이고 다른 하나는 '2의 제곱수적 변화'다. 자연수적(산술급수적) 변화는 1, 2, 3, 4, 5, 6, 7…이라는 자연수와 같이 하나씩 쌓아가는 변화다. 이에 비해 2의 제곱수적(기하급수적) 변화는 1, 2, 4, 8, 16, 32, 64…(또는 2^0, 2^1, 2^2, 2^3, 2^4, 2^5, 2^6…)와 같은 2의 제곱수로 건너뛰는 변화다. 디지털에서 나타나는 현상이다. 하나씩 하나씩 쌓아가는 것을 중요시하는 일본은 자연수적 변화 속도로 나아가는 듯한 이미지를 갖는다. 이에 비해 '빨리빨리' 문화가 상징하듯 한국은 2의 제곱수적인 변화 속도로 빠르게 나아가는 이미지로 다가온다.

흐름의 한국, 축적의 일본

한국에서 '빨리빨리'의 특징이 나타나는 이유

앞의 '이삭줍기'에서 봤듯이 한국에서의 변화 속도는 일본에 비해 매우 빠르게 나타난다. 한국에서 '빨리빨리'의 특징이 나타나는 이유는 한국의 지정학적 위치와도 관련이 깊다. 한반도는 지정학적으로 주변국의 문화가 오가는(흐르는) 곳에 있으면서 독자의 문화를 추구하는 '흐름' 사회의 특징을 지닌다. 역사적으로 중국, 러시아, 일본을 비롯해 멀리는 미국까지 주변 강대국의 영향을 받았고 또 열강의 각축장이기도 했다. 남과 북으로 나뉘어 있는 지금도 그 상황은 마찬가지다. 강대국의 틈바구니에서 살아남기 위해서도 빠르게 적응해야 하는 '빨리빨리'의 민첩성이 한국의 숙명인지도 모르겠다.

흐름 사회는 이쪽저쪽 왔다 갔다 하는 동적 성향을 띤다. 흐름 사회인 한국을 긍정적으로 보면 격변하는 환경에 적응하기 쉽다는 이점이 있다. 무엇이든 '빨리빨리' 서두르고 비빔밥을 좋아하는 한국이 정보기술[IT]이나 융합기술 분야에서 강점을 보이는 것은, 한국이 가진 흐름 문화의 특성에 기인한다고 할 것이다. 흐름 문화 속성의 부정적인 측면으로는 체면이 중시되고 또 자칫하면 불안정한 상황으로 내달리기 쉽다는 점을 들 수 있다. 주변국 중 어느 국가가 강해지는가에 따라 한국의 정치·외교, 경제 상황이 불안해지고 정책 방향이 강한 쪽으로 쏠리게 되는 '쏠림 현상'도 두드러졌다.

장인으로 우뚝 서기 어려운 한국

오백 년 이상 계속된 조선 시대(1392~1910년)에는 '사농공상士農工商'의 순서였다. 현대에 들어 사농공상의 귀천은 없어졌지만 음으로 양으로 좋은 간판을 달려고 하는 집착은 끈질기게 남아 있다. 유명 대학에 들어가려고 하는 조바심이 다른 국가에 비해 유독 강한 것도 그로 인한 심리적 만족감이나 사회적 인정이 큰 사회이기 때문이다. 겉치레나 체면에 얽매이는 욕심은 건전한 감성 배양에 걸림돌이 되기도 한다. 텃세를 부리거나 자신의 위치를 이용한 이권 챙기기로 이어져 염불보다는 잿밥을 챙기려는 쪽으로 내릴길 수 있다는 뜻이다. 그런 행동의 이면에는, 현장에서 공을 들여 일하며 소정의 대우를 바라는 농상공인들을 주눅 들게 하는 공포가 있다. 탄탄한 중견·중소기업이 배양되기 어려운 이유이기도 하다.

강하고 새로운 것을 좇아가려는 한국에서는 톡톡 튀는 감성으로 임하려 한다. 진득하게 한 곳에 집중해 일하기 어려운 까닭에 기회가 되면 뭔가 한몫을 챙기려는 유혹도 강하게 자리한다. 현실적으로 체면이 서는 위치나 직업은 그리 많지 않다. 그렇다 보니 자신이 하는 일이 체면이 깎이는 일이라며 자부심을 갖지 못하는 사람들도 적지 않다. 상공 분야 장인(기능공)으로 우뚝 설 자리가 좁아지는 것도 체면 사회의 부작용이다. 장인들이 사라지고 있다는 것은 감성을 잃어가는 사회로 변해가는 전조이기도 하다. 혼을 불어넣어 작품을 만들 수 있는 기회가 점점 줄어들기 때문이다.

체면 중시와 전직 예비군

체면 중시의 불안정성은 일자리 잡기에도 그림자를 드리운다. 중소기업이나 농업 분야에 일자리가 있다고 하더라도 체면 상한다는 자격지심이 자리하기에 중소 농상공 분야를 기피하려 한다. 간판이나 체면을 중시하는 한국에서는 대기업과 중소기업 간에 일그러진 자격지심이 형성되어 있다. 대부분의 고용은 대기업보다는 중소 및 중견기업이 담당한다. 전자나 반도체 산업에서 영업 이익을 많이 내고 있다고는 하나, 자동화나 기계화가 많은 이들 산업의 속성상 다른 일반 제조업에 비해 일자리를 많이 창출해내지 못하는 특성을 갖는다. 나아가 국경을 넘나드는 초국적超國籍 기업은 생산 공장을 해외에 지어 사업을 전개하는 까닭에 많은 이익을 낸다 해도 국내 일자리가 엄청나게 늘어나는 것은 아니다.

한국 사회가 체면을 중시하다 보니 중소기업이라면 높은 직함을 원하고 육체노동이나 허드렛일은 업신여기는 경향이 있게 된다. 예컨대 음식점에서 허드렛일이나 공사 현장에서 육체노동을 하는 입장이 되면, "내가 왜 이런 일을 하고 있나"라며 자신을 낮춰보는 심경에 빠지곤 한다. 그러면서 "엔젠가 돈 벌면 이 일을 그만두고 다른 일을 하겠다" 또는 "남 밑에서 심부름하기는 자존심 상해 싫다"고 여기며 시킴을 당하는 을의 입장을 한탄하기도 한다. 한 곳에서 오래 일하는 일본과는 달리 한국은 체면이 상한다 생각하며 기회가 되면 직장을 옮기려는 전직轉職 예비군을 많이 떠안고 있다.

일본이 기술대국이 된 이유

한국이 '흐름' 문화의 속성을 보이는 것에 비해 일본은 '축적' 사회로서의 특징을 보인다. 일본에서 축적 사회의 특징이 나타나는 것도 지정학적이고 역사적인 요인과 관련이 깊다. 일본은 아시아 대륙의 동쪽 끝에서 다른 국가의 문화를 받아들이며 쌓아온 역사를 갖는 나라다. 축적 사회에서는 지속성이나 계속성이 중시된다. 한 곳에 오래 소속되어 주어진 일을 묵묵히 해나감을 미덕으로 삼는다. 어떤 일을 하던지 그 일이나 직업에서의 귀천은 그다지 문제되지 않는다. 자신이 담당하는 업무에 자부심을 가지고 전념하고 있는지 아닌지가 중시되는 편이다.

한국에서 대부분 자취를 감춘 도공들이 일본에서는 이어졌다. 에도 시대(1603~1868년)는 무사 정권인 막부幕府와 그 지배하에 있던 지방 영주 지배 체제인 번藩(지방의 지배 체제 단위)이 나라를 꾸려나가는 막번幕藩 체제였다. 번에 속해 있던 각각의 도공은 번의 재정을 살찌우는 귀중한 인재였다. 그 당시의 한국 도공들은 도자기 제작 분야에서 첨단기술자였다. 임진왜란 때 도공으로 끌려와 가고시마에 자리 잡은 심수관沈壽官 도예가는 지금까지 15대째 계승되어 오고 있다. 자신들이 속한 토양을 소중히 하며 긴 세월을 들여 차분히 가다듬어온 문화가 일본을 기술대국으로 자리 잡게 했다.

공유지의 비극이 적은 일본

'공유지의 비극'이라는 말이 있다. 공유지의 비극의 일례를 들어보자. 마을 사람들이 공동으로 생계를 꾸려가는 공유지 목장이 있다고 하자. 사람들이 서로 자기 이득에 급급해 자신의 방목소⁺를 무턱대고 늘려 풀을 뜯어먹게 했다가는 공유지 목장이 황폐화되어 결국 모두가 비극을 맞이한다는 것이 공유지의 비극이다. 공동 어장에서 치어까지 마구 잡아대어 어장이 제 기능을 못 하게 되는 사태도 공유지 비극의 다른 예가 된다. 간단히 말해 공유 자원을 자율에 맡길 때 그 공유 자원에 황폐화가 일어나는 현상이 공유지의 비극이다. 금방금방 바뀌고 '치고 빠지기'가 성행하는 사회는 공유지의 비극이 일어나기 쉽다.

정착성이 강한 일본에서는 공유지의 비극이 적게 일어나는 경향을 띤다. 공유지를 황폐화시키는 자 또는 규율을 어기는 자에 대해 주변으로부터의 암묵적인 제재가 강하기 때문이다. 서로 간에 공유지를 함부로 이용하지 않기로 규칙을 정했다면, 그 규칙을 지켜나간다는 의식이 깊이 자리 잡고 있다. 함께 생활하는 삶의 터전에서는 규칙을 지키는 것이 무엇보다 우선되고 유대와 결속이 중시된다. 일본에서 공동어장이나 자연 환경 보존을 소중히 하는 의식이 높은 것이 이를 말해준다. 규칙을 어겨 신뢰를 잃게 되는 데 따른 대가가 엄청나게 크다는 것을 체득하고 있기 때문이다.

축적 문화의 강점과 약점

축적 문화는 일본의 강점인 동시에 약점이기도 하다. 강점이라 하면 기계장비나 전통 산업 등에 있어 기술·지식·자본 축적이 잘 이뤄진다는 점이다. 약점이라 하면 상황 변화에 대한 대응이 늦어 유연성이 부족하다는 점이다. 축적 문화는 신속한 의사 결정을 필요로 하는 디지털 정보통신기술ICT 산업에서는 약점으로 작용한다. 일본의 디지털 산업이 한국에 밀린 것에서 그 일단을 여실히 알 수 있다.

여러 기술을 융합해 유연하게 새로운 기술을 창출해내는 융합 산업에서도 일본은 미국에 크게 뒤져 있다. 축적 사회의 또 다른 약점은 과거의 성공에 너무 집착한 나머지 급변하는 환경에 내응하는 데에는 큰 짐이 되기도 한다는 점이다. 앞으로 전진해 나아가지 못하는 제자리걸음과 같은 답답한 상태에 머물 수 있다. 일본에서 쓰이는 용어로 말하면 '닫혀서 막혀 있는 느낌'의 '폐색감閉塞感'에 빠질 우려가 있다는 뜻이다.

이삭줍기: **체면 문제 해결의 중요성**

한국 문화콘텐츠로 빈번하게 등장하던 테마 중 하나가 체면이나 출세 관련 이야기다. 드라마나 영화라면 청순한 아가씨가 갈등 끝에 재벌 집안의 며느리로 들어가는 이야기도 자주 등장하곤 했다. 또 사극이라면 왕이나 왕자가 평민 여성에 첫눈에 반해 그 여성이 신분을 높여가거나 서러움을 극복하고 톡톡 튀며 실력을 발휘해가는 이야기가 많았다. 그러한 주제들이 인기를 끌었던 이면에는 한국인의 내면에 을 위

치의 서러움을 이겨내고 갑 위치를 차지하려는 욕망이 드리워져 있기 때문이다. 체

면 사회의 부작용을 어떻게 잠재울 것인가가 한국의 교육 문제나 고용 문제를 해결

하는 첩경이기도 하다.

2부

Culture

사고방식과 문화가 다른 일본

3장
일본인의 사고방식은
무엇이 다른가

사고방식의 차이

역사 관점 및 전후 민주주의 전개 과정에 주목

한국과 일본의 국민은 서로 사고방식을 제대로 인식하지 못하고 있거나, 인식하고 있다 하더라도 그 인식의 정도가 불충분하다는 생각이다. 한류 붐이 사그라든 2012년 이후 한일 양국 간 상호 이해는 깊어지지 않고, 반대로 자극적인 논조가 확산되었다. 일본인들의 한국 인식 부족에 대해 한국인들이 불평할 수는 있다. 입장을 바꿔, 한국이 일본을 대하는 방식이 바람직한가 하면 그렇다고 하기도 어렵다. 많은 한국인의 사고 근저에 일본인과는 다른 '감정 논리'가 자리하고 있기 때문이다. 일본인들의 포용성이 부족한 내향적 인식 성향과 한국인들의 감정 성향이 상호 조정할 여지를 찾지 못한 채 서로 부대껴왔다.

장기간에 걸쳐 한일 간 인식 차이를 크게 벌려놓았을 요인으로 지도자들의 정책 차이도 있겠지만, '지정학적 차이' 및 '역사 진행'에 따른 요인도 크다. 일본의 유명한 문화사가文化史家이며 철학자인 와츠지 테츠로和辻哲郎는 사람들의 인식 형성에 영향을 미치는 요인으로 해당 국가가 어느 지역에 위치하는가에 따른 지정학적 요인을 강조하고 있다《풍토風土》. 한국은 중국·러시아와 일본 사이의 반도국가라는 지정학적 전략 요충지로 일본과는 비교가 안 될 정도로 외세의 침략을 받아온 역사 배경을 갖고 있다. 그리고 해방 후 민주화의 전개 과정이나 외교 관계의 변화로 요동쳐왔다. 일본은 아시아 대륙 끝의 섬나라에 위치하면서 한국과는 다른 역사적 과정을 거쳐왔다.

역사 관점 및 전후 민주주의 전개 과정에 주목해 양국 간의 인식 차이가 어떻게 나타나는지에 관해 짚어보기로 하자.

지역성 중시와 화혼양재의 일본

고대 삼국 시대를 거쳐 통일신라 때까지 한반도와 일본은 많은 교류를 해왔으나 그 후 양국 간의 관계는 크게 달라졌다. 일본에서는 중국 당나라에 사신을 보내어 문물을 받아들이는 '견당사遣唐使' 파견을 정지(894년)

한 이후, 10~12세기 일본 고유의 문화로서 '국풍國風' 문화가 일어나게 된다. 국풍 문화 발생 이전까지 한국과 일본은 중국 대륙에서 유입된 문화를 함께 향유하며 밀접한 관련을 갖고 있었지만, 그 이후의 양국 문화 형성은 서로 다른 전개 과정을 거쳐왔다. 한국은 왕조 체제가 조선 시대까지 이어진 반면, 일본은 무사武士가 대두해 세력을 확대하면서 지역성이 강한 봉건 시대를 출현시켰다. 무사계급이 지배하는 가마쿠라 막부 시대(1185~1333년)에 들어서부터 '일소현명一所懸命(한 곳에서 목숨 걸고 살아감)'이라는 한 곳에 뿌리를 두고 살아가는 문화가 정착되어왔다.

가마쿠라 시대가 끝나고 전란으로 어수선했던 무로마치 막부(1334~1573년) 및 전국 시대(1573~1603년)를 거쳐 도쿠가와 이에야스德川家康에 의한 안정된 에도 막부가 열리게 된다. 에도 시대는 중앙의 막부와 지방 통치 단위였던 번을 중심으로 한 '막번 체제'였다. 가마쿠라 시대부터 에도 시대를 거쳐오며 지역성이 강조되어온 일본은 일단 정해지면 좀처럼 바꾸지 않는 '지속성' 중시의 습관이 정착되어왔다. 그러다가 에도 후기, 외국 함선의 일본 진출 공세는 에도 막부의 끝을 알리는 신호탄이 되었다.

에도 시대가 지나고 근대로 접어든 일본은 아시아 국가들 중에서 가장 먼저 서양 문물을 받아들였다. 그렇다고 사고방식까지 서양화된 것은 아니었으며, 이른바 '정신은 일본, 기술은 서양'이라는 '화혼양재和魂洋才'의 형태로 근대화를 이뤄갔다.

척화파와 주화파의 한국

일본은 에도 막부까지 '무사 봉건 시대'가 이어졌지만, 한반도에서는 삼국 및 통일신라 시대 이후에도 '중앙집권형의 왕조 정치'가 고려와 조선 시대에도 이어졌다. 문화 및 의식 형성에 중요한 영향을 미치는 종교 면에서도 양국은 크게 달랐다. 일본은 전통 종교인 신도神道와 불교가 지금까지 주류로 자리 잡고 있는 반면, 한국은 고려 시대 통치 사상은 귀족이 중심이 된 불교였고, 조선 시대의 통치 이념은 실리보다는 명분을 중시하는 유교였다.

지정학적 요인에 따른 역사 전개도 한국민의 의식 형성에 큰 영향을 미쳤다고 할 수 있다. 한반도는 지정학적으로 아시아 대륙이나 태평양 해양 진출의 교두보였다. 그런 만큼 주변국 중 어느 나라가 강해지는가에 따라, 또는 국내 정치 세력이 무엇을 중시하느냐에 따라 외교 정책은 크게 달라져왔다. 주변국의 국제 정세가 바뀌었을 때, 지금껏 지켜온 명분을 중시할 것인가 아니면 신흥 세력과 타협해 실리를 취할 것인가를 놓고 조정 내에서 대립과 갈등이 종종 발생했다. 적지 않은 경우 실리가 명분·안일에 밀려 백성들이 불행을 당하기도 했다.

2017년 상영된 이병헌 주연의 영화 〈남한산성〉을 보면 조선 조정의 갈등을 잘 그려내고 있다. 당시 신흥국이었던 청나라를 배척하고 명나라와의 명분을 유지하는 외교 정책을 취할 것인가(척화파斥和派), 명나라와의 외교 관계를 끊고 청나라와 새로운 외교 관계를 맺을 것인가(주화파主和派)를 두고 일어나는 갈등이 이 영화의 주제다. 당시 조선은 명분 중시가 득세해 청나라에 굴욕을 당하기도 했다. 조선 후기에도 실리를 챙기는 개국으로 나아가지 못한 채 세도정치에 휩싸였고 쇄국 정책으로 세계 정세에 대한 파악은 어두웠다. 불행하게도 조선 시대는 1910년 일본에 의한 조선병합(한일합병)이라는 식민지화로 막을 내렸다.

피지배 탈출 욕망 vs. 큰 나무에 기대기

이상에서 알 수 있듯이 일본은 지역성이 강한 막부 또는 막번 체제였지만, 한국은 왕조 중심의 중앙집권제 국가였다. 왕이 정점에 군림하는 체제였기에 그때그때의 왕이 누구인가에 따라 사회 전반에 미치는 영향은 매우 다르게 나타났으며 한국민의 의식 형성에도 큰 영향을 미쳤다. 왕을 중심으로 권력이 집중되었으므로 누구를 왕으로 세울 것인가를 두고 격심한 권력 투쟁이 펼쳐지기도 했다. 한국 역사 드라마 속에 곧잘 등장하는 주제도 왕을 둘러싼 권력 투쟁이다. 현재도 제왕적 대통령을 둘러싼 권력 싸움, 재벌 오너 가家의 기업 지배 구조 다툼은 지배자로의 권력 집중을 상징한다고 할 것이다. 한국인의 의식 속에는 '지배받고 싶지 않다' 또는 '지배되는 것으로부터 벗어나야겠다'는 '피지배 탈출 욕망'이 강하게 자리 잡고 있는 듯하다.

제2차 세계대전 이전의 일본은 군부의 힘에 밀려 민주적 정당 정치가 제대로 이뤄지지 못한 시기였다. 역사적으로 외국의 지배를 받은 적이 거의 없었던 일본은 패전 후 7년간(1945~1952년) 연합군총사령부GHQ(사실상은 미국)의 지배를 받게 된다. 일본으로서는 GHQ에 의한 지배가 충격적 사건이었음에 틀림없다. 제2차 세계대전이 끝나고 몇 년이 지난 뒤 중

국·러시아를 견제하려 했던 미국의 정책 전환에 따라 일본은 적국이었던 미국과 동맹 관계로 바뀌었다. 일본 속담에 '이왕 기대려면 큰 나무에 기대라(寄らば大樹の陰)'는 말이 있다. 이 속담이 말해주듯 일본인의 의식 속에는 어딘가 '큰 나무에 기대기'로 안도감을 얻고자 하는 '의존 심리' 또는 '응석 심리'가 속 깊이 스며 있다(도이 다케오土居健郞, 《응석부림의 구조》).

전후 민주주의 발전 과정에서의 한일 간 차이

제2차 세계대전 이후 한국과 일본이 겪어온 민주화 과정도 크게 다르다. 양국 모두 미국으로부터 자유민주주의를 받아들였지만 정권 운영 방법이나 민주화를 이루는 과정에서 양국은 상이한 특징을 보이며 전개되었다. 일본은 한국과 같이 학생이나 시민이 주축이 되어 민주화 운동을 성공시킨 적은 없었다. 한국에서와 같이 개인의 독재 정권이 출현하지도 않았고 통치자 개인이 아닌 자민당(자유민주당)이 집권 정당으로 자리 잡아 그때그때 총리를 바꿔 대응해왔기 때문에 한국과 같이 독재자 타도를 외치는 민주화 운동이 일어날 여건은 한국보다 숙성되지 않았다.

일본 내에는 1955년에 결성된 자민당이 지금도 건재하다. 이 책 말미의 〈부표 1〉에는 일본 초대 총리(수상)인 이토 히로부미伊藤博文로부터 현 총리인 아베 신조安倍晋三까지 모든 총리와 재임일수, 집권당을 싣고 있다. 일본은 짧은 기간(1993년 8월~1996년 1월 비자민당·비공산당에 의한 2년 5개월 동안의 연립 정권 시기 및 2009년 9월~2012년 12월의 3년 3개월 동안 민주당 정권 시기)을 제외하면 자민당에 의한 통치가 계속 이어져왔다(〈부표 1〉 참조). 세습

표 1 | 한국의 역대 대통령과 주요 집권 정당

대통령	집권 기간	주요 집권 정당
이승만(1대~3대)	1948년 7월 ~ 1960년 4월	자유당
윤보선(4대)	1960년 8월 ~ 1962년 3월	민주당
박정희(5대~9대)	1962년 3월 ~ 1979년 10월*	민주공화당
최규하(10대)	1979년 10월 ~ 1980년 8월	―
전두환(11대~12대)	1980년 9월 ~ 1988년 2월	민주정의당
노태우(13대)	1988년 2월 ~ 1993년 2월	민주정의당→민주자유당
김영삼(14대)	1993년 2월 ~ 1998년 2월	민주자유당→신한국당
김대중(15대)	1998년 2월 ~ 2003년 2월	새천년민주당
노무현(16대)	2003년 2월 ~ 2008년 2월	열린우리당
이명박(17대)	2008년 2월 ~ 2013년 2월	한나라당
박근혜(18대)	2013년 2월 ~ 2017년 3월	새누리당
문재인(19대)	2017년 5월 ~	더불어민주당

* 권한 대행 기간(1962년 3월~1963년 10월)을 포함함.

자료: 행정안전부 〈국가기록원 대통령기록관〉, 〈경향신문〉 '대한민국정당사'를 참고해 필자 작성.

의원도 한국보다 훨씬 많다. 자연스럽게 정치는 정치가가 하고 일반인들은 정치 관여보다는 자신의 일을 하는 '실리 중심'의 의식이 형성되어 왔다고 할 것이다.

대부분의 기간 동안 자민당 중심의 통치 체제가 이어져온 일본과는 달리, 한반도에서는 〈표 1〉에서 보이는 바와 같이 1948년 대한민국 정부가 수립되고 나서 한 정당이 오랫동안 정권을 잡았던 적이 없었다. 한국은 1961년부터 80년대 말 민주화가 실현되기 전까지 군부에 의한 독재가 오랫동안 이어졌었다. 1987년 학생 및 시민 항쟁을 통해 군부 독재

정권을 종식시키거나 2016년 촛불혁명으로 대통령을 탄핵까지 이르게 하면서 민주화를 진전시켰다.

국민의 저항으로 민주화를 이뤘다는 점에 있어 전후 일본의 민주주의 전개와는 근저부터 다르다고 할 수 있다. 이러한 민주화 과정 차이도 있어 한국은 정권 운영에 대한 국민의 직접 개입이 일본에 비해 월등히 강하다고 할 것이다. 일본에서는 총리(수상)는 자주 바뀌지만 당은 바뀌지 않는(통치자 개인의 독재성이 드러나지 않는) 비독재적인 자민당의 정권 운영을 국민이 별 저항 없이 받아들였다.

의식 형성 차이를 파악하는 데 도움이 되길

이상으로부터 '지역성 및 실리 중심'의 일본과 '피지배 탈출 욕망 및 명분 중시'의 한국은 상호 간의 인식 차이가 클 것이라는 점을 유추해낼 수 있을 것이다. 일본의 대문호 나쓰메 소세키夏目漱石는, "(사회) 상태 변화를 알게 된다면 예전부터 이어져온 평가를 묵수墨守(묵묵히 지킴)할 필요가 없게 됩니다. 상태 변화를 알지 못하기 때문에 번민이 일어나거나 모순이 생기거나 해 괴로워하게 되는 것입니다. 이런 때에 누군가 명석한 사람이 그 상태의 변화를 알려주면, 즉 객관적으로 서술해 알려주면 독자는 '아, 그렇구나' 하는 생각에 이르기에 매우 도움이 됩니다"라고 피력한다 (나쓰메 소세키, 〈창작가의 태도〉).

필자로서는 소세키가 말하는 '누군가 명석한 사람'의 수준에까지 이르기에는 아직 멀었다고 자각하고 있다. 위에서 언급한 필자의 견해가 한국인과 일본인의 사고방식 형성 차이를 짚어내는 데 '아, 그렇구나' 하는 수준에까지 이르기에도 부족함이 있을 것이다. 비록 그 수준에까지는 미치지 못한 점이 있다 하더라도 양국민이 갖고 있는 의식 형성 차이를 파악하는 데 도움이 되었으면 하는 바람이다.

이삭줍기: 일본에서 '혐한론'이라는 자충수

감정론에 치우치면 균형 잡힌 논조로 자기 의견을 개진하는 것이 어렵게 된다. 감정론적 국수주의가 좋지 않은 방향으로 향할 때 자신보다 약한 상대에게 폭력을 휘두르거나 억눌린 감정을 토해낼 배출구를 찾게 된다. 2012년 이후 한일 관계가 악화되고 나서 일본의 서점에는 극히 감정적으로 한국이나 한국인에 대한 혐오감을 자극하는 '혐한론嫌韓論' 책들이 즐비하게 진열되었다. 일본의 폐쇄적 일면을 드러낸 실태였다.

감정론에 호소하지 않는 보다 객관적인 서술이나 상대를 이해하고자 노력하는 개방적 논의가 요구되었지만, 2012년 한일 관계 악화 이후 그런 분위기가 퇴색되었다. 스마트폰의 보급과 함께 종이 매체인 신문·책자나 잡지 판매 부수가 현격하게 줄어드는 가운데, 서점이나 서적·잡지 출판사는 고육지책으로 혐한론에 호소하는 출판물을 늘린 면도 있을 듯하다. 일본에는 상당수의 우익 성향 사람들을 중심으로 혐한론 서적을 구입하는 구매 지지층이 있다. 출판사도 영리 기업이다 보니 어떻게든 이익을 확보하려 일정 부수의 판매를 확보하기 쉬운 혐한론 상술을 발휘했다고 할 것이다. 혐한론에 관심을 두는 일본인들이 다수파는 아니다. 그렇다 하더라도, 일본 내에서 혐한론 부상으로 인한 한국이나 한국인에 대한 이미지 손상은 컸다.

혐한론으로 국수주의적 지식은 늘어날 수는 있으나 객관적이고 열린 지식은 얻지 못하게 되는 폐단을 낳는다. 혐한론과 같이 감정을 자극해 이익을 취하는 행위는 국민의 정상적인 의식 고취로 이어지지는 않는다(김경주의 《혐한의 논법》과 국중호 서평). 상당수의 일본인들이 혐한론 쪽으로 기울었다고 하는 것은 자신들을 국수주의라는 항아리 속에 가두게 한 자충수였다고 평가할 수 있을 것이다.

관제민주의 일본

관제엽서

내가 고등학생 때까지 제대로 뜻도 모르며 사용하던 말 하나가 떠오른다. '관제엽서'라는 말이다. 그때는 라디오에서 청취자 퀴즈를 내고 그 답을 관제엽서에 적어 보내라는 방송이 종종 있었다. 나는 관제엽서하고 그냥 엽서가 어떻게 다른지 몰랐다. 할머니와 함께 살고 있었던 나는 한 가지 꾀를 냈다. 학교에 가면서, "할머니! 우체국에서 관제엽서 좀 사다 주세요." 그날 저녁 할머니가 사다 주신 엽서는 내가 평소 사용했었던 '그냥' 엽서와 똑같았다. 엽서를 받아들고 "으음, 우체국에서 파는 엽서가 관제엽서구나" 하는 쪽으로 이해했었다. '정부가 만드는 규격엽서'가 관제엽서라는 것을 대학에 들어가서야 알았다. 부끄럽지만 그랬다.

관제민추의 일본 사회

일본에서 돌아가는 뉴스거리나 일처리 앞에, '관제官製'라는 말을 붙이면 해석이 잘되는 편이다. 예컨대 주가 상승은 '관제주가', 엔저 현상은 '관제환율', 노사 협상은 '관제춘투春鬪', 역사 교과서 문제는 '관제역사', 도덕 교육 필수화는 '관제교육'으로 보면 대개 들어맞는다. 관이 만들거나 제어하고 민이 그에 따라가는 '관제민추官製民追' 사회가 아닌가 싶다. 일본에서 헌법 개정이 이뤄진다면 그것도 관 주도의 '관제개헌'이 될 듯하다. 이이오 준飯尾潤은 관료 중심으로 이뤄지는 일본의 통치 구조를 꼬집어 의원내각제가 아닌 '관료내각제'라는 용어를 사용해 표현하고 있다 (《일본의 통치 구조》).

'관제주가'나 '관제춘투'는 필자가 처음 꺼낸 말이 아니라 일본 대중매체에서도 곧잘 사용한 표현이다. 일본에서는 '관'이 만든다는 뜻을 나타내는 '만들 제製' 자의 '관제官製'라는 한자를 쓰고 있지만, '관'이 '제어制御'한다는 뉘앙스를 강조해 '관제官制'라 써도 무방할 듯하다. 어쨌든 일본 언론에서 정부를 향해 제기한 관제주가, 관제춘투 등의 말들을 접하며, 이를 응용해 필자가 나름대로(처음으로) '관'이 만들고(또는 제어하고) '민'이 따라한다는 의미에서 '관제민추'라는 용어(개념)를 사용해 일본의 특성을 드러내려 하는 것이다.

관제주가

자민당 정권이 재집권을 하고 나서 몇 개월 뒤인 2013년 3월경부터 기존의 경제 정책과는 다른 대담한 금융완화(일본은행의 돈 풀기)를 골자로 하는 정책, 이른바 '아베노믹스(아베 신조 정권의 경제 정책)'가 실시되었고 주가지수는 크게 상승했다. 자민당 재집권 직전(2012년 11월 마감치) 니케이 평균 주가지수는 9,446이었는데, 2018년 3월(마감치) 21,388까지, 즉 아베노믹스 시행 5년간 2.3배나 상승했다. 주식 가격은 기업 가치가 반영된 것이라고들 한다. 그렇다면 주가지수 배수만큼 일본 기업의 가치가 올라간 것일까? 대담한 금융완화가 수출 기업의 실적을 호전시킨 효과가 있었음은 부인할 수 없으나 그와는 다른 측면도 있었음을 간과해서는 안 될 것이다.

일본은행 돈이나 정부연금투자기금인 GPIF^{Government Pension Investment} Fund(일본에서는 '연금적립금관리운용 독립행정법인'이라 한다)의 수십 조 엔에 이르는 공적 자금이, 주식이나 상장 지수 펀드^{ETF} 등을 매입하고 있다. 이를 알아차린 외국 자금이나 큰손 투자가들은 "정부가 주식 시장을 받치고 있는 한 주가는 내려가지 않는다"는 경험칙으로 편승 투자를 한 것이 주가 상승을 떠받치는 요인으로도 크게 작용했다. 일본은행 및 정부 연출에 따른 '관제주가'의 냄새가 짙다는 의미다. 보수적 성향을 띠는 일본인들은 재테크에서도 위험성이 높은 주식 투자보다는 안전한 은행 예금을 선호한다. 정부가 은행 예금을 보유하는 기관 투자가와 합심하면 주가에도 영향을 미칠 여지가 크다는 뜻이기도 하다.

관제환율, 관제춘투

엔화가 많아져 상대적으로 엔화의 가치가 내려가 환율이 올라가면 수출 기업에게 유리하다. 예를 들어 '1달러=100엔'이던 것이 '1달러=120엔'으로 올라가면, 같은 1달러를 외국에서 벌어와 일본 국내에서 엔화로 환전하면 20엔(20%)이나 더 많아지기(벌 수 있기) 때문이다. 실제로 엔화는 민주당 정권 말기인 2012년 12월에 1달러=83.6엔(평균값)이었던 환율은 자민당 재집권 2년 후인 2014년 12월에는 1달러=119.3엔으로 42.7%나 상승했다(일본은행, 〈시계열 통계 데이터〉). 환율 상승은 자동차나 기계 장비 업종 등 수출 제조업의 큰 실적 개선을 가져왔다. 그 배후에는 일본은행에 의한 대규모 금융완화로 엔저를 유도한 '관제환율'이 있었다.

한편으로 임금이 올라야 경기가 살아날 거라는 이야기가 나오니까 정부, 즉 일본 성청省廳(한국의 부처) 조직을 아우르는 관저官邸의 주도로 기업들한테 임금을 인상하라고 종용했다. 도요타자동차를 비롯한 적지 않은 대기업들이 봄철 노사 간 임금 협상인 '춘투'에서 정부의 임금 인상 종용에 응했다. '관'이 임금 인상에 관여한 '관제춘투'였다.

관제역사, 관제교육

일본 정부는 2015년 말 한국과의 위안부 합의를 들어 위안부 문제 등의 '역사 문제는 이미 해결된 일'이라는 입장을 취하고 있다. 또한 '독도는 일본 고유의 영토'라는 정부 견해를 교과서에 집어넣으라며 학습지도 요령에 관이 적극 개입해왔고 실제로 그것이 실현되었다. 도덕 과목도 필수로 지정했다. 국립대학의 입학·졸업식에서는 일본 국가(기미가요)를 부르도록 통달했고 대부분의 대학이 그에 따르고 있다. 한국의 교육부에 해당하는 일본 문부과학성은 "국립대학은 세금으로 운영되는 학교이니 국가를 사랑하는 태도를 기른다는 교육기본법 방침에 따라야 한다"는 입장을 갖고 있다. '관제역사'이고 '관제교육'이다.

일본에서 '관'과 '민'이 다툴 경우 개인의 존엄성보다는 국가 질서를 보다 중시해, 사법에서도 관의 손을 들어줄 때가 많다. 총체적으로 '관제일본官製日本'이 강화되는 듯한 느낌이다. 어설프게나마 민주화 데모를 해본 필자로서는 '이게 아닌데…' 하는 의구심이 들곤 한다.

관제일본의 허와 실

일본에서는 주어진 일을 매뉴얼에 따라 처리하면 되므로 대부분의 일은 개개인의 판단 능력이 높지 않아도 업무를 수행하는 데 큰 지장을 받지 않는다. 정해진 틀에 매이기를 싫어하고 지시 받기를 달가워하지 않는 한국인들의 경우 매뉴얼을 선호하는 일본인들과는 체질적으로 다르다고 할 것이다. 그런 판국에 관제일본을 본떠 관제한국을 만들라 한다면 한국이 따를 리 없다. 또 그렇게 역설함은 어설픈 제언에 불과하기에 그런 제언을 따르는 것이 바람직하지도 않을 것이다. 스스로 시시비비를 판단해 담담하게 임할 능력을 저하시킬 것이기 때문이다.

관제일본이 부작용만을 야기하는 것은 아니다. 약속을 잘 지키며, 규율에 따른 단합이 이뤄지고, 질서 유지가 잘된다고 하는 이점도 있다. 어떤 사람이 나타나 '못 먹는 감 찔러보기'나 '남의 호박에 말뚝 박기'를 하다가는 일본에서는 소외당하기 일쑤다. 판이 깨지지 않도록 매우 조심하고 경계하는 나라가 일본이기 때문이다. 일본 사회의 변화를 감지하며 일본인들의 특성을 제대로 파악하는 '일본 올바로 알기'가 요구되고 있다고 할 것이다.

이삭줍기: **비판 감각 세포의 퇴화**

1980년대 후반의 거품경제 시기는 전 세계가 일본을 주목할 정도로 들떠 있던 때였다. 일본에서는 1990년대 초 거품경제 붕괴 이후 경제 성장이 둔화된 시기를 '잃어버린 20년' 등으로 표현하고 있다. 이를 차용하면 거품경제 이후를 '잃어버린 시기'라 명명할 수 있겠다. 경제 성장 측면을 부각시킬 경우 7장에서 언급하겠지만 1991년 이후를 '성장 상실기'가 된다고 할 수 있다. 가뜩이나 비판을 꺼려 하는 일본인들인데, '잃어버린 시기'에 접어들어 개개인의 주체성이 더욱 약화되어왔다는 인상이다.

한국인들은 정치 돌아가는 상황을 보며 자신의 목소리를 많이 내는 편이다. 이에 비해 일본인들은 정치 얘기를 그다지 입에 담지 않으며 '관'이 하는 일에 대해서도 대개는 그에 잘 따르는 편이다. 정치나 관에 왈가왈부하기보다는 스스로의 일이나 삶에 주로 신경 쓰는 편이고 정치나 정부 일은 정치가나 관료의 몫이라고 보는 생각이 강하기 때문이다. 각자에게 주어진 일로 꽉 짜여져 있는 듯한 일본 사회에서는 새로운 제언이나 비판적인 견해를 듣게 되면 몹시 당황하곤 한다. 비판을 자제하는 경향이 지속되다 보니 자신의 견해를 소신껏 피력할 수 있는 감각세포도 많이 퇴화되어 왔다는 생각이다. 이는 앞에서 다룬 긴 역사적 관점에서의 한국과 일본의 사고 방식 형성의 차이와도 일맥상통한다고 할 것이다.

노예근성의 일본인

노예근성

노예근성이라 하니 비하 발언처럼 느껴질지 모르겠지만, 이 말은 일본 '의회정치의 아버지' 또는 '헌정憲政의 신神'이라 불리는 오자키 유키오尾崎行雄가 1947년 《민주정치독본》에서 '일본병'을 지적하며 한 말이다. 그가 말한 일본인의 노예근성이라 함은, "누군가가 어떻게든 해줄 것이라며 오로지 타인의 힘에 의존해 구제받으려 하고, 스스로 자신을 구제하려는 마음을 일으키지 못하는 근성"을 말한다(62쪽).

필자가 노예근성이라는 말을 꺼내는 이유는 70년 이상이 지난 지금도 오자키의 통찰에 공감이 가기 때문이다. 바꿔 말하면 일본인들의 노예근성이 그다지 변하지 않았음을 뜻한다고 할 것이다. 일본에서는 2015년 9월 일본이 전쟁할 수 있는 나라가 될 수 있도록 하는 안전보장 관련 세트 법제가 국회를 강행 통과해 성립된 바 있다. 이로 인해 자위대의 활동 범위 확대와 더불어 일본이 타국을 공격할 수 있는 여지가 열리게 되었다. 언제 어떻게 일본인의 노예근성이 나타나는지는 다양한 케이스가 있겠지만, 이들 세트 법제 마련 과정을 예로 들어 노예근성의 단편을 보기로 하자.

미국 환심 사기

메이지 유신(1868년) 이후 일본의 의회정치 형성을 지켜봐온 오자키는 일본인들의 마음가짐에 경각심을 일깨운다. 그는 "아무런 정치적인 힘도 주어지지 않았던 봉건 시대에는 어쩔 수 없었다 치더라도 지금의 일본인은 그와 같은 무력한 노예가 아니다. 제대로 사용하면 어떠한 정치적 개혁이라도 이룰 수 있는 힘을 갖고 있음에도 이를 자각하지 못하고 있다. 여전히 다른 사람의 힘에 의존하려는 노예근성으로부터 벗어나지 못하고, 지금도 여차하여 막다른 골목에 처하면 미국이 어떻게든 해줄 거라며 금방 매달린다"(앞의 책, 62쪽)고 일침을 가하고 있다.

일본이 마련한 일련의 안전보장 관련 법제는 이미 2015년 4월 말 아베 신조 총리의 미국 방문 때부터 예상되고 있었다. 일본 총리로서는 처음으로 미의회 상하원 합동회의에서 연설하라고 미국이 자리를 마련해주자, 아베는 새로운 안보 관련 법제를 만들어내겠다며 미국의 환심 사기에 나섰다. 그 배경에는 중국의 군사 위협을 미국군과 일본 자위대가 합세해 견제하겠다는 계산이 깔려 있었다. 같은 해 4월 29일의 미의회 연설에서 아베는, "이 개혁(신 안보 관련 법제 마련)은 전후 역사에서 처음 이뤄지는 대개혁이다. 이번(2015년) 여름까지 이를 이루겠다"고 덜컥 약속하고 돌아왔다. (아베의 의회 연설문 원문은 "This reform is the first of its kind and a sweeping one in our post-war history. We will achieve this by this coming summer"라고 되어 있다.)

'일단 채택' 전략과 고무줄 법률

국내에서 국회 심의도 하기 전에 안보 관련 법제를 갖춰놓겠다고 아베 총리가 선언한 데에는 정치적 계산이 숨어 있었다. 여당인 자민당 의원들은 자신들의 공천권을 쥐고 있는 총재(즉 아베 자민당 총재)의 의도를 거역하지 못할 것이고, 여당이 다수이니 야당 반대는 밀어붙이면 될 거라는 속셈이 작용했을 것이다. 실제로 자민당 정권 중추는 어떻게든 안보 관련 법안을 통과시킨다는 '일단 채택' 전략을 구사했다.

일본인들은 규범 따르기에 익숙해 있는지라 정해진 규범은 지켜야 한다는 쪽으로 수렴되는 성향을 띤다. 아베도 "때가 지나는 가운데 안전보장 법제에 대한 국민적 이해가 넓어져갈 거라 확신하고 있다"(2015년 9월 25일 기자회견)며 자신감을 보였다. 일단 규율을 정해놓으면 자국 국민들이 잘 따를 것임을 감각적으로 터득하고 있었기 때문이다. '안보 관련 법안 통과'는 한국의 2016년 촛불혁명같이 성난 파도의 대중 물결을 이루지 못한 채 간단히 막을 내렸다. 자각해 주체적으로 나서지 못하고, 안보 법안을 통과시키면 미국의 환심을 살 수 있을 것이라는 노예근성이 아직도 깊이 남아 있음을 보여준 사례였다고 할 것이다.

먹어보지 않은 어느 맛난 음식을 두고 "이거 맛있어!" 해도 깊숙한 참맛이 와 닿지 않는 것처럼, 일본인들한테 "민주주의는 중요해!"라고 말한다 해도 겉으로 그러려니 할 뿐 대개는 피부 속 깊이 느끼지 못하는 듯하다. 평상시에는 안보 관련 법제가 적용되지 않기 때문에 겉으로 드러나는 변화는 거의 눈치채기 어렵다. 문제는 유사 시 행여 안보 관련 법제가 행사되는 사태가 발생했을 때다. 이 안보 법제는 유사 사태가 발생했을 때 '귀에 걸면 귀걸이, 코에 걸면 코걸이' 식으로 미국의 눈치를 보며 일본인들의 자유를 구속하는 '고무줄 법률'처럼 적용해갈 것으로 보인다.

일본 열도를 벗어나면 위험

일본은 제2차 세계대전에서 아시아·태평양 지역을 점령하겠다고 나섰다가 1945년 미국한테 무조건 항복을 하며 패전했다. 일본이 역사상 유일하게 지배를 받았던 미국에게 심기를 건드리지 않으며 추종하다 보니 미국의 정책 방침에는 이의를 달지 않고 따르려 하는 노예근성이 아직도 남아 있다. 일본 열도 안에서 그들이 영위하는 삶을 옆에서 뭐라 간섭할 필요는 없을 것이다. 우려되는 바는 보편성을 갖지 못하는 노예근성의 여파가 일본 열도를 벗어날 때다. 노예근성의 자국 논리를 상대방에 적용하거나 강요하려 할 때 갈등과 분쟁의 씨앗이 되어 국가 간에 부대낄 공산이 클 것으로 보인다.

물론 일본에도 학식이나 양식이 출중한 사람들이 적지 않다. 유감스럽게도 그런 사람들이 의견 형성 리더opinion leader 그룹으로서 주류를 형성하지 못한다는 한계를 드러내고 있다. 개인이 국가를 위해 희생해야 한다는 '국가 우선' 주의가 지배 이데올로기로 형성되면 주변국에도 위협으로 작용한다. 행여 일본이 전쟁에 가담하게 되는 경우에는 개인의 희생을 강요하는 우익 주도 국가주의로 무장해 국민 복종의 올가미를 더욱 조일 수 있다. '노예근성의 전체주의'가 일본 내에 잠재적으로 숨어 있다고 할 것이다.

한국의 정체성은?

저항보다는 국가에 순종하는 것이 일본의 정체성처럼 자리 잡고 있는 듯한데 한국의 정체성은 어디에서 찾아야 하는 것일까? 일본인들의 순종성을 한국인들이 흉내낼 필요도 없고, 아마 흉내낼 수도 없을 것이다. 염려되는 바는 한국은 일본을 깊이 알려고 하는 지피지기의 노력이 크게 부족한 것이 아닌가 하는 점이다.

이삭줍기: '개'라는 글자를 삭제한 자민당 헌법 개정 초안

일본 자민당이 2012년 마련한 일본국 헌법 개정 초안에서는, 개성을 한껏 발휘하는 개인個人보다는 국가에 헌신하는 사람을 매우 강조했다. '국기 및 국가 존중 의무' 신설을 그 예로 들 수 있다. 자민당이 이와 같은 헌법 개정 초안을 마련한 데는 따로따로 흩어져 있는 듯한 인상을 주는 '개인'이라는 이미지를 꺼려 했기 때문일 것으로 보인다. 실제로 자민당 헌법 개정 초안에는 개인 존중을 내포하는 '개個'라는 글자를 삭제하고, 대신 국가를 포함해 집단에 속하는 이미지를 갖는 '사람人'이란 말을 사용하고 있다.

현행 헌법의 제3장(국민의 권리 및 의무) 제13조는 "모든 국민은 개인으로서 존중된다"로 되어 있는데, 자민당 헌법 개정 초안 제13조에서는 그 규정상의 표현을 "모든 국민은 사람으로서 존중된다"로 바꾸고 있다. 자민당이 '개인'이라는 말을 '사람'이라는 표현으로 바꾸어 개별성의 이미지가 강한 '개인'을 부각시키지 않으려는 쪽으로 유도했음을 의미한다. 자민당의 헌법 개정 초안에서처럼 설사 '개'라는 글자를 삭제하는 방향으로 유도해 헌법을 개정한다 하더라도, 정작 일본인들은 그리 반발하지 않고 받아들일 듯하다. '개'를 내세우지 않고 공동체 집단을 위해 살아가는 데 익숙해져왔기 때문이다.

4장
개량 창조의 일본

왜 일본은 노벨상을 잘 타는가

노벨상을 타기 위한 세 가지 요건

노벨상 수상자들이 일본에서 툭툭 튀어나올 때면, 겉으론 일본을 얕잡아보면서도 속으론 부러워한다. 〈표 2〉에서 보는 바와 같이 2018년 8월 현재 노벨상을 받은 일본인은 25명이다. 한국 인구가 대략 5천 백만 명, 일본은 1억 2천 7백만 명으로 한국보다 2.5배 많으니, 인구 비례로 친다면 한국도 10명(=25명÷2.5) 정도는 노벨상을 배출해야 맞는 수치다. 김대

표 2 | 일본인 노벨상 수상자

연도	이름	수상 부문	연구 분야
1949	湯川秀樹(유카와 히데키)	물리학상	양자와 중성자 사이의 중간자中間子의 존재를 예언
1965	朝永振一郎(도모나가 신이치로)	물리학상	양자 전자電磁 역학 기초 연구
1968	川端康成(가와바타 야스나리)	문학상	《설국》, 《이즈의 무희》 등을 집필
1973	江崎玲於奈(에사키 레오나)	물리학상	양자 역학. 반도체·초전도체의 연구 에사키 다이오드의 개발
1974	佐藤栄作(사토 에이사쿠)	평화상	핵병기 보유 반대, 평화 안정에 기여
1981	福井謙一(후쿠이 켄이치)	화학상	프론티어 전자궤도 이론 개척
1987	利根川進(도네가와 스스무)	생리학·의학상	유전학·면역학. 항체 유전자의 체내 재구성 이론을 실증
1994	大江健三郎(오에 겐자부로)	문학상	《개인적인 체험》 등을 집필
2000	白川英樹(시라가와 히데키)	화학상	전도성傳導性고분자의 발견·개발
2001	野依良治(노로이 료지)	화학상	유기화합물의 합성법 발전에 기여
2002	小柴昌俊(고시바 마사토시)	물리학상	천문학. 소립자 뉴트리노 관측
2002	田中耕一(다나카 코이치)	화학상	생체 고분자의 구조해석 방법 개발
2008	南部陽一郎(난부 요이치로)	물리학상	소립자 물리학. 자발적 대칭성이 무너짐(깨짐)을 발견
2008	小林誠(고바야시 마코토)	물리학상	소립자 물리학. 6종류의 쿼크 예언
2008	益川敏英(마스가와 토시히데)	물리학상	소립자 물리학. CP대칭성 깨짐의 기원을 발견
2008	下村脩(시모무라 오사무)	화학상	생명과학. 녹색 형광 단백질 발견
2010	鈴木章(스즈키 아키라)	화학상	유기합성 크로스커플링 반응을 개발
2010	根岸英一(네기시 에이치)	화학상	크로스커플링 반응을 개발
2012	山中伸弥(야마나카 신야)	생리학·의학상	인공 다성능줄기iPS세포의 개발
2014	赤崎勇(아카사키 이사무)	물리학상	청색 발광 다이오드의 발명
2014	天野浩(아마노 히로시)	물리학상	청색 발광 다이오드의 발명
2014	中村修二(나카무라 슈지)	물리학상	청색 발광 다이오드의 발명
2015	梶田隆章(가지타 타카아키)	물리학상	뉴트리노 진동의 발견, 질량의 증명
2015	大村智(오무라 사토시)	생리학·의학상	열대감염증의 특효약개발
2016	大隅良典(오스미 요시노리)	생리학·의학상	오토파지autophagy 구조의 해명

· 2017년에 가즈오 이시구로(石黑一雄)가 문학상을 수상했지만 영국 국적.
· 총 25명의 부문별 수상자는 물리학상 11명, 화학상 7명, 생리학·의학상 4명, 문학상 2명, 평화상 1명.

자료: 〈아사히신문 디지털〉, '노벨상'(2017년 10월 5일)과 〈니혼게이자이신문〉,
'일본인 노벨상 수상자'(2015년 10월 5일)를 참고해 필자 작성.

중 전 대통령이 수상한 노벨평화상을 빼고는 한국은 한 명도 노벨상을 받지 못했다. 한일 간에 왜 이런 차이가 나타나는 것일까?

노벨상 수상에는 철새처럼 여기저기 옮겨다니는 것이 아니라 더러는 바보스러우리만치 끈질기게 한 분야를 파고드는 연구 태도가 요구된다. 그 연구도 특정 세대에서 끝나는 게 아니라 세대간 연속성이 있어야 노벨상 수상에 유리하다. 이에 더해 자신의 노력이 다른 사람을 이롭게 하고 그것이 결국은 자신을 이롭게 한다는 이타자리利他自利의 마음이어야 노벨상 취지에 잘 들어맞는다. 이러한 '한 우물 파기, 세대 간 연속성, 이타자리'라는 세 요건을 들어 일본이 노벨상을 잘 타는 이유에 한 걸음 더 들어가보기로 하자.

한 우물 파기 문화

일본의 한 우물 파기 문화는 역사적으로 형성된 '일소현명'의 의식에서 찾을 수 있다. 일소현명은 선조 대대로 계승되어온 토지를 목숨을 걸고 지킨다는 뜻으로 중세 일본에서 생겨난 말이다. 자신에게 부여된 영지를 목숨 걸고 지키며 생활 터전으로 삼아 살아감이 일소현명의 본래 의미다(국중호, 《호리병 속의 일본》). 대개의 일반 백성들은 다른 지역으로의 이동 자유 없이 소속 영지에서 일생 동안 살아왔다. 봉건 시대가 끝나고 근세·근대로 접어들며 언제부터인가 일소현명이라는 표현보다는, '일생을 통해 목숨을 걸고 맡은 바 소임을 다하며 살아간다'는 '일생현명一生懸命(잇쇼켄메이)'이란 말이 더 많이 사용되고 있다.

한 우물을 판다고 하는 것은 그 분야에 정통한 전문가를 낳게 한다. 일본인이 탄 노벨상을 분야별로 보면, 물리학상 11명, 화학상 7명, 생리학·의학상 4명, 문학상 2명, 평화상 1명, 경제학상 0명이다. 흔히 쓰는 말로 표현하면, 문학, 평화, 경제와 같은 문과 분야보다는 물리, 화학, 의학과 같은 이과 분야에서 주로 노벨상을 수상하고 있다. 물리나 화학과 같은 기초·응용과학 분야는 하루아침에 이뤄지지 않는다. 끈질기게 기술이나 지식을 쌓아나가야 일가견을 이루게 된다. 일본의 '한 우물 파기 문화'는 비록 융통성은 떨어지지만, 기술이나 지식 축적을 많이 요구하는 물리나 화학 분야에서 노벨상을 받는 데 유리하게 작용했다.

세대 간 연속성

한 세대에서 일을 마무리짓기보다는 세대 간의 연속성을 중시하기에 일본의 경우 몇 백 년 된 상점이나 기업도 즐비하다. 일본인들이 즐겨 보는 형사 드라마의 전형적인 줄거리도 '세대 간 연속성'이다. 예컨대 처음에 아버지와 자녀 간에 의사소통의 오해가 있고, 아버지가 사건에 연루되어 죽음을 당한다. 극 속에는 대개 부모 자식 간 애정을 둘러싼 오해나 곡해曲解가 있다. 사건이 파헤쳐지면서 아들·딸은 아버지가 자신을 몹시 사랑하고 있었음을 깨닫게 된다. 그러면서 부모 세대가 이제까지 이룬 가업을 잇는 것이 자신의 사명이라 인식하며 열심히 매진하겠다는 다짐으로 끝이 난다. 할아버지·할머니에서 아버지·어머니로 또 그 자녀에게로 이어지면서 축적된 기술은 장인 또는 직인職人 정신을 발휘하는 원천이 되었다.

노벨상에서도 지도교수가 기초를 다져놓고 그 제자가 해당 분야를 이어가는 연속성이 있다. 대표적인 예로 물리학상에서의 도쿄대학교 라인을 들어보자. 〈표 2〉에도 나와 있듯이 2002년 고시바 마사토시小柴昌俊 교수는 우주에서 날아오는 뉴트리노라는 미립자를 관측한 업적을 인정받아 노벨 물리학상을 받았다. 2015년에는 그의 제자 가지타 타카아키梶田隆章 교수가 뉴트리노에 질량(무게)이 있음을 증명해 물리학상을 받았다. 나아가 이들 두 사람 사이 뉴트리노 연구 기반 시설(슈퍼 카미오칸데) 구축에 일생을 바친 도츠카 요지戸塚洋二 전 도쿄대우주선연구소 소장의 존재가 알려지며 잔잔한 충격을 주었다. 2015년 10월 노벨상 수상 회견에서 가지타 교수는, "도츠카 선생의 공적이 커 선생님이 살아 계셨더라면 공동 수상했을 것"이라며 깊은 감사를 표했다. 세대 간 연속성의 단면을 극명하게 보여준다.

이타자리

일본인들의 소박하고도 소중한 꿈은 '주변에 도움이 되는 일을 하고 싶다'는 쪽으로 수렴된다. 그들은 사회의 구성원으로서 다른 사람을 이롭게 하는 일을 하고 싶다는 이타利他 정신을 아름답게 본다. '주변에 도움되는 이타심이 자신을 이롭게 한다'는 자리自利로 받아들이기에 '이타자리'라 할 수 있다. 존경받는 기업 경영인 교세라(교토세라믹)의 이나모리 가즈오稲盛和夫 회장도 그의 저서 《삶의 방식》에서 인간의 가장 소중한 것으로서 '이타의 마음'을 들고 있다. 이타를 우선하는 마음가짐이 자신의 행동을 자유로이 해방시켜준다고 믿기 때문이다.

열대 지방의 감염증 특효약 개발로 2015년 노벨 생리학·의학상을 받은 오무라 사토시大村智 씨는 '무언가 세상에 도움이 되는 일은 없는가'를 끊임없이 생각해왔다고 누누이 말한다. 인공 다성능줄기[iPS]세포를 만든 공적으로 2012년 마찬가지로 노벨 생리학·의학상을 수상한 야마나카 신야山中伸弥 교수도 "아직은 고칠 방도가 없는 척추 손상 환자를 어떻게 해서든 고치고 싶다"는 비장한 마음가짐을 지녔다. 이처럼 이타자리를 실천한 사람들이 노벨상 수상 등 큰 업적을 이룬 것으로 나타났다.

한국의 노벨상 타기 전략

한국인과 일본인은 생김새는 비슷하지만 참으로 다른 사고방식의 소유자들이다. 2장에서 언급했듯이 일본은 전통 위에 기술과 지식을 쌓아가는 축적 사회인데 비해, 한국은 이리저리 활발하게 움직이는 흐름 사회다. 좋은 면으로 동적이라 할 수 있지만 한국은 특정 분야를 다지며 쌓아가기 어렵다. 한 우물을 파려고 하면 "왜 그렇게 매달려 있냐"며 고리타분하게 여기곤 한다. '사촌이 땅을 사면 배가 아프다'와 같이 남이 잘되는 것에 대한 질투심도 적지 않다. 질투심은 자신의 역량을 촉발시키는 촉매가 되기도 하나, 질투심이 좋지 않은 쪽으로 작용하면 설사 천재가 출현했다 하더라도 제대로 그 기량을 펼치지 못하고 시들어버릴 수 있다. 한국 드라마에서 잘 나오는 주제가 '남들이 내 앞에서 무릎 꿇도록 하겠다'는 지배욕이다. 자신을 내세우며 이전 사람이 이뤄놓은 것을 부정하려 하기에 세대 간 연속성이 보장되기 어려운 환경이다.

일본의 노벨상을 시기적으로 보면 〈표 2〉에서 보듯이 2000년 이전(1949~1999년)이 8명, 2000년 이후(2000~2018년)가 17명으로 21세기 들어 부쩍 늘어났다. 그동안 쌓아놓은 축적이 역량을 발휘하고 있다는 인상이다. 지식·기술·자본의 축적이 많은지라 앞으로도 노벨상 수상자가 나올 가능성은 한국보다 높다고 할 것이다. 한국인이 노벨상을 타기 위한 전략으로 첨단기술을 갖는 미국의 연구 환경 등을 이용하는 것도 유력한 방법일 수 있으나, 일본이 쌓아놓은 축적(지식, 기술, 자본 등)을 활용하는 방법이 빠르고 현명할 수 있다.

이삭줍기: 한국의 일본 축적 활용은 일본에도 득이다

자기 분야에 대한 집중 성향이 강한 일본에서는 다른 곳에서 축적된 기술의 활용 정도는 높지 않은 편이다. 종적 사회의 특성을 띠는 일본인지라 횡적 유연성이 낮고 조직 간 벽을 뛰어넘어 다른 곳과의 융합을 이루는 교류가 많지 않기 때문이다. 일본이 유연성이 낮다고 지적되는 것은 지금까지 축적된 자산의 덩치가 커졌기에 그 움직임이 둔하다는 것의 반증이기도 하다. 일본의 사회 문제로 대두되곤 하는 것이 새로운 것을 신속하게 추진하지 못하고 답보 상태에 머무는, 즉 폐색감이다.

한국은 일본과는 달리 흐름 사회로서의 동적인 특성이 강하다. 한국의 흐름 특성을 살려 일본의 축적을 활용하는 전략은 일본에게도 득이 될 것이다. 한국의 일본 축적 활용 전략이 속도감과 활력을 주어 일본 사회를 폐색감으로부터 벗어나게 하는 데 도움을 줄 것이기 때문이다.

일본은 개량 창조인데
한국은?

창조에는 산고의 고통

박근혜 정부(2013년 2월~2017년 3월)는 '창조경제'라는 용어를 내건 적이 있었다. 기실 창조경제를 이루려면 상상 이상의 각오가 요구된다. 무엇인가를 새롭게 만들어낸다 함은, 때로는 뼈를 깎는 산고의 고통이 따르기 때문이다. 무에서 유를 창조하는 것이 쉽다고 생각하는 사람들은 엄청난 천재이거나 성인聖人의 대열에 있는 사람일지도 모르겠다. 나 같은 사람은 칼럼 하나를 쓰는 데도 시행착오도 많고 시간이 많이 걸리는 편이다. 괜찮겠다 싶은 주제나 내용을 생각해가며 썼다가는 지우고, 지웠다가는 다시 써보고, 어휘·자구를 택해 다시 채워넣고 사실 확인을 하고 뉘앙스나 운율·볼륨을 맞추다 보면 며칠이 걸릴 때가 많다. 무엇보다도, 내용이 확 와 닿지 않고 납득이 가지 않으면 선뜻 탈고를 하지 못하고 괴로워한다.

소프트뱅크 손정의孫正義 사장이 《손자병법》에 자신의 말을 더해 만든 《손의 제곱 병법》이라는 경영 지침서가 있다. 5×5의 25글자로 만들어진

그림 5 | 손의 제곱 병법

(도천지장법)	道 天 地 將 法	이념		
(정정약칠투)	頂 情 略 七 鬪	비 전		
(일류공수군)	一 流 攻 守 群	전 략		
(지신인용엄)	智 信 仁 勇 嚴	장수의 마음가짐		
(풍림화산해)	風 林 火 山 海	전 술		

- 손 사장이 《손자병법》에 독자적인 말을 더해 25문자의 문자판에 나타낸 경영 방침이다.
손 사장이 가슴에 깊이 새기는 25문자이지만 자신도 아직 통달하지 못한 것이 있다고 한다.

자료: 손정의, 《손의 제곱 병법》.

글자틀 속에는, 쟁엉 비전 제시의 하나로, '약畧(덜어내다)'이라는 글자가 있다(〈그림 5〉 참조). 사업을 이뤄갈 때 고민하고 생각하고 또 생각해 군더더기는 잘라내고 곁가지도 쳐내 마지막 남는 그 하나가 '약'의 정수精髓가 된다. 마침내 던지는 한마디가 '산은 산이고 물은 물이다(山是山 水是水)'처럼 당연하게 들린다 하더라도, 깨달음을 얻은 이들한테는 흔들림 없는 믿음으로 자리 잡을 것이다. 덜어내고 덜어내어 남는 핵심에 도달하기까지는 고달프고 힘든 여정이기도 하다. 참고로 손정의 사장이 군더더기를 쳐낸 다음 도달한 사업 이념은 '정보 혁명으로 사람들을 행복하게 한다'였다.

비약 창조와 개량 창조

보통 사람들이 접하는 창조에는 크게 두 가지가 있다. 하나는 지금까지와는 전혀 다른 어떤 새로운 것을 만들어내는 창조다. 이를 '비약飛躍 창조'라고 명명하자. 끼가 있거나 때론 엉뚱한 사람이 새로운 아이디어를 낸다 함은 비약 창조에 해당한다. 열띤 토론brain storming으로 이런저런 생각들을 선보이고 부대끼기도 하면서 이리저리 융합하다 보면, '아, 괜찮네!' 하는 좋은 아이디어나 돌연변이 횡재를 얻기도 한다. '비약 창조'는 횡적 성격이 강하다. 권위가 배제되고 누구라도 자유롭게 참가할 수 있어야 하기 때문이다. 개인의 뛰어난 아이디어에 기초해 이뤄지는 비약 창조는 자유 의지를 중시하는 미국에 유리하다.

다른 하나의 창조는 지금까지 해온 것의 연장선상에서 조금씩 개량해는 창조다. 전보다는 좀 더 나은 것을 찾아내 하나둘씩 생활에 도움이 되는 쪽으로 만들어가는 창조다. 그전과 똑같은 것은 아니고 약간 더하거나 바꿔 새로움을 추구한다는 뜻에서 '개량 창조'라 이름하자. 개량 창조는 이미 있는 것을 고쳐나가는 것이니 팀을 이뤄 헤쳐나가는 연속적인 업무에 적합하다. '지속성'과 '모두 함께'를 중시하는 일본은 개량 창조에 유리하고 또 뛰어나다.

주어진 자리에서 일탈하지 않고 계속해가는 것을 중시해온 일본인들이기에, 이들한테는 싫으나 좋으나 기존의 것을 조금씩 고쳐가며 살아가는 습성이 몸에 배어 있다. 도요타자동차의 작업 전략으로 자리 잡은 '가이젠改善, kaizen' 방식은 바로 개량 창조의 대표격이다. 개량 창조는 어떤 범주 안에서 지시받은 일처리와 맞물려 있는 경우가 허다하기에 종적 사회의 성격이 강한 일본에 잘 들어맞는 창조다.

한국은 어떤 창조였나?

한국에는 주변에 끼가 있거나 엉뚱한 사람도 즐비하기에 '비약 창조'에 기대를 걸 수도 있을지 모르겠다. 그런 한편, 어떤 위세나 권위를 이용해 위에서 무모하게 요구해올 때 그 요구에 맞추려 알아서 복종하는 이들도 적지 않다. 이런 상황에서는 속에서 우러나오는 진솔함이 사장死藏되어 '비약 창조'로 이어지기 어렵다. '개량 창조' 또한 딱 들어맞지는 않는다. 다른 사람이 이뤄놓은 업적 위에서 조금씩 개선해나가는 것을 꺼려 하는 이들이 많기 때문이다.

한구의 경우 '비약 창조'도 '개량 창조'도 아닌, 이 둘을 섞어놓은 '비빔밥 창조' 또는 둘 다 아닌 '엉거주춤 창조'가 될 수 있다. 비약 장소와 개량 창조가 잘 배합되면 좋은 융합의 '비빔밥 창조'를 붙일 수도 있으나, 자칫 잘못되면 엉거주춤 또는 어정쩡한 상태에서 흘러가는 '무늬만 창조'로 끝날 우려가 있다.

박근혜 정부 당시 제시되었던 창조경제 생태계는 '과학기술과 정보통신기술을 접목한 창의적 자산을 창업·융합으로 활용→새 시장 창출 및 기존 시장 강화→공정한 경쟁과 세계화로 좋은 일자리 창출'이라는 연쇄 반응이었다(대한민국정부, 《창조경제 실현방안》). 이로부터 창조경제 생태계의 종착역이 '좋은 일자리 창출'이었음을 알 수 있다. 그런데 한국의 현실은 오히려 젊은이들이 비집고 들어가기가 너무 힘들어진 일자리였다. 탁상 위에서 작성한 보고서와 실제 생태계가 다르다는 것을 보여준 예였다. 동시에 위에서 언급한 창조경제 생태계는 비약 창조(새 시장 창출)와 개량 창조(기존 시장 강화)를 섞어놓고 있으면서도 '어느 분야를 어떤 식으로 창조해가겠다'는 방향성이 제시되지 않은 엉거주춤한 창조경제 생태계였다.

소모형 사회

한국이 창조형 사회라기보다는 '소모형 사회가 되어가는 것은 아닐까?' 하는 의구심이 들기도 한다. 사람도 소모품, 살던 터전도 소모품처럼 취급되는 듯한 느낌이 언뜻 밀려올 때가 있다. 기관의 장이 바뀌면서 '이거 해보라' 해 준비하면, 제대로 활용되지 못하고 폐기되는 안들이 너무 많지 않은가 싶다. 좋은 말로 시행착오라 할 수 있지만 비판적으로 보면 모처럼 이뤄낸 창조나 창작을 위한 노력이 활용되지 못하고 '헛수고'로 그저 동원되기만 하고 끝나는 '소모형 동원'으로 볼 수 있다. 일본에는 한 번 터를 잡은 곳에서 생을 마감할 때까지 사는 사람들이 많은 반면, 한국은 삶의 터전이 이리저리 파헤쳐져 보금자리로서의 기능이 많이 약해졌다.

소모품의 특징은 한 번 쓰고 나면 없어진다는 것인데, 존엄한 인간, 안온한 터전마저 소모품이 된다면 기댈 곳이 없어진다. 살아갈 터전이 불안하다는 걱정이 앞서면 결혼하기 힘들어지고 아이 낳아 기르기도 겁나게 된다. 이것이 한국의 젊은 세대들에게 벌어지고 있는 현실이 아닌가 싶다.

어머니들은 산고의 고통을 견뎌내고 생명을 길러내는 헌신을 한다. 어머니들한테는 생명 창조와 양육이라는 위대함이 있다. 보통 사람이 어느 새로운 것 하나를 만들어 내려면 "아 어떻게 해결해야 하나?" 하며 극한 상황을 견뎌내는 과정이 수반된다. 이를 겸허히 받아들인다면 어떤 사람이 각고의 노력으로 고안해낸 유익한 창조에는 감탄어린 고마움이 간직되는 게 마땅하다.

정성어린 창작 글쓰기나 그림 그리기를 예로 들어보자. 복사해 오려 붙이기가 쉬워진 인터넷 시대에는 사람의 성정(性情)을 거칠게 하는 유혹이 곳곳에 도사려 정성들여 쓰고 그린 창작물이나 아이디어들이 가볍게 간주되기 쉽다. 스스로 골똘히 창조의 마음으로 임하기보다는, 검색창을 누늘겨 비슷한 것를 찾아낸 나음 '어기도 있지 않느냐'고 반박하려는 심리가 작용하기 때문이다. 창작자의 수고로움이나 전문가를 경시하는 풍조에 빠지지 않도록 경계해야 한다는 뜻이다.

히라가나로 본 개량 창조

히라가나로 본 일본인의 사고방식

새뮤얼 헌팅턴Samuel Huntington은 어떤 문화를 다른 문화와 구별지을 때 종교 다음으로 핵심 요소가 되는 것이 언어라고 한다(《문명의 충돌》). 또한 스스키 다카오_鈴木孝夫_는 일본어의 사용 방식(특히 일본어의 인칭대명사 사용 방식)이 일본 문화나 사회 구조의 내면을 반영한다는 것을 입증하고 있다(《말과 문화》). 여기서는 새로운 시도로서 일본어 문자인 히라가나의 형성으로부터 일본 사회나 일본인의 사고방식을 엿볼 수 있음을 추론해보기로 한다(국중호의 〈가나문자로 본 일본〉 및 《호리병 속의 일본》을 많이 참조함).

〈그림 6〉에서는 히라가나의 변천을 나타내고 있다. 또한 〈그림 7〉은 〈그림 6〉의 맨 위에 있는 히라가나 문자인 '이い'라는 글자를 예로, 한자인 '以(이)'로부터 여러 단계를 거쳐 히라가나 문자인 'い(이)'로 변화했음

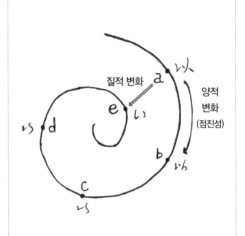

그림 6 | 히라가나의 발전	그림 7 | 소용돌이 형태로 나타낸 히라가나 형성
양적 변화(점진성)	질적 변화 / 양적 변화(점진성)
• 히라가나 문자의 변천으로부터 개량·응용에 의한 창조성, 점진성, 아날로그식 접근 등의 특징을 읽어낼 수 있다.	• 히라가나 형성을 소용돌이 형태로 표현하면 〈그림 6〉의 주에 있는 특징에 더해, 양적 변화로부터 질적 변화(한자→히라가나), 디지털 적응에서의 완만성, 내향성 등의 특징을 찾아낼 수 있다.
자료: 井上 외(1992, 71쪽)를 참고로 필자 작성.	자료: 필자 작성.

을 '소용돌이' 형태로 나타낸 것이다.

두 그림은 일본 가나문자가 한자의 축차적逐次的인(조금씩 변하는) 변천 과정을 거쳐 변형되면서 현재의 히라가나 문자로 정착되었음을 보여준다. 히라가나 형성을 나타내는 이들 그림을 참조하면서 일본 사회의 사고방식을 가늠해보기로 하자.

개량·응용에 의한 창조성

첫째는 '개량·응용에 의한 창조성'이다. 히라가나는 한자의 흘림체인 초서草書체를 응용하고 개량해 만들어낸 문자다. 일본은 중국이 만들어낸 한자를 개량해 실생활에 편리하도록 개량해 히라가나라는 새로운 문자를 만들었다. 〈그림 6〉에서 보듯이 예컨대 '以'라는 한자로부터 'い'라는 히라가나 문자가, '呂(로)'라는 한자로부터 'ろ(로)'라는 히라가나 문자가 만들어졌다. 이러한 문자 형성 과정으로부터 '개량·응용에 의한 창조성'이 일본 사회의 한 특징일 것임을 유추할 수 있다. 일본은 이처럼 원류源流를 생성해내는 데는 익숙지 않으나, 일단 확고하게 형성된 원류가 있으면 이를 응용하고 조금씩 개량하며 개선해가는 데는 뛰어난 힘을 발휘한다.

경제 발전 과정에서도 응용에 의한 창조를 엿볼 수 있다. 산업 면에서 '응용에 의한 창조성'의 한 예로서 도요타의 '가이젠'을 들어보자. 일본이 최초로 자동차를 발명한 것은 아니지만 도요타자동차는 조금씩 조금씩 개선에 개선을 더한 품질 향상으로 세계 정상의 자리에 올라섰다. 2001

년 노벨경제학상을 수상한 조셉 스티글리츠[Joseph Stiglitz]도 "일본은 경제발전 초기, 다른 어디에서인가 이미 개발된 기초적인 아이디어를 빌려와 창의적으로 궁리하고 좋은 손재주를 이용해 그 아이디어를 상품화했다"고 언급한다(이시즈카 마사히코, 《경제영어》).

대개의 일본인들은 남들보다 먼저 앞장서서 나서기보다는 선두자가 어떤 행동을 취하면 그에 보조를 맞춰 행동하거나 대응하는 방식을 취한다. 이들은 선두에 나서서 운을 떼고 새로운 제안을 하거나 하는 행동을 주저한다. 먼저 질문하면서 나서지 않는 경향을 띤다. 이러한 행동 패턴은 한자에 이어 만들어진 히라가나의 형성과도 밀접하게 관련되어 있다고 할 것이다.

점진성

둘째는 '점진성'이라는 특징이다. 히라가나가 한자로부터 변천되어 형성되어갈 때 원래의 한자(예, 以)가 한꺼번에 현재의 히라가나 문자(예, い)로 변한 것이 아니고 여러 단계를 거쳐 현재의 글자체가 되었다. 〈그림 6〉과 〈그림 7〉에서 보듯이 히라가나는 다음의 변천 과정을 거치고 있다.

(a) 以 → (b) 以 → (c) 以 → (d) 以 → (e) い

위 히라가나의 변천으로부터 일본 사회가 점진적인 변천을 선호하는

사회임을 엿볼 수 있다. 달리 말하면 일본은 일을 추진함에 있어 한꺼번에 여러 단계를 건너뛰는 방식(즉 월반越班)을 그리 허락하지 않으려는 사회일 것임을 유추할 수 있다. 〈그림 7〉을 통해 이를 단적으로 보이자면, 일본은 한자 以(a) → 히라가나 い(e)로 갑자기 건너뛰는 일처리 방식보다는, a→b→c→d→e와 같이 점진적으로 바꿔나가는 방식에 익숙하다.

아날로그식 사고

셋째로 일본은 '아날로그식 사고'에 익숙하다는 점이다. 2장에서 일본의 아날로그식 사고에 관해 언급했는데, 이는 위에서 말한 점진성과 관계가 깊다. 아날로그의 가장 중요한 속성은 서로 연결되어 점진적으로 변해가는 연속성이다. 서서히 변해간다고 함은 갑작스레 변하는 것도 아니지만 그렇다고 이전의 형태와 아주 똑같음을 추구하는 것도 아니다. 〈그림 7〉에서 보듯 a→b→c→d→e의 변천과 같이 서서히 조금씩 변화해가는 것을 선호한다. 히라가나의 점진적인 형성 과정으로부터 일본 사회가 '이전과 연결된 지금, 지금과 연결된 다음'이라는 아날로그적 연속성 사고에 익숙할 것임을 짐작할 수 있다.

늦은 디지털 적응 속도

넷째는 '디지털 적응 속도가 늦다'는 점이다. 디지털 세계에서는 단속성

斷續性(끊어짐과 이어짐의 두 성질) 물체인 반도체의 속성을 이용해, '0(끊어짐)과 1(이어짐)의 일정 묶음의 전기 신호^{byte}'를 각각의 기호 및 문자와 대응시킬 수 있게 되면서 표현 영역이 비약적으로 넓어졌다. 반도체 기술의 눈부신 발전과 함께 디지털 세계는 기하급수적으로(2의 제곱 속도로) 빠른 확장을 보여왔으나, 일본은 발 빠르게 변하는 디지털 속성에 익숙하게 적응하지 못하는 일면을 보였다. 점진적 속성의 아날로그식 사고방식으로 비약적 또는 단속적 속성의 디지털 세계에 대응하려 했기 때문이다.

〈그림 7〉을 참고하면 일본은 a(以)에서 e(い)로 건너뛰는 과정을 통한 접근보다는, a→b→c→d→e와 같이 점진적 변화를 통해 e(い)에 도달하려는 사고에 익숙하다. 일본이 하나하나 확인해가면서 단계를 밟아가는 사이, 비약을 그 속성으로 갖는 디지털 세계는 차원(또는 세대)을 달리하며 적용 분야를 넓혀왔다. 디지털 신제품 개발 분야에 있어 일본 기업이 한국이나 중국 기업에게 추월당하는 이유도 바로 디지털 적응 속도가 늦다는 데 있다.

양적 변화로부터의 질적 변화

다섯 째는 일본 사회가 점진적인 '양적 변화로부터 질적 변화'를 추구한다는 점이다. 히라가나의 형성을 소용돌이 형태로 나타낸 〈그림 7〉에서 보듯이 a→b, b→c, c→d, d→e의 변화는 조금씩 서서히 양적 변화가 이뤄지고 있음을 반영하고 있다. 그러나 처음의 단계(a)에서 마지막 단계(e)로의 변화, 즉 a(以)→e(い)의 변화는 질적 변화를 나타낸다. 한자^{漢字}

라는 뜻글자 '以'로부터 히라가나라는 소리글자 'い'로의 질적 변화가 이 뤄졌기 때문이다. 이처럼 히라가나는 '한자 문자의 점진적 변형'이라는 양적 변화를 거쳐 새로운 차원의 '히라가나' 문자로 질적 변화가 이뤄진 문자다.

점진적인 양적 변화를 이뤄가다가 마침내 어느 임계점에 도달하게 되면 질적 변화가 일어난다. 액체인 물이 가열되어갈 때는 질적 변화 없이 물의 온도가 올라간다. 그러다가 온도가 100℃에 달하면 액체인 물이 기체인 수증기로 변하는 질적 변환이 일어나는 것을 그 예로 들 수 있다. 히라가나 문자의 변천 과정으로부터, 일본 사회가 양적 변화(a→b→c→d→e)로부터 질적(a→e) 변화(즉 한자에서 히라가나로)를 이뤄왔음을 읽어낼 수 있다.

내향성

마지막으로 '내향성'을 들 수 있다. 가나문자는 한자라는 틀을 벗어나 새로운 것을 개방적으로 받아들여 만든 문자라기보다는 한자라는 틀에서 만들어진 응용 문자다. 일본에서는 어떤 원형의 틀이 주어지면 그 틀 안에서 무엇인가를 운영해가려고 하는 강한 내향성을 보인다. 〈그림 7〉에서 보는 바와 같이 한자의 '以(a)'라는 틀 속에서 히라가나의 'い(e)'로의 변천 과정에선 소용돌이 중심의 안쪽으로 향하고 있는 '내향성'이 엿보인다.

이상과 같이 히라가나 형성 과정으로부터는, ① 응용·개량에 의한 창조성, ② 건너뛰기 또는 월반을 선호하지 않는 점진성, ③ 아날로그식 사고에 익숙하다는 점, ④ 디지털 적응 속도가 늦다는 점, ⑤ 양적 변화로부터 질적 변화의 추구, 그리고 ⑥ 내향성이라는 일본 사회의 다양한 특징을 이끌어낼 수 있다.

이삭줍기: **시각적 이미지 형성에 유리한 일본 문자**

일본어는 '시각적' 구분이나 이미지 형성에 유리한 문자이기도 하다. 앞에서 다룬 '히라가나' 문자 외에 '가타카나'라는 문자도 있고, 이에 더해 '한자' 표현까지 포함하면 일본어는 세 가지 표현 방식을 갖는 문자 체계다. 가타카나는 일본어와 대체로 발음이 같거나 비슷한 한자로부터 그 부수 일부인 한 조각片을 따오거나 획을 생략해 만든 문자다. 예컨대 '伊(이)'라는 한자의 왼쪽 한 편을 따와 'イ(이)'라는 가타카나 문자로 사용하는 식이다. 외국어 표현, 강조 표현, 의성어·의태어 등을 표기할 때 가타카나를 주로 사용한다. 히라가나와 가타카나는 서로 발음은 같으나 시각적 차이가 있어 이미지가 달리 와 닿는다. 일본어는 이처럼 히라가나, 가타카나, 한자를 이용한 시각적 표기 구분이 가능하다.

언어는 문화의 응축체다. 시각적 표기 구분의 일본어 문자로부터 일본이 이미지 형성 표현이 발달했을 것임을 유추할 수 있다. 세계적으로 잘 알려진 일본 만화(만가, 漫画)는 물론 문학, 요리, 의상 등에서도 일본은 이미지성이 강조되어, 섬세하고 다양한 색깔 조합으로 유명하다.

5장
교육을 알아야
일본이 보인다

대학 교육, 어떻게 다른가

이미지가 크게 변한 대학 · 대학생

같은 낱말이라도 시대 조류에 따라 그 이미지가 달라지곤 한다. 이미지가 변한 대표적인 말이 '대학', '대학생'일지도 모르겠다. 1970년대까지만해도 대개는 어려서부터 일터로 향해야 했기에 대학 진학률은 낮았다. 당시 대학생은 선망의 대상이었다. 지금은 소득 수준도 높아졌고 저출산과도 맞물려 대학 교육도 대중화됐다. 격세지감이다. 대학 순위 매기기 폐단이 심해져 어느 대학 다니냐고 묻기조차 어려워졌다.

일본도 대학 교육이 대중화되었지만 그 실태는 한국과는 현저히 다른 양상이다. 필자의 일본 대학 근무 경험도 곁들여가며 교육 방식, 학생 생활, 업무 취향 면에서 양국이 어떻게 다른지 알아보자.

대학 교육 방식 차이

먼저, 양국의 대학 교육 방식에서 보이는 큰 차이는, 일본에는 도제徒弟식 교육이 있으나 한국에는 그것이 없다는 점이다. 일본의 거의 모든 대학에는 2학년이나 3학년으로 올라갈 때 자신이 지도받고 싶은 교수를 선택해 수강하는 '제미'라고 하는 수업이 있다. 제미라는 말은 세미나seminar의 독일식 발음 '제미나르'에서 앞 두 글자를 따온 말이다. 이름의 유래로부터 짐작할 수 있듯이 제미 수업은 보통 서로 발표하는 방식의 세미나식 수업으로 진행된다. 제미 수업은 '연습演習'이라는 과목 이름으로 표시하기도 하며 지도교수의 이름을 앞에 붙여 부르게 된다. 예를 들어 다나카田中 교수의 제미(연습) 수업이라면 '다나카 제미'가 된다.

일본에서는 제미 수업을 통해 사제 관계가 형성된다. 한국에도 세미나식 수업이 있기는 하나, 대개는 선택과목이거나 간헐적으로 개설되어 있어 일본에서와 같은 사제 관계 형성은 드물다고 할 수 있다. 대부분의 일본 대학은 제미가 필수과목이며, 이를 이수해야 졸업할 수 있을 정도로 전체 수업에서 차지하는 제미의 비중은 매우 크다. 일본의 대학에서 정규과목은 일주일에 한 번씩 90분 수업으로 진행된다. 제미 수업도 다른 정규과목과 똑같은 시간 배분으로 해서 편성된다. 제미 수업에서는 담당 교수가 자신의 개성도 발휘하면서 개별지도를 한다.

제미를 통해 지도학생의 성향을 파악하고 심층 학습 및 논문 작성 지도를 하게 된다. 필자의 제미 수업의 경우 2학년 때 경제학 기초, 3학년 때 전공 심층 학습, 4학년 때 졸업논문 지도라는 방식으로 진행해왔다. 형식적으로 지도교수를 정해놓는 한국의 대학과는 달리, 일본의 제미 수업에서는 지도교수가 일주일에 한 번씩 2~3년에 걸쳐 마치 가정교사처럼 교육을 담당한다. 일본 학생들은 주로 제미와 동아리 활동에서 친구를 사귄다.

학생 생활과 입사 기준의 차이

다음으로 학생 생활을 보면 일본이 한국보다 부모에 대한 의존이 적은 편이다. 수업료는 부모님이 대준다 해도 생활비는 대체로 학생들 스스로 아르바이트를 해 충당한다. 학교 공부나 취업 활동 준비로 쫓기는 한국 대학생들의 생활과는 사뭇 다르다. 여러 가지 사정으로 아르바이트를 하며 생활하는 한국의 학생들도 많겠지만, 일본에서는 부모가 부자라 해도 학생 자녀에게 자가용을 사주거나 용돈을 많이 주거나 하지는 않는다.

일본 학생들은 아르바이트 외에도 동아리 활동(일본에선 '부部 활동'이라 한다)도 많이 하기 때문에 공부에 할애하는 시간은 한국 학생들보다 적은 편이다. 일본 학생들이 동아리 활동에 비교적 적극적인 데에는 기업의 채용 방식과도 관련이 깊다. 대부분의 일본 기업은 한국 기업처럼 필기 입사 시험은 치르지 않으며 통상적으로는 서류와 면접 과정을 거쳐 채용한다. 취업 활동 시 자기소개서에 동아리 및 제미 활동을 쓰게 되고 면접에서 화제로 떠오르기에 대부분 열심히 임하는 편이다.

일본 기업들은 이제까지 쌓아온 축적 기술을 존중하고 그 기술을 발전시킬 인재를 찾게 된다. 신입사원 채용 시에는 학점 평가보다는 얼마나 협력하는 자세로 임할 사람인가에 보다 높은 비중을 둔다. 예컨대 응원부나 테니스부에서 주장을 했다면 큰 가점 요인으로 작용한다. 단체 생활을 잘할 것으로 보기 때문이다. 이처럼 취업에서 학점이 중요한 요소로 작용하지 않는다는 점도 있어 일본 학생들은 좋은 학점을 받으려 신경을 곤두세우고 임하는 편은 아니다. 높은 학점 따기, 영어 공부나 자격증 취득에 숱한 시간을 들여야 하는 한국 대학생들 입장에서 보면 '아, 많이 다르구나' 하고 느낄지 모르겠다.

업무 취향과 기대 수준 차이

마지막으로 업무 취향을 볼 때 한국보다 일본이 그룹 일에 협조적이다. 일본 학생들은 안정된 기업에서 풍파 없이 오랫동안 일하고 싶어 한다. 독립해 새로운 일 개척하기를 두려워하며 이미 형성된 그룹에서 질서를 지켜가며 지내기를 선호한다. 대외적으로 시장 개척을 하며 큰 사업 전개를 하겠다는 포부보다는, 주변과 보조를 맞춰 함께 일하겠다는 성향이 강하다는 의미다. 역사적으로 강한 지역공동체 경향을 가졌던 일본인들의 생각 속에는 그룹이나 조직에서 외톨이로 남게 되는 것에 대한 강한 심적 두려움이 잠재되어 있다. 그런 두려움이 자연스레 그룹 내 협조를 유발하게 된다.

일본에선 자영업을 한다고 해도 자기가 새로이 일으키는 기업起業이 아닌, 집안 대대로 이어져 내려온 가업을 '승계'하는 경우가 많다. 대학을 졸업하고 가업을 잇는 젊은이도 적지 않다. 일본에 오래된 전통 기업이 많은 것도 이러한 특성이 반영된 결과다. 전통 가업이 이어진다 함은 생산성이 높지 않을 수 있어도 고용은 계속됨을 뜻한다. 자영업을 하는 한국의 부모들 가운데는 "자식한테는 자신이 하고 있는 궂은 일은 시키지 않겠다"는 심산心算을 갖는 부모도 적지 않을 것으로 여겨진다. 일본의 자영업은 한국의 그런 정서와는 크게 다르다.

사회 적응 완충 장치의 역할을 하는 일본 대학

일본의 대학은 사회 적응을 위한 완충 장치buffer 역할을 하면서 인재를 공급하고, 일본 기업은 대졸자들 대부분을 흡수한다. 대졸자들도 굳이 대기업만을 고집하려 하지 않는다. 일본에서 취업이 잘되는 이유로 취업 준비생들이 기대 수준을 낮춰 임한다는 점도 간과할 수 없다. 일본은 한국만큼 대기업과 중소기업 간의 임금 격차가 크지 않다는 뜻이기도 하다. 거래 관계에도 기존의 신용이 중시되어 상호 규약에 따라 이뤄지기 때문에 이른바 한국에서 곧잘 '결정권 유무 관계'로 언급되는 갑을 관계의 서러움도 그리 대두되지 않는다. 갑을 관계보다는 각자의 일이 사회 저변을 받쳐준다고 하는 상호 존중이 있다.

한국에서는 대학 나왔다는 체면이 취업 선택의 굴레로 작용하기도 한다. 긴 호흡의 대학 교육으로 인재를 키워가고 취업 기반을 넓혀가야 할 텐데 한국이 너무 조급해져 있는 듯하다. 그렇다고 한국의 대학에 도제식(제미) 수업을 도입하라거나 일본 대학생들처럼 동아리 활동을 하게 하라는 주문이 아니다. 짜여진 기존 틀에 머물러 있으라는 뜻은 더더욱 아니다. 강조하고 싶은 것은 일본은 그들 나름의 교육 방식과 기업 풍토를 이루고 있다는 이해이며, 우리에게 맞는 교육 방식은 무엇이고 어떠한 기업 풍토를 만들어갈 것인가에 대한 고민이 있어야 하지 않나 하는 점이다.

이삭줍기: 지쳐 있는 한국 학생, 잠겨 있는 일본 학생

자신의 길 찾기가 어려워지고 있는 한국 학생들인지라 겉으로 웃는다 해도 속으로는 많은 불안함이 자리할 것이다. 학생들 본인은 본인대로 힘들고 그런 자녀들을 지켜보는 부모는 부모대로 마음 졸이게 된다. 교육을 담당하는 위치에 있는 나로서도 학생들한테 여러 가지 경험하라고 조언하자니 돌파구 없이 그저 부딪혀보라고 몰아대는 듯해 죄스런 마음이다. 한편 일본 학생들이 취업이 잘된다고 해서 패기 있게 열성적으로 임하는 것은 아니다. 풀이 죽어 있는 학생들도 많이 있다. 그 배경에는 짜인 기존 틀을 부수고 새로운 사업을 하는 벽이 엄청나게 높다는 요인이 자리한다.

한국 학생들은 공부에 지쳐 있고, 일본 학생들은 수동적인 처신에 젖어 있는 듯한 인상이다.

약성인가, 독성인가

소인가, 뱀인가

조물주가 사람에게 평등과 존엄을 주었다 하더라도 인간 사회에는 사악함도 스며 있다. 훌륭한 자질의 지도자가 사회에 좋은 영향을 끼쳐왔음은 존중되어 마땅하다. 뭇사람들의 부러움과 존경을 받으며 자부심을 가져도 좋을 것이다. 하지만 산이 높으면 골이 깊듯, 뛰어난 능력이 많을 때 그 반작용으로 해악도 클 수 있다. 뛰어난 능력자한테 도사리는 독성毒性은 보통 사람보다도 훨씬 무서운 결과로 나타날 수 있다. 같은 물이라도 소가 마시면 젖이 되지만 뱀이 마시면 독이 되기 때문이다.

삶과 일의 결과는?

선천적으로 지능이 높거나 재능이 빼어나다면 그만큼 삶과 일의 성취에 유리한 고지를 점하는 경향이 있다. 이나모리 가즈오 교세라 창업자는 사고력(또는 사고의 방향성), 열의, 그리고 능력이 어우러져 '삶과 일의 결과'가 나타난다고 설파한다(《삶의 방식》). 그의 경험에서 우러난 발상이다. 간단히 곱셈으로 나타내면 다음과 같다.

삶과 일의 결과 = 사고력 × 열의 × 능력

위 식은 좋은 사고력과 열의가 있고 능력이 출중하면 그만큼 높은 수준의 삶과 일의 결과를 이룰 수 있음을 보여준다.

능력이 많은 사람한테 특히 문제가 되는 것은, 방향이 잘못되어버리면 엄청난 마이너스의 영향력을 끼친다는 점이다. 얼마나 건전한 사고방식(또는 사고력)을 갖고 있느냐에 따라 삶과 일의 결과가 좌우되기 때문이다. 위의 식과 관련해 이나모리 씨는 열의나 능력의 경우 0점에서 100점까지 점수를 매길 수 있지만, 사고력은 −100점에서 +100점까지 있다고 한다. 사고력의 한쪽 자락이 마이너스(−) 100점까지 있다고 함은, 삶과 일의 결과를 벼랑 끝으로 내몰 수 있음을 깨우쳐준다. 달리 말해, 열의와 능력이 어떠한 사고력과 결합되느냐에 따라 약성藥性으로 작용하기도 하고 독성으로 나타나기도 한다. 특히 지도적 위치에 있는 정치가의 독성을 경계할 필요가 있다.

지배의 정당성 근거 세 가지

정치 관계는 결국 사람이 어떻게 사람을 따르도록 할 것인가에 좌우된다. 어차피 세상은 혼자가 아니고 조직을 이뤄 지내게 된다. 조직이 잘 돌아가려면 어떤 통치자가 '어째서 그 사회를 지배할 수 있는지'에 대한 정당성이 확립되어야 하고, 그 지배에 복종하는 합의가 형성되어야 한다. 막스 베버Max Weber가 들고 있는 지배의 정당성 근거는 '전통, 합법성, 카리스마'라는 세 가지다(《직업으로서의 정치》). 부연하면, ① 옛 관습으로부터 신성시되어온 전통에 따른 지배, ② 법규 제정을 통한 합법성에 의거한 지배, ③ 개인의 카리스마적 자질에 의한 지배, 이렇게 세 가지다(앞의 책, 11쪽).

일본은 개별 지도자의 카리스마성은 비교적 약하지만, 국가나 조직을 중시하면서 전통적으로 신성시된 천황제 전통과 법규 제정의 합법성에 의한 지배가 형성되어왔다고 볼 수 있다(즉 ①과 ②). 한편 미국은 기독교 사상 및 합법성 계약 규범에 기초한 지배가 이뤄지는 사회라 할 것이다(즉 ②). 한국은 전통 왕조도 없어졌고 계약 사회의 성격도 약한지라, 일본처럼 전통이나 규칙 준수 의식은 높지 않으며 미국과 같이 계약 규범을 매우 중시하는 편도 아니다.

한국에서는 위 세 가지(전통, 합법성, 카리스마적 지배)가 뒤섞여 있어 어느 한 가지를 특정하기 어렵다. 1500년 이상의 중앙집권의 왕조 체제를 유지해온 경험이 있는지라, 굳이 특징을 든다면 카리스마적 지배를 선호하는 성향이 강하다고 할 것이다(즉 ③). 한국 사회를 구제해줄 카리스마 정치가의 출현을 은근히 기대하곤 하는 분위기다. 카리스마에 의한 지배는, 이유를 조목조목 따져가며 차분한 논리로 풀어가기보다는 '그냥 저질러버리는' 식의 위험도 도사린다. 그러다 카리스마적 자질이 부족하다 싶으면 그 정당성을 의심해 반기를 들고 자신이 나서려는 의욕 또한 강하게 자리한다.

애와 어른을 가르는 기준

언제부턴가 내 나름대로 애와 어른을 가르는 기준을 세워두고 있다. 아무리 나이가 들었더라도 자기중심적이고 남에 대한 배려가 없으면 애 수준이고, 나이가 어리더라도 약속을 잘 지키며 남에 대한 배려를 잘하는 사람은 의젓한 어른이라 보고 있다. '공부를 잘하면 다른 것은 소홀해도 괜찮다'는 면죄부가 주어져왔기 때문인지, 한국에는 유명 대학 출신의 '나이든 애들'도 많아졌다.

공부는 사람 능력의 하나인데 점수 따기 병폐가 만연된 가운데 정치와 학벌이 미묘하게 얽혀 있다. 품격을 갖춰 사회적 책임과 의무를 다하는 '노블리스 오블리제noblesse oblige'는 실행하지 못하면서, 개중에는 유명 대학 간판을 입신출세의 평생 기득권으로 향유한다. 남을 배려하는 품성을 갖는 이가 어른이라 하더라도, 애와 어른의 구별이 힘든 곳이 정치 세계다. 정치는 심정적 품위를 중시하는 윤리와는 그 영역이 다르기 때문이다.

정치 영역에서는 공적인 폭력을 동원해 사람을 지배할 수 있는 '권력'이라는 특수한 수단을 갖고 운영된다. 정치 영역은 열정과 판단력이 요구됨은 물론 결과에 대해 책임을 져야 하는 복잡한 영역이다. 목적 달성을 위해서는 권모술수나 잔인한 수단도 이용되기에, 유치해 보이기도 하고 겁나고 몰인정하게 비춰지기도 한다. 정치의 주된 일이 '이해 상충의 조정'이다 보니 손해 보는 측은 정치가를 악惡으로 치받곤 한다. 경쟁 관계가 심해진 요즘 각박함이 앞서는지라 협조 관계를 이끌어내기가 더더욱 어려워졌다.

약성이 독성을 넘어야

돈키호테와 같은 허영심에는 미치지 못하더라도 누구에게든 어느 정도의 허영심이 자리한다. 하지만 '우쭐 의식'이 판을 치면 세상은 겉돌아간다. 가끔은 우쭐 의식을 내던지고 겸허함을 보일 때 엄청난 능력으로 거듭날 수 있겠지만, 대개는 그동안 살아오면서 세워왔던 자존심에 금이 갈까 심히 두려워한다. 일반인들이 보기에 깜냥이 아니라고 여겨지는 정치가가 허영심에 들떠 국민의 자존심이나 명예를 훼손시킬 때는 비판이 들끓곤 한다. 설쳐대는 정치가는 엉덩이에 뿔이 난 송아지처럼 고약하게 보이게 마련이나. 베버도 "국민은 이익의 침해는 그냥 넘어가더라도 명예의 침해, 그중에서도 독선에 의한 설교조의 명예 훼손은 단연코 용납하지 않는다"고 피력한다(앞의 책, 84쪽).

사회가 분화되어가면서 모두를 휘어잡는 카리스마 정치를 펼치기 어려운 쪽으로 바뀌어간다. 어느 지도자가 좋은 의도로 "나를 따르라!"며 열정을 갖고 호소해도 건성으로 치부되기 일쑤다. 빠르게 변하는 세상살이에서 진득하게 경청할 여유도 없어졌기 때문일 것이다. 각자가 밀치고 나오며 자기 주장을 하는 듯 보이지만 넘치는 정보 속에 귀가 얇아져 있다. 주변 상황에 쉽게 흔들린다는 뜻이다.

정치 무대는 선善과 선이 상봉하는 자리가 아니다. 반목과 질시가 툭 삐져나오기도 하고 비협조와 불복종으로 삐딱하게 판을 틀어버리기 쉬운 삶의 현장이기도 하다. 그런 질척한 삶의 현장이지만 좌절하지 않고 약성이 독성을 넘을 수 있도록 심지 있게 고뇌하는 자가 성숙한 지도자라 할 것이다.

이삭줍기: **우월 의식의 병폐**

한국의 일부 정치가가 큰 역할을 해왔음을 부정할 수는 없을 것이다. 그런 한편 적지 않은 정치가가 우월 의식으로 무장해 무서운 독성으로 작용하기도 했다. 내로라 하는 경력의 정치인들 중엔 병적 수준의 우월 의식에 젖은 정치가도 많지만, 한국 사회에선 그런 정치인에 대한 제재가 작동하기 어렵다는 문제가 있다. 합리적 토론에 의한 결정보다는 지배와 피지배, 갑을 관계, 상명하복의 관계로 자리매김될 때가 비일비재하다. 우월 의식의 병폐는 보통 사람들과 어울릴 때 나타나는 전체적인 협조 의식의 결여와 그로 인한 공동체 분열이다.

국가가 번성하려면 '좋은 제도', '건전한 사고방식(또는 사상)', 그리고 '탁월한 리더십'이 갖춰져 있어야 한다. 좋지 않은 사고방식이나 뒤틀린 리더십이 독성으로 나타난 실제적인 예도 적지 않다. 이명박, 박근혜, 김영삼 전 대통령들의 예도 그에 해당한다고 할 것이다. 도덕적으로 흠이 있고 신용도 낮았던 이명박은 대통령 지위를 사익 추구에 이용했다. 측근 비리를 막지 못한 박근혜의 리더십 부재는 엄청난 국익 손실을 초래했다. 김영삼은 정치적 자질이 뛰어나 민주화 발전에서는 공을 세웠지만, 국정 운영의 방향타를 잘못 이끌어 한국 경제를 위기에 빠뜨렸었다. 한국은 일본과는 달리 지도자가 누구인가에 따라 국가 전체가 흔들릴 수 있는 나라이기도 하다.

돈의 허세, 품성의 허세

한국 동전과 공중전화

500, 100, 50, 10, 5, 1원짜리 동전을 만들어놓고 별반 쓰지 않는 나라가 한국이다. 편의점이나 슈퍼마켓에선 계산할 때 일부 동전이 쓰이기는 하지만, 음식점을 비롯한 보통의 거래에선 1,000원 단위가 일상화되었다. 자잘한 돈에 그리 구애받지 않는 통큰 한국인이라 해야 할까? 아니면 세심하지 못하고 정확성이 떨어진다 해야 할까? 1엔(약 10원)짜리 동전까지 꼭꼭 챙기는 일본인들 사이에서 적응되어 와 그런지 한국은 논 씀씀이가 일본과는 참으로 다르다는 인상을 받는다. 그렇게 생각하는 나를 쩨쩨하다고 여길지 모르겠으나 구미(유럽·미국)의 음식점에서도 유로나 달러 지폐와 함께 동전 사용이 일반적이다.

우리 주변엔 어딘지 모르게 미어져나오는 엉성함이 있다. 공중전화의 예가 이를 상징한다. 스마트폰이 대중화되어 이젠 공중전화가 장식용인지 비상용인지 모를 정도다. 70원 요금의 공중전화인데 정작 한국은행에서 발행하는 현 10원짜리 동전은 사용할 수도 없다. 교통카드로 전화걸 수 있는 곳은 일부에 지나지 않고, 대개는 구형 카드나 동전식 공중전화만이 횅하니 달려 있다. 엉거주춤이다. 지진이 많은 일본에서 비상대피소로 이용하는 공원이나 그 근처에는 공중전화가 있고 재해 발생 시 비상연락 수단으로도 이용된다.

돈의 허세 그리고 샌드위치 신세

같은 돈이라도 불안한 사회냐 안정된 사회냐에 따라 그 씀씀이에 대한 감도가 크게 다르다. 돈 쓰기에 허세가 많은 곳이 한국이다. 일본 돈 1만 엔이 한국 돈으로 대략 10만 원이 된다. 한국에서 10만 원을 쓸 때와 일본에서 1만 엔을 쓸 때를 비교하면 일본에서의 1만 엔이 주머니 속에서 훨씬 느루(오래) 간다. 한국인의 소비 성향이 일본인보다 강하다고 하겠지만 돈이 헤프게 없어지는 만큼 돈을 벌어야 한다는 강박관념도 커져 있어 불안함도 배어 있다. 그래서인지 행여 돈이 된다 싶으면 앞뒤 안 가리고 덤벼들려는 욕심이 앞서는지 모르겠다. 남보다 빨리 채간 사람이 과시할라 치면 또 다른 이가 더 빨리 채가거나 독점하려 한다. 그렇게 앞다투어 나아가려다 보니 차분히 돌아볼 겨를도 없다.

"공정하고 정확하게 셈합시다" 하는 사람은 통이 작아 보이고 더러는 답답하다고 여겨지면서 소외를 당하기도 한다. 통크게 사는 것은 멋들어진 삶이지만 통만 키우다간 허울만 멀쩡할 뿐 알맹이가 없는 경우가 되기도 한다. 통도 크면서 속도 차 있어야 믿음이 간다. 통크기로 치면 만리장성을 쌓은 중국을 당할 수 없고, 정확성에서는 섬세한 기술 강국 일본을 못 당한다. 일본은 쌓아놓은 부로 연구개발R&D 투자와 기업 매수를 늘리는 전략도 함께 구사한다. 한국은 갖고 있는 부도 적을 뿐더러 반도체 산업이나 석유화학 등 몇몇을 제외하면 아직 후속 먹거리를 찾지 못하고 있다. 샌드위치론(중국·동남아와 일본 사이에 낀 한국)으로 위기감을 환기시키던 삼성 이건희 회장의 탁견은 맞아떨어져 더욱 가속화되고 있다.

품성의 허세: 뱁새인가, 황새인가

솔직하게 인정하고 승복하려 하지 않는 옹고집은 주변을 피곤하게 하고 자신의 세상살이를 사납게 만든다. 뱁새가 황새를 따라가면 가랑이가 찢어진다. 아직 황새가 되지 않았는데 황새인 양 착각하고 있는 것은 아닌지 모르겠다. 가장 큰 한국병은 역시 남과 비교하며 그에 미치지 못하면 자존심 상해하는 '체면병'이다. 못 살던 개발 시대엔 잘사는 사람과 비교하며 나도 잘살아야겠다는 일념으로 일했으니 긍정적인 면이 컸다. 이제 웬만하게 살 만해지자 남들처럼 명품을 사야 하고 큰 차도 타야 하고 넓은 집에 살아야 한나는 쪽으로 욕심이 커졌다.

품성의 허세가 체면병이다. 체면병의 병폐는 협조가 아닌 '배제' 논리의 만연이다. 자신보다 떨어지는 사람한테는 '무시하는 배제'가 있고, 자기보다 더 좋은 것을 가진 사람한테는 '시기하는 배제'가 있다. '끼리끼리 문화'가 스멀스멀 세력을 넓혀가다 보면, 그 '끼리'에서 벗어나 있는 이들을 포용하지 못한다. 끼리끼리를 넘어 서로를 키워가는 여건 조성이 성숙되기 어렵다. 정직하게 열심히 살려는 사람들이 점점 더 가난해져 빈익빈으로 남게 되는 비애감을 느끼게 되면 진이 빠져 살맛이 떨어진다.

앞으로 펼쳐질, 아니 이미 펼쳐지고 있는 지식정보 시대라 할지라도 '행복 추구'는 중요한 가치로 자리 잡는다. 경쟁 관계에서 배제되어 몸부림쳐도 나락에서 헤어날 수 없다는 절망감에 빠질 때 두렵고 불안해진다. 그 정도가 심해지면 행복 추구는커녕 자살 충동까지 느낄 수 있다. 한국은 자살왕국이기도 하다. 머리를 식히며 자신을 돌아보는 장소가 있어야 하지 않을까 싶다.

그림 8 | 가마쿠라 중앙도서관 사서가 올린 트위터

鎌倉市図書館 ✓
@kamakura_tosyok

もうすぐ二学期。学校が始まるのが死ぬほどつらい子は、学校を休んで図書館へいらっしゃい。マンガもライトノベルもあるよ。一日いても誰も何も言わないよ。9月から学校へ行くくらいなら死んじゃおうと思ったら、逃げ場所に図書館も思い出してね。

9:11 - 2015年8月26日

자료: 가마쿠라 중앙도서관의 가와이 마호 사서가 2015년 8월 26일 올린 트위터 캡처.

도서관으로 오세요

《사서를 위한 홍보 활동》의 저자 앤 로버츠Anne Roberts는 "자신을 쏴 죽이고픈 충동을 느낀다 해도 그러지 마라. 대신 도움을 찾아 도서관으로 오라(If you feel shooting yourself, don't. Come to the library for help instead)"고 말한다. 미국의 어느 도서관에 붙어 있던 이 구절을 참조로 일본 가마쿠라 중앙도서관의 가와이 마호河合真帆 사서가 트위터에 올린, "곧 2학기네요. 학교에 가는 것이 죽고 싶을 만큼 괴로운 아이는 학교를 쉬고 도서관으로 오세요"라는 문구가 크고도 잔잔한 반향을 불러왔다(〈아사히신문〉, 2015년 8월 27일. 〈그림 8〉). 학교만이 아니라 집이나 직장에서 잠시 벗어나 편안하고 아늑함을 주는 도서관으로 거듭나길 기대해본다.

이삭줍기: **도서관 공간은?**

깊이 생각도 하지 않고 책도 읽지 않는 민족은 쇠퇴의 길로 들어선다. 스마트폰이 보급되면서 골똘히 사색하며 책 읽는 시간을 거의 갖지 못하는 사회로 변해가는 듯한 느낌이 들곤 한다. 도서관의 역할이 그만큼 줄어들었다고 쉽게 치부해버릴 수도 있겠지만, 정반대여야 제대로 된 사회가 되지 않을까 싶다. 도서관은 스마트폰을 접어두고 명상을 하거나 좋은 책으로 내공을 쌓기도 하며 영감을 얻을 수 있는 공간이면 좋겠다. 책만을 쌓아놓는 곳간이 아니라 서로 간에 비밀과 사색의 안전이 보장되는 쉼터로서 도서관 역할이 커졌으면 하는 바람이다.

문사철 모르는 품성

장삿속 대학 경영

대학에서 품성 교육이 경시되는 듯하다. 영리를 추구하는 기업 운영 방식으로 대학을 경영하게 되면 기업가와 교육자의 지향점이 달라 부대끼기 쉽고 수습하기 어려운 사태가 벌어지기도 한다. 기업의 대학 경영 효과를 일률적으로 평가하기는 어려우나, 2015년 한때 대학 경영진과 교수진이 맞서 내홍을 크게 겪은 C대학 사태를 예로 들어보자. 당시 대학 경영주는 2004년 S대 초청 강연에서 "대학이 전인 교육의 장이자 학문의 전당이라는 소리는 이미 옛이야기"라며 "이제는 (대학이) 직업교육소라는 점을 인정해야 한다"고 말하기도 했다. D그룹이 2008년 C대학을 인수하면서 그 이사장의 뜻은 현실이 됐다. '선택과 집중'이라는 기업식 경영 방식을 적용하면서 경영대 위주로 대학을 재편했다.

이러한 내홍 사태는 대학 경영주의 행동 여하에 따라서는 대학이 소용돌이에 휩싸일 수 있음을 실감시켜줬다. 더불어 "대학이란 상아탑이 이리도 흔들리기 쉬운 조직이구나" 하는 쓸쓸함이 다가오기도 했다. 대학을 돈벌이로 보는 선진화 구상과 대학을 직업교육소로 만드는 장삿속 구상이 보는 이들을 쓸쓸하게 했다. 캠퍼스는 경영주 계열의 건설회사 공사판이 되기도 했다. 분칠하는 여학생은 돈벌이가 안 될 것이라는 등 여혐 관련 소지의 표현도 등장했었다. 대자보 붙이는 데 한 건당 100만 원 받겠다며 겁박하기도 했다. 학생들이 대학에서 제대로 존중받지 못하는 인상이었다. "허허, 그 녀석들!" 하며 감싸안는 너그러움은 보이지 않았다. 품성과 지성 수준이 의심되는 대학 경영의 단면이었다.

이익 추구와 교육 본령의 대립

기업과 대학은 추구하는 바(목적함수)가 다르다. 기업은 이익 극대화로 돈을 벌고, 대학은 인성 수양과 전공 학문을 배우는 곳이다. 졸업 후 입사해 돈을 벌게 되지만, 적어도 대학은 기업 현장과는 이질적인 공간이다. 서로 목적과 기능이 다른데, '돈이 되나'를 기준으로 대학을 좌지우지하려 하면 교육 담당자는 자칫 교육에 대한 모독 행위로 받아들인다. 대학 경영에서 대학 교육에 대한 모독이 가능했던 배경에는 사회 불안과 배금주의가 자리하고 있었다.

학내 사태가 심한 갈등 지경에 이르렀던 단초는, "내가 인사권자인데 누가 나한테 대들어?"라는 태도에 있었다. 당시의 대학 경영 정점에 있었던 이사장(경영주)은 자신한테 무소불위의 힘이 있을 거라 착각했었는지 모르겠다. 자기 말을 듣지 않는 대학 구성원에게 타도 대상인 것처럼 으름장을 놓았다. 그런 으름장에 알아서 복종한 충성파 교직원도 있었지만, 그에 맞서는 저항파도 있어 대학 경영진과 저항파는 극심한 대립으로 치달았었다. 장래가 불안한 사회에선 개인(학생, 직원, 교수)은 조직이 압력에 두려움을 느끼게 된다. 목구멍이 포도청인지라 밥줄을 끊겠다 위협을 당하면 약해지고 비굴해지기도 한다. 여기에 조식을 휘어잡는 자가 개별적으로 압박해오면 함께 모여 집단으로 맞서기도 어려워진다.

대학은 위에서 찍어누르는 관계가 아니라, 누구라도 논리적 사고나 건전한 비판이 적절하다면 그것을 받아들이는 학문의 전당이어야 할 것이다. 이에 대해 당시 이사장에게는 "학문의 전당 좋아하네" 하는 식의 엇나간 심리가 있었다. 품성이 결여된 이러한 사고는 잠재능력을 이끌어내 함양해야 하는 교육의 본령을 짓밟았다.

더럽혀진 말들과 도그마

전 경영주와 저항하는 교수진이 맞섰을 때에는 험악한 말도 오갔다. 전

경영주는 "가장 피가 많이 나고 고통스러운 방법으로 내가 (교수들의 목을) 쳐줄 것", "(개혁 반대 교수들을) 악질 노조로 생각하고 대응"하고자 하는 전자 메일을 20여 명의 보직교수들에게 보내기도 했다. 다른 메일에서는 교수대표 비상대책위원회(비대위)를 변기에 빗대 '비데Bidet위'라 조롱하거나 개혁 반대 교수를 '조두鳥頭(무식한 말로 새XXX)'라 칭하는 등, 인품이 의심스런 언사들이 쏟아져나왔다. 말에는 혼이 들어가야, 즉 언혼言魂이 있어야 심신이 맑아진다. 더럽혀진 말엔 삿된 기운이 찾아들어 몸을 갉아먹는다. '말에 깃들인 신령스런 힘'을 뜻하는 일본어 어휘로, '언령言靈(고토다마)'이라는 말도 있다.

당시 이사장 입에서 나온 더럽혀지고 굴욕이 난무한 언사에 대해 견제력이 작용하지 못하는 서글픈 현실이었다. 충성파 중에는 때론 낯 뜨거운 〈용비어천가〉를 부르는 행태를 자행하기도 했다. 거부巨富 또는 자산가의 입장에서는 뭇 사람들이 돈(자본)에 비굴하게 접근해오는 모습을 목격할 때 어떤 쾌감으로 다가올 수도 있을 것이다. 자산가로 비친 당시 이사장의 모습에선 '겸손함'이 느껴지지 않았고 '돈이 지배하는 자본주의 논리가 어딜 가나 통한다'는 독단에 젖어 있는 인상이었다. 다른 정당한 얘기가 있어도 귀에 들어오지 않는 도그마가 자리하고 있는 듯했다. 유연한 사고가 허용되지 않는 상황에서 '대화로 풀자'는 해결 방식은 물 건너갔다.

"부자 되세요"라는 인사말이 오가는 요즘 같은 시대에 '돈이 상전'으로 보일 수 있다. 자본주의를 포함한 숱한 다양성이 공존해야 하는 곳이 대학이어야 하는데 대학도 돈(자본)의 단선單線 논리에 지배된 껄끄러운 내홍 사태였다.

인문학은 오아시스

인문학은 부를 창출하는 학문은 아니지만 오아시스같이 목마름을 적셔준다. 사람들이 의대, 이공대, 경상대 학문의 책장만을 넘기다간 감성이 결핍되기 십상이다. 뭇 사람들이 돌아와 쉬고 싶을 때, 또 내면의 멋을 찾고 싶을 때, 인문학은 그 쉼터 역할을 한다. 인문학을 무시함은 인간으로서 '생각하는 갈대'의 힘을 없앤다는 뜻이기도 한다. 〈아사히신문〉(2015년 6월 8일자)에 '문과대학이 무엇을 가르치는가'에 대한 독자들의 반응이 실린 적이 있다. 결과는 40대 8로 '생각하는 힘'이 '실천력'을 다섯 배나 능기하고 있었다. 문과대학에서 강조하는 '생각하는 힘'은 삶의 '저력'을 키워준다.

삼성그룹 창업자인 고 이병철 회장은 자신의 인간 형성에 가장 큰 영향을 미친 책이 《논어》였다고 했다. "간결한 말 속에 사상과 체험이 응축되어 있어 인간이 사회인으로 살아가는 데 불가결한 마음가짐을 알려준다"며 머리맡에 두었다고 한다(김영래, 《삼성의 DNA》, 71쪽). 롯데의 신격호 회장은 괴테의 《젊은 베르테르의 슬픔》에 감명받아 소설 속 여주인공 샤롯데Charlotte에서 롯데라는 이름을 따왔다고 했다. 낭만과 고뇌어린 청춘을 어루만지는 대학이어야 할 텐데…. 젊은 학생들을 보듬는 아량이 대학으로부터 사라져가는 듯하다.

문학·역사·철학이라는 문사철文史哲을 포용하는 이들은 품성도 있어 보이고 어딘가 멋져 보인다. 뒷심이 약해지고 있는 요즘이다. 대학에서마저 인문학이 죽는다면 황량한 사회가 된다. 다양한 감성과 사고력이 통하는 곳이 아니라면 죽은 대학이다. C대학교 앞에는 "의義에 죽고 참에 살자"고 새겨진 큰 돌덩이가 놓여 있다. '의혈義血이 한강을 건너면 역사가 바뀐다'는 민주화 항쟁의 자부심을 가졌던 대학이 C대학이다.

이삭줍기: 생각하는 갈대

스님들이 수도를 많이 하거나 신부님·수녀님들이 기도를 많이 하다 보면 천진한 어린아이 얼굴로 돌아온다고 한다. 노회한 옹고집의 노인네가 아니라 해맑은 마음의 동자상이 배움의 동산 상아탑에는 더 잘 어울린다. 언제부터인지 우리 주변에서 감동이 사라져가고 있다. 아마도 상호 존중이 경시되면서부터가 아닐까? 돈의 유혹에 꺾이거나 주변의 회유에 흔들리기 쉬운 인간이지만, '생각하는 갈대'로서의 위대함이 있다. 본문에서는 남의 흉을 많이 보았는데, 내 눈의 들보를 보지 못하는지? 상대방을 존중하고 있는지? 자책하는 심경으로 되돌아봐야겠다.

6장
종교가 미치는 영향

불교와 기독교,
어느 쪽이 미개한가

한국의 착각과 세계의 기독교 신자 수 추세

한국에서 종교는 참으로 특이한 모습으로 나타난다. 특히 한국에서의 기독교 신자 수 증가는 세계적 추세와는 그 궤를 달리해왔다. 새뮤얼 헌팅턴은 20세기 후반 이슬람교와 기독교가 아프리카에서 크게 세력을 넓혔음을 언급하면서 한국의 경우를 따로 들어 적시한다(《문명의 충돌》).

그는 한국에서의 기독교로의 대거 이동("A major shift toward Christianity occurred in South Korea")이 세계 기독교 신자 수 증가의 주된 요인이라 지적하고 있다(앞의 책, 65쪽).

한반도 남쪽 밤하늘에 붉은 네온사인 십자가가 여기저기 빛나는 광경을 보면, 기독교 세상이 되는 것이 아닌가 하는 착각에 빠질 수도 있다. 하지만 이는 한국의 착각에 불과하다. 행여 앞으로 기독교인이 크게 늘어날 것이라 본다면 세계적 추세를 잘못 본 것이다. 세계 인구 중 기독교(가톨릭 포함) 신자 수는 1900년 34.4%에서 한 세기가 지난 2000년 32.3%로 2.1% 포인트 줄어들었는데 비해, 같은 기간 동안 이슬람교 신자 수는 12.4%에서 19.2%로 6.8% 포인트나 늘어났다(앞의 책, 65쪽). 2030년이 되면 이슬람교 신자 수가 30% 정도(29.5%)로 늘어나 기독교 신자 비율(31%)에 육박할 것으로 추정하고 있다(Pew Research Center).

비빔밥 문화로서의 종교

이미 정착되어 있는 어떤 문화가 다른 문화로 옮겨가는 데는 엄청난 진통이 요구된다. 사람들은 보통 종교, 언어, 역사, 가치관, 관습, 제도, 조상 등과 관련시켜 자신을 자리매김하게 된다. 근대화 과정에서 한국의 기독교인이 크게 늘어난 데는, 지정학적 위치와 관련이 깊은 '흐름 사회'라는 특성에 기인한다. 역사적으로 보면 한국은 미국·중국·소련·일본이라는 강대국 사이에서 실리를 찾으며 그들의 사상이나 종교를 받아들이는 경향이 강했다. 고려 시대엔 송宋의 불교, 조선 시대엔 명明의 유교,

제2차 세계대전 이후엔 서구 세계의 기독교가 크게 영향을 미쳤다. 반면 일본은 신도神道와 불교가 주류를 이루고 있다.

　강대국의 종교를 받아들였다고 하더라도 전통이나 문화는 금방 변하지 않는다. 한국에는 그 이전부터의 불교나 다른 종교 및 사상이 기독교와 공존해 비빔밥 문화로서의 종교나 사상이 나타나고 있다. 기독교는 하나님 품안에서 구원의 손길을 기다리는 일신교인지라, 누구라도 불성佛性이 있어 부처의 경지에 도달할 수 있다는 불교와는 다른 교리를 갖고 있다. 종교나 사상의 혼재가 좋은 쪽으로 작용하면 사고思考가 다양해지고 그 폭도 넓어지지만, 자칫 잘못되면 갈등과 분열이 불거져나올 수 있다. 한편으로 다석多夕 류영모柳永模의 사상에서는 "석가와 예수가 영원한 생명이라고 하는 것은 니르바나님(하느님)의 생명을 받아서 영생한다"며 서로 상통함을 역설하고 있다(박영호, 《다석사상으로 본 불교, 금강경》, 74쪽).

근대화와 서구화의 차이

때로는 근대화modernization와 서구화westernization를 혼동해 동일한 의미로 얼버무려 쓰이기도 하나 이 둘은 같은 개념이 아니다. 자유롭고 독립적인 경제 활동으로 국내 거래 및 국제 무역이 늘어나면서 경제 발전이 이뤄지는 과정을 근대화라 할 것이다. 이에 비해 '서구화'는 헌팅턴의 견해를 참고하면, 가톨릭이나 개신교, 언어의 다양성, 성聖과 속俗의 권위 분리, 법의 지배, 대의제代議制 기관, 개인주의(개인의 선택, 권리와 자유의 전통)라는 특징이 나타남을 말한다(《문명의 충돌》). 즉 근대화라 하면 경제 발전에 중

점을 두게 되고, 서구화라 할 때는 서양의 사회제도 도입 측면이 강조된다.

헌팅턴은 서구의 영향이 있게 될 때 근대화와 서구화를 두 축으로 해 국가나 문화가 어떻게 반응하는지를 네 유형(패턴)으로 보이고 있다. 〈그림 9〉는 헌팅턴이 제시한 그림에 필자가 한국 불교와 기독교를 위치시켜 보인 그림이다.

근대화 및 서구화에 대한 반응 유형

〈그림 9〉를 보면 토착화와 비근대화 상태인 A점에서 출발했을 때, 서구의 영향에 대한 반응 유형으로서, 우선 근대화가 제대로 이뤄지지 않은 채 '문화적 서구화'를 고통스럽게 겪어가는 D점(이집트 등 아프리카 국가)이 있다. 이와는 달리, 서구화의 진전 없이 개혁을 통해 근대화를 향해 나아가는 R점(개혁주의)이 있다. 한편 이들 두 가지[문화적 서구화(D)와 개혁주의(R)]를 내포하면서 서구화와 근대화가 동시에 계속해서 진행되는 K점으로의 길도 상정해볼 수 있다. A점에서 K점으로 나아가는 것을 헌팅턴은 케말리즘Kemalism이라 하는데, 그에 따르면 케말리즘의 길은 증명되지 않았다고 한다.

서구화와 근대화가 동시에 언제까지라도 지속되는 케말리즘(즉 K의 길)을 따르는 것이 바람직하다고 볼 수도 없다. 고유 문화의 토착화가 결여된다는 것을 의미하기 때문이다. 헌팅턴이 제시하는 서구화의 영향에 대한 일반적 패턴은, 어느 정도까지는 서구화와 근대화가 동시에 진

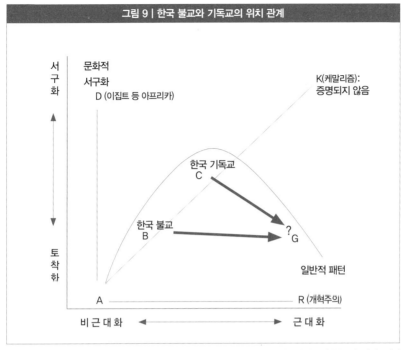

그림 9 | 한국 불교와 기독교의 위치 관계

서구화

문화적
서구화
D (이집트 등 아프리카)

K(케말리즘):
증명되지 않음

한국 기독교
C

한국 불교
B

? G

일반적 패턴

토착화

A

R (개혁주의)

비 근 대 화 ◄───────► 근 대 화

자료: 새뮤얼 헌팅턴 《문명의 충돌》(75쪽)의 그림에
한국 불교(B점)와 기독교(C점)의 위치를 표시하고 한글 문구 설명을 추가해 작성한 것임.

행되지만, 근대화가 성숙되면서 서구화에서 벗어나 토착화의 길을 걷는
'역 U자(즉 ∩)' 형태인 G의 궤적이다.

시험받는 한국 종교

한국 불교와 기독교는 어디에 위치하는가를 보기로 하자. 일반적 패턴
으로 나아가는 경로(G)에서 볼 때 불교가 기독교에 비해 토착화라는 점
에서 앞서 있다. 이렇게 보면 근대화 과정에서 제대로 적응하지 못하고

서구화 색채를 띠지 않은 한국 불교는 B점에 위치한다고 할 수 있을 것이다. 이에 비해 한국 기독교는 근대화와 서구화가 어느 정도 함께 진척된 C점에 자리한다. 중국이나 일본은 기독교가 성하지 않다는 점에서 한국과는 크게 다르다. 근대화의 물결을 개화라 보고 근대화 진전과 함께 기독교가 퍼져갔다는 입장에서 보면, 한국 불교는 얼핏 미개한 듯 보일 수 있지만 이야기는 그리 단순하지 않다.

오늘날 한국 종교는 '과연 토착화와 근대화라는 G의 길로 나아갈 수 있을 것인가?'라는 물음에 직면해 있다. 근대화의 진전과 함께 한국이 일반적 패턴의 G점으로 나아가는 데 있어 불교와 기독교는 그 위치 관계가 서로 다른 상황이다. 한국 기독교는 서구화를 극복해 C에서 G로 나아가는 토착화의 길을 어떻게 열어갈 것인가가 큰 숙제다. 불교는 서구화와는 사상적으로 추구하는 바가 다른 종교로 비치고 있다. 한국 불교가 근대화에 적응하지 못하고 있다고 해서 불교에 깃들인 자비가 없어지는 것은 물론 아니다. 하지만 그저 수수방관하다가는 속세에 자비심이 전달되지 못하고 한국 불교가 묻혀져갈 수 있다. 이를 극복하기 위해 불교는 B에서 G로 나아가는 근대화 개혁을 요구받고 있다고 할 것이다.

성숙 사회로 접어들면서 한국 불교와 기독교의 고유 문화를 어떻게 정착시켜갈 것인가가 중요 과제로 떠오르고 있다. 한국이 추구할 방향은 '불교의 깨달음과 기독교의 거듭남이 공존하는 독특하면서도 개성 있는 조화'에 있다고 할 것이다.

우문현답

헌팅턴은 문화적 정체성이 대부분의 사람들에게 가장 의미 있는 것으로 자리 잡는다고 한다. 많은 경우에 종교가 문화의 핵심에 있다는 점에서 볼 때, 종교는 문화(문명)권을 형성해 꽃 피워가는 데 중요한 요인으로 작용한다. 근대화와 토착화라는 기준에서 보면 기독교는 근대화에서 한 발 앞서는 반면, 불교는 토착화 면에서 기독교보다 그 깊이가 깊다. 두 잣대에서 한쪽이 앞서 있고 다른 한쪽이 뒤쳐 있을 때는 우열 판단을 할 수 없고 서로 간에 상이한 특징을 갖는다고 할 수 있다.

부처님과 하니님에 비하면 인간이 미개한 것이지, 깨달음의 종교(불교), 거듭남의 종교(기독교)에 미개함이 어디 있겠는가? 자연 질서를 파괴하는 인간이 난폭한 것이지, 자연이 미개한 것은 아니다. 오히려 인간 내면의 성정性情이 거칠어졌음을 경계해야 할 것이다. 종교에 우열을 가릴 수 없음에도 나는 "한국 불교와 기독교 어느 쪽이 미개한가?"라는 물음을 제기했다. 그 물음 자체가 미개함을 면치 못하는 우문이었다. 비록 우문이었다 하더라도 현명한 답을 찾아나서는 우문현답이고자 발버둥치려 했다고 여겨줬으면 하는 바람이다.

이삭줍기: **나의 조그만 꿈**

나에게 조그만 꿈이 있다면 사람들이 편히 쉴 수 있도록 하는 '빈 의자'가 되는 것이다.

"서 있는 사람은 오시오. 나는 빈 의자 / 당신의 자리가 돼드리이다 / 피곤한 사람은 오시오. 나는 빈의자 / 당신을 편히 쉬게 하리다 / 두 사람이 와도 괜찮소 / 세 사람이 와도 괜찮소 / 외로움에 지친 모든 사람들 / 무더기로 와도 괜찮소"(1970년대 가요 〈빈 의자〉 가사).

과연 나에게 뭇사람들이 마음 터놓고 쉴 수 있는 포근함이나 포용력이 있기는 한 것일까? 마태복음(11:28)에 있는 글귀, "수고하고 무거운 짐진 자들아, 다 내게로 오라. 내가 너희를 편히 쉬게 하리라"는 차원은 나로서는 언감생심이다. 불교의 가르침인 보시布施. 지계持戒, 인욕忍辱, 정진精進, 선정禪定, 지혜라는 육바라밀六波羅蜜 실천 수행도 머나먼 길로 남아 있다. 그저 버둥대는 한 인간으로서 주변 사람들한테 빈 의자처럼 조금은 마음 편한 존재가 되고 싶다는 것이 나의 작은 꿈이다.

종교관과 천황제의 역할

불교와 신도 중심의 일본 종교

한국과는 매우 상이한 형태로 종교를 유지하는 나라가 일본이다. 한국은 불교, 기독교, 천주교의 세 종교가 정립해 섞여 있어, 종교에서도 비빔밥 문화의 특성이 나타나고 있다. 일본은 한국과 거리상으로는 가까워도 양국 간의 종교관 차이는 역력하다. 익히 알려져 있듯이 고대 일본은 한반도를 통해 불교를 받아들였다. 불교는 전 일본 열도로 퍼져나갔고 가마쿠라 시대 막부나 에도 시대 막부 무사들의 정신적 지주가 되기도 했다. 그렇다고 불교만을 내세워 오지는 않았으며 전통 종교인 신도가 불교와 함께 일상 생활에 깊이 뿌리박혀 있다.

기독교 탄압에 성공한 보기 드문 나라

잘 알려진 우스갯소리로, 일본의 인구는 1억 명인데(1억 2,700만 명) 종교 인구는 3억 명이라는 얘기가 있을 정도다. 매년 1월 1일 신정 연휴에는 모두가 신사 참배하는 신도인이 되지만, 크리스마스 때는 캐럴을 듣는 기독교인이 되고, 죽어서는 불교식으로 화장하고 유골을 사찰 묘역에 안치하는 일본인들의 행동을 풍자한 말이다(국중호, 《호리병 속의 일본》). 이처럼 일본인들이 종교에 대해 너그러운 듯 보이지만 일본 정부나 국민 저변에 깔려 있는 실상은 크게 다르다. 일본이 기독교를 접했을 때에는 우호적이었으나, 도쿠가와 이에야스에 의한 기독교 금교령이 내려진 이후 에도 막부는 탄압으로 돌아섰다.

에도 막부에서는 사람들로 하여금 성모 마리아 상像이나 예수 그리스도 상 판화를 밟게 하는, 기독교인들 입장에서 보면 아주 모욕적인 방법의 종교 탄압(후미에, 踏絵)이 있었다. 천황이 정점에 있다 보니, 전도사들은 일신교인 기독교를 전파해가기도 어려웠을 것이다. 당시 일본 정부(에도 막부)는 기독교의 유일신과 일본 천황과의 양립을 허용하지 않으려는 속내를 드러냈다. 일본인들은 역사적으로 국가에서 실시하는 정책에 대해 맞서지 못하고 저항 없이 순종하는 쪽으로 순화되어왔다. 그래서인지 일본은 정부(막부)가 기독교를 탄압해 교세 확산을 잠재우는 데 성공한 세계에서 보기 드문 나라다. 현재도 일본은 기독교 전도사들의 무덤이라 불릴 정도로 기독교의 교세 확장이 어려운 곳으로 소문나 있다.

신불습합과 천황제의 역할

불교 수용은 기독교와는 전혀 다른 과정을 거쳤다. 전통 종교인 신도와 불교가 삶 속에 녹아 익혀지면서 합쳐진 '신불습합神佛習合'으로 정착되었다. 일본은 지속성을 중시하는 사회인데, 그 지속성의 원류는 아마도 천황제에서 찾을 수 있지 않을까 싶다. 일본인들은 뚜렷한 종교를 내세우기보다는 생활 속에서 천황제를 유지해왔다. 언제 천황제가 시작되었는지 신화 속의 이야기와 연결되어 있어 명확하지는 않다. 어쨌든 일단 시작된 천황제가 "끊어짐 없이 2천 년 이상 지속되어왔다"고 하면서 자긍심을 갖는 일본인들이다. 그들에게 자긍심으로 다가오는 천황제의 유지·계승 전통이 지속성 중시 문화로 연결되었다고 할 수 있을 것이다. 지속성 중시는 전통 유지에는 도움을 주나, 과거의 관습에 고집스럽게 얽매이게 해 새로운 방식을 받아들이기 어렵게 하는 폐단도 드러낸다.

천황제는 종교 대립으로 발생할 수 있는 사회적 비용을 줄이면서 국민 화합을 꾀하는 역할을 한다. 메이지유신 이후 일본에서는 국민에게 천황 숭배와 신사神社 신앙의 의무를 지우는 '국가신도國家神道'를 강요했었다. 이는 신도와 불교의 분리 정책을 의미한다. 그럼에도 불교는 기독교와는 달리 신도와 융화된 '신불습합'의 형태로 곳곳에 침투되어왔다. 1945년 제2차 세계대전 이후 연합군 총사령부GHQ가 '신도지령神道指令'을 내면서 국가 신도가 폐지되었다. 그 후 국가가 종교를 강제하는 일은 없어졌으나 기독교의 저변은 그리 확산되지 않았다.

이와 같이 종교에서도 한국은 흐름 속성, 일본은 축적 속성을 보이고 있다. 요컨대 국제 정세에 따라 판도가 바뀌어 미국 쪽으로 쏠려 기독교가 확산된 흐름 속성의 한국과, 서양 기독교가 사회 저변에 쉽게 확산되지 않고 천황제 및 불교·신도의 전통이 계속 쌓여온 축적 속성의 일본과는 그 차이가 극명하게 드러난다.

일본인들의 영혼 속 천황

종교는 자아의식 형성에 매우 중요한 요소다. 한국에서 종교가 혼재되어 있다 함은, 그 혼재된 종교관을 반영한 여러 자아의식이 뒤섞여 있을 것임을 의미한다. 이는 한국이 대외적으로 통일된 자아의식을 내세우기 어려운 혼재된 자아의식의 형성을 보여준다고 해석할 수 있을 것이다. 한국과는 달리 일본은 기독교 탄압을 이룬 상태에서, 불교와 더불어 신도가 생활 주변에 자리 잡고 있다. 물론 현재 일본에서 기독교 전도가 금지된 것은 아니나 기독교인은 아주 소수(3% 이하)에 불과하다. 이렇게 보면 종교와 관련해 형성된 일본인들의 자아의식은 한국인들과는 크게 다를 것임을 미뤄 짐작할 수 있다.

일본에서는 천황을 '사람의 모습으로 이 세상에 나타난 현인신現人神(아라히토가미)'으로 보고 있다. 한국인으로서는 이해하기 힘든, 아니 느끼기 어려운 일본인들의 심정이 현인신인 천황에 닿아 있다. 특히 일본의 국

수주의 우익들의 천황 받들기는 절대적이다. 한국에서의 우익은 천황과의 연결이 없다는 점에서 보면, '우익'이라는 단어는 같지만 한국과 일본에서 사용되는 우익이라는 말의 의미는 크게 다르다. 일본 우익의 대표적인 입장에서 천황을 찬미하는 고바야시 요시노리小林よしのり의 경우 "천황 아래 만민이 평등하게 대해져왔다"(《천황론》, 244쪽)는 '일군만민一君万民'을 내세우거나, "천황은 우리들의 영혼 속에 있다"(379쪽)와 같이 '영혼 속 천황'이란 말 등을 서슴없이 말하고 있다.

유전자 속에 각인된 천황

신도는 불경이나 성경과 같이 특정의 어떤 경전을 갖고 있는 종교가 아니다. 일본의 민족신앙으로서 조상신이나 자연신에 대한 숭배를 중심으로 한 고래古來의 민간신앙이 불교·유교의 영향을 받아가며 이론화된 종교다. 모든 일본인들이 신도를 믿는 것은 아니지만 대부분의 일본인들 일상생활에는 이러한 신도 사상이 녹아 있고 천황제는 신도와 밀접하게 연결되어 있다. 메이지明治 천황을 제사의 신祭神으로 모시는 메이지신궁明治神宮과 같은 신사神社에서도 천황과 신도의 밀접한 일단을 엿볼 수 있다.

메이지유신 때는 태양신인 천조대신天照大神(아마테라스오오미카미)의 자손인 천황이 통치하는 나라로서의 일본을 국체國體로 내세우기도 했다. 조금 과장되게 표현하면 일본인들이 의식하든 안 하든 천황이란 존재는 그들의 유전자 속에 각인되어 있다는 느낌이 들 정도다.

이삭줍기: **천황의 무조건적 허용과 혐한론**

일본인들한테 천황이라는 존재는 무조건적 허용이라 할 수 있어, 외국인이 쉽게 왈가왈부하며 논의할 수 있는 영역을 넘어서 있다. 외국인뿐만 아니라 일본인들로서도 천황 비판 운운하는 태도는 용납되기 어려운 분위기다. 천황을 등에 업고 활동을 전개하는 일본 우익이지만 그렇다고 좌익들이 모두 천황제를 부정하는 것도 아니다. 다만 전면에 천황 지지를 내세우는 우익의 지지 기반이 좌익보다 훨씬 탄탄하다고 할 수 있다. 2012년 이명박 전 대통령이 '천황 사죄 발언'을 들고 나섰다가 일본에서 한류 붐이 시들어버리고 한국을 싫어하거나 혐오하는 혐한론이 고개를 쳐들었다. 그런 혐한론이 일어난 배경도 "감히 천황을 건드려?" 하는 일본인들의 심정적 저항이 강했다는 데서 찾을 수 있을 것이다.

종교와 국정에서 나타난 닮은 점과 다른 점

개인의 사익 추구 vs. 집단의 국익 추구

2016년 후반 일본 매체들은 '최순실 게이트'를 연일 보도했었다. 나를 포함해 일본에 있던 많은 한국인들은 일본인들이 그 이야기로 입방아를 찧을 때면 창피해 자리를 피하고 싶었다. 일국의 대통령이 공무 수행직도 아니고 일개 민간인이었던 최순실에게 농락을 당해 국정 운영에 파행을 가져온 것이 최순실 게이트였다. 한국은 이처럼 일개인한테 전체가 휘둘릴 수도 있는 불안함이 있다. 한국의 전직 대통령들 가운데는 재임 중 공사公私 혼동으로 말로가 비참한 이들이 많았다. 이들의 대표적인 죄는 국가 지도자로서 국익 또는 공익 추구를 해야 함에도 불구하고 사익 추구로 사회에 해악을 끼친 일이다.

한국과는 대조적으로 일본은 개인이 조직에 파묻혀 있는 나라다. 일본의 정권 저변에는 한국에는 존재하기 어려운 '일본회의日本會議'라는 우익들의 텃밭이 자리 잡고 있다. '일본 지키기'라는 커다란 울타리를 치는 조직이 일본회의다(이삭줍기 참조). 일본에서는 개인이 사익을 추구하기보다는 일본회의와 같은 집단이 '일본국을 위한다'며 몰개성적으로 달려들어 국정에 영향을 끼치곤 한다.

종교와 국정에서 나타난 한일 간 닮은 점과 다른 점을, 최순실 게이트와 일본회의를 들어 지적해보자. 다음에서는 '종교 개재, 최면 도취, 토론 부재'라는 세 가지 면을 짚어보고자 한다.

종교가 개재된 최순실 게이트와 일본회의

우선, 최순실 게이트와 일본회의 모두 근저에 '종교'가 개재되어 있다는 점에서 닮아 있다. '최순실 게이트'의 근저에는 '영생교'라는 사이비 종교가 관여되어 있었다. 영생교는 박근혜 대통령의 최측근으로 알려진 최태민이 1973년 설립한 '영생교 본부'를 모태로 하고 있다. 일본회의도 거

슬러 올라가면 '생장의 집生長の家'이라는 신종교와 마주친다. '생장의 집'은 천황을 절대적으로 신봉하는 신도 계열 종교인데, 일본회의 사무총장인 가바시마 유조椛島有三가 '생장의 집' 신자 출신이다.

최순실 게이트와 일본회의는 이처럼 종교가 개입되어 있지만 작용하는 방향은 정반대였다. 최순실 게이트에서는 국가 권력을 이용해 사적 욕심을 채우려 한 반면, 일본회의는 '아름다운 일본 재건과 자랑스런 나라 만들기'를 외쳐왔다. '학생운동'이라 하면 한국에선 우익계와는 거리가 있는 노동 운동이나 독재 정권 타도 운동 등을 연상하지만, 일본회의의 뿌리를 찾아보면 국가 우선의 '우익' 학생운동과 맞닿아 있다. 위에서 언급된 가바시마는 1966년 나가사키대학 자치회 선거에서 좌익 학생을 누르며 등장한 우익계 민족파의 중심 인물이다. 이 우익계 민족파(후에 보수파)가 일본회의의 시발점이다. 우익계 운동 계열은 그리 힘을 발휘하지 못한 한국의 대학과는 달리, 일본의 대학에서는 우익계가 살아남아 '일본회의'라는 거대 조직 형성의 원류를 이루고 있다.

개인 최면 vs. 집단 최면

다음으로, 최순실 게이트나 일본회의 모두 '최면'에 가까운 도취가 있었다는 점에서 닮아 있다. 하지만 최면술은 서로 달랐다. 최순실 게이트에서는 대통령이 '개인 최면'에 걸려 국가가 좌지우지되는 사태가 초래되었고, 일본회의에서는 '집단 최면'으로 개인이 조직에 파묻혀버린 듯한 인상이었다. 개인 최면이든 집단 최면이든 최면에 걸리면 이성이 마비되고 최면술사의 의도대로 움직인다. 최면 도취의 위험성은 합리적인 판단을 하지 못하는 행동을 유발해 본연의 임무와는 동떨어진 엉뚱한 결과를 초래하는 데 있다.

일국의 통치자가 이성 마비의 최면에 걸려 정상적인 판단 능력을 잃어버린 최순실 게이트에서는 나랏돈과 기업돈이 개인 주머니로 새어들어갔다. 일본회의의 활동을 보노라면 개인의 저항 정신을 점차로 마비시켜가면서 집단 최면에 걸리게 하는 듯한 느낌조차 들게 한다. 일본회의 설립 취지에서는, '내일의 조국 일본을 위해 함께 헌신'할 것을 주문하고 있다(일본회의 홈페이지 참조). 많은 이들이 이 주문注文대로 서서히 주문呪文에 걸리고 있지 않나 하는 의구심이 들 정도다. "조국을 위한 헌신이 무엇이 문제냐?"며 반문할 수도 있겠으나, 그런 반문에는 "조국이 잘못을 저지르더라도 저항 없이 따를 수밖에 없다"는 오싹함이 숨어 있다. 집권 자민당과 우익들이 외골수로 일본을 미화하며 사회 분위기를 연출해내면서, 일반인들은 점차 비판적 발언을 꺼리는 쪽으로 바뀌어왔다.

토론 없는 사안 결정

마지막으로, 최순실 게이트나 일본회의 의사 결정은 '토론 부재'라는 점에서 닮아 있으나 사안의 결정 방식은 판이하게 달랐다. 최순실 게이트에서는 국가 중대 안건조차 최순실 개인이 재단하거나 최측근 몇몇이 그 결정을 좌지우지했다. 참모들 간 열띤 토론brain storming을 통한 의견 수렴은 없었고, 국민과 대통령 간의 소통도 단절되었다. 예컨대 299명의 사망자(5명의 미수습자 포함)를 낸 세월호 사고의 진상 규명 호소조차 무시되기도 했다.

일본회의는 '국가 사랑'을 내세우며 우익 계열의 수많은 단체들을 규합하고 숱한 모임을 개최하고 있다. 모임에서 이뤄지는 대부분의 회의는 토론의 장이라기보다는 단체마다 어떤 방침을 내세우고 그 방침을 관철시켜가기 위해 이미 결정된 내용을 서로 확인하는 '정보 공유'의 장이다. 뒤의 이삭줍기에서 보겠지만 일본회의는 전국에 240여 개 지부를 갖는 거대 조직으로, 한국에서는 이와 같은 유사 조직의 형성은 물리적으로 불가능하다. 한국과는 달리 일본에는 우익 계열 정당, 신사참배층, 황실 지지층 등을 대변하는 모임이 굉장히 많다. 일반인들은 이들 모임에 나가 열띤 토론을 한다기보다는 어느 조직의 일원으로 속해 있다는 소속감에 무게를 둔다.

사리사욕과 국수주의

일본에는 한국처럼 4·19공원이나 5·18묘역과 같은 민주주의 쟁취를 위해 희생한 영령을 추모하는 성역이 없다. 개인으로서 비민주적인 정부의 처사에 항의하는 문화가 박약(薄弱)하기 때문이라 할 것이다. 이렇게 보면 한국이 일본보다 개인의 정치의식 수준은 높다고 할 수 있다. 반면 최순실 게이트에서 보듯이 한국은 개인의 잘못된 욕심에 좌우되어 나라가 흔들릴 수 있다는 불안 요인이 자리한다. 일본회의를 보면 개인이 어떤 집단에 속하고 이들 집단이 총체가 되어 국가 정책에 영향을 미치는 방식을 취하고 있다. 일본회의는 천황이나 고유 전통 문화 계승 기준에 입각한 '국수주의' 색채를 띠고 있다. 최순실 게이트에서는 사리사욕이 나라를 휘청거리게 했고, 일본회의는 국수주의로 일본을 미화해왔다.

이삭줍기: **'일본회의' 고찰**

'아름다운' 일본 재건을 내세우는 국수주의

일본회의는 헌법 개정을 부르짖는 단체인 '일본을 지키는 국민회의'와 신도 종교인이 중심이 된 '일본을 지키는 모임'이 1997년 통합되어 발족한 단체다. 일본회의는 집단 조직으로서 국가를 살린다는 명분을 내세우며 외국인 참정권에 반대한다는 입장이다. 이에 더해 반강제적인 국기국가법國旗國歌法의 제정이나 교육기본법의 개정으로 국가에 순종하는 애국자를 키우려 한다. '국가에 충성하라'를 내세우는 일본회의라는 조직은 한국 사람이 보통 생각할 수 있는 조직 이미지를 훨씬 뛰어넘는다. 집단이 개인을 구속하며 '아름다운 일본 재건'을 내세우는 국수주의 경향을 띠고 있다.

조직 구성

일본회의에 속하는 조직은 중층重層으로 되어 있어 쉽게 무너지기 어려운 구조다. 조직 구성을 보면 정책위원 20여 명이 포진하면서 전국 9개 지구block, 47개 도도부현都道府縣 본부에 약 240개의 지부를 갖는 거대 조직으로 이뤄져 있다. 국회의원 간담회(약 290명), 지방의회 의원연맹(약 1,800명), 일본 여성회도 그 멤버로 가담하고 있다. '아름다운 일본 헌법을 만드는 국민의 모임', '모두가 야스쿠니 신사를 참배하는 국민의 모임', '황실의 전통을 지키는 국민의 모임' 등을 우호·제휴 단체로 두고 있다. 여기에, 경제인 동지회도 일본회의 멤버로 되어 있는데, 이는 우익적 사고의 기업인이 일본 미화와 보수를 내세우는 일본회의를 지원하고 있음을 의미한다. 일체감을 기치로 해 상당수의 기업 단체가 우익적 국가 기반을 다지는 쪽에 협조적인 태도를 취하고 있다.

일본도 정치나 종교를 분리하는 '정교 분리'를 표방하고 있으나, 실질적으로는 일본 총리들의 야스쿠니 신사 참배에서 보듯이 민족 신앙인 신도가 저변에 깔려 있다. 애매한 형태의 정교 분리가 이뤄지고 있는 셈이다. 아베 신조 및 아소 타로麻生太郎 총리 경험자가 특별고문이 되어 간접적으로 일본회의를 밀어주어왔으며, 일본회의도 이에 호응해 이들 우익 성향의 정권 수뇌들을 지원한다. 4·19, 5·18, 촛불혁명 등 민주항쟁을 중시하는 한국의 정권 운영과는 확연히 다르다는 걸 감지할 수 있을 것이다.

미시마 사건을 추켜올리는 일본회의

일본은 한국의 2017년 '촛불혁명'과 같이 민중이 일어나 국가의 수뇌를 바꾸며 민주주의를 쟁취한 경험이 없다. 정부가 하는 일을 견제하며 항의하고 대드는 것을 체질적으로 두려워하기 때문이다. 국가나 집단의 방향성이 정해지면 거기에 따라야 한다는 쪽으로 분위기가 형성되어간다. 그런 분위기가 농후한 일본에서 비민주적 사건이 일어난다 해도 그에 저항하는 민중 봉기의 힘은 미약한 편이다. 그보다는 "헌법 개정을 위해 왜 자위대(일본 군대)가 일어나지 않는가?" 하며 할복 자살한 '미시마三島 사건'과 같은 황당한 일도 발생한다.

미시마 사건은 1970년 11월 25일 국제적 명성을 얻고 있던 유명 작가 미시마 유키오三島由紀夫가 일본 지키기(천황을 중심으로 한 역사, 문화, 전통 지키기)를 앞세운 헌법 개정과 이를 위해 자위대 궐기(쿠데타)를 호소하는 연설을 한 다음, "천황 폐하 만세!"를 세 번 외치고 할복 자살한 사건이다. 당시 국제적으로 명성이 있던 미시마라는 작가가 일으킨 돌발적 행동이었기에 사회적으로 큰 충격을 가져온 사건이었다. 개인이 자신의 몸을 내던지면서 일본 지키기를 부르짖으며 자해한 사건이었다는 점을 곱씹어보면 섬뜩하기도 하다. 일본회의는 그런 미시마 사건을 미화하고 지지한다.

일본회의를 다룬 문헌 소개

스가노 타모츠菅野完의 《일본회의의 연구》, 아오키 오사무青木理의 《일본회의의 정체》 등 일본회의를 다룬 서적도 꽤 출판되어 있다. 〈아사히신문〉은 2016년 11월 6일 조간에서 일본회의의 큰 틀을 소개한 후, 그다음 날(7일)부터 석간에 '일본회의를 둘러싸고'라는 타이틀로 연재해 다루기도 했다.

3부

Economy

한일 간 경제적 차이는 어떤가

7장
소득 수준을 비교해보자

일본 경제의 시계열 변화

일본 경제 성장 시기 구분

경제經濟라는 말은 원래 '나라(세상)를 다스리고 백성을 구한다'는 경국제민經國濟民 또는 경세제민經世濟民에서 따온 말이다. 대개 '경제'라고 하면 '어렵겠다' 하는 선입견을 가질 수 있다. 실제로 전문 영역으로 들어가면 세분화되어 있고 수식이나 숫자가 난무해 경제학을 전공한 사람도 자신의 분야가 아니면 파악하기 어려운 내용이 많은 것도 사실이다. 여기서

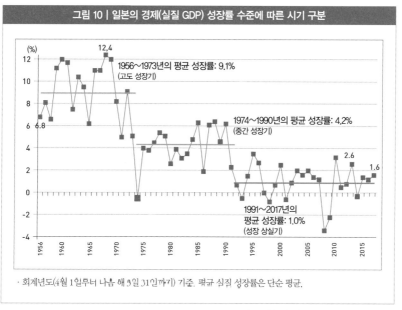

그림 10 | 일본의 경제(실질 GDP) 성장률 수준에 따른 시기 구분

- 회계년도(4월 1일부터 다음 해 3일 31일까지) 기준, 평균 실질 성장률은 단순 평균.

자료 : 내각부(각년) 《국민경제계산》을 기초로 작성.

는 세분화된 경제 분야의 영역을 다루지 않고 시간적 순서로서의 주요 기초 시계열time series 데이터에 근거한 일본 경제의 간단한 이해에 한정하기로 한다.

우선, 경제 성장률 시기 구분에 따른 일본 경제의 실상을 파악하기로 하자. 국가 경제의 소득 수준을 가늠하는 척도로서, '어떤 국가 내에서 일정 기간(보통은 일년) 동안 창출해낸 부가가치의 합계'로 정의되는 국내 총생산GDP을 이용하는 것이 보통이다. 통상적으로 경제 성장률이라 하면 이 GDP가 전년에 비해 어느 정도 늘어났는가로 측정하게 된다. 다음에서는 물가 상승률의 영향을 감안한 실질 GDP 성장률 수준에 기초해 일본의 경제 시기를 구분하고 그 특징을 살펴보기로 한다.

제2차 세계대전에서의 패전(1945년)으로 피폐했던 일본은 한국전쟁

(1950~1953년)을 계기로 경제 성장의 발판을 마련했다. 1956년이 되면 전쟁 전의 수준에 이르렀음을 상징하는 말로 '더 이상 전후가 아니다(もはや戦後ではない)'라는 말이 나올 정도로 경제가 회복되었다. 실질 GDP 성장률로 봤을 때 일본의 경제 성장 구분은 크게 세 시기로 나눌 수 있다. 〈그림 10〉에서는 일본의 경제 성장률에 따른 시기 구분을 보이고 있다.

고도 성장기와 중간 성장기

〈그림 10〉에도 나타나 있듯이 일본의 경제 성장률은 1968년 12.4%의 높은 성장률을 기록하는 등 1950~1960년대 괄목할 정도의 성장을 보인다. 일본은 1956~1973년 기간 동안 평균 실질 경제 성장률 9.1%라는 매우 높은 성장률을 기록하고 있다. 이 시기를 '고도 성장기'라 이름하기로 한다. 고도 성장기 이후도 시기 구분이 비교적 뚜렷한 편이다.

1973년 석유 위기oil shock를 계기로 일본의 고도 경제 성장은 막을 내리게 되며, 1980년대 후반 거품경제 시기까지 고도 성장과 저성장의 중간 정도 성장률을 보이게 된다. 몇 % 정도의 경제 성장률을 고도 성장이라 할 것인가는 논란의 여지가 있을 수 있다. 대체로 5% 이상의 성장률을 고도 성장이라 한다면, 〈그림 10〉에서 보듯이 1974~1990년 기간 동안 일본의 평균 실질 경제 성장률은 4.2%를 보이고 있어 고도 성장이라 부르기에는 적합하지 않다고 할 것이다. 1974~1990년의 시기를 '중간 성장기'라 부르기로 한다.

성장 상실기

일본에서는 거품경제 붕괴 이후, 경제 성장률이 매우 저조했다는 의미에서 1990년대와 2000년대를 합해 '잃어버린 20년'이라는 표현을 사용해왔다. 2018년이 진행되고 있는 현 시점에서, 이제는 '잃어버린 20년'이란 표현은 더 이상 적절하지 않게 되었다. 2010년대 이후에도 아주 낮은 경제 성장률이 이어졌기 때문이다. 2013년 3월부터 시행된 아베노믹스 이후에도 높은 경제 성장이 실현된 것은 아니다. 한국에서는 아베노믹스가 높은 경제 성장을 가져온 듯한 뉘앙스를 내비치기도 하지만, 〈그림 10〉에서 보듯이 아베노믹스 기간 동안 일본의 경제 성장률을 보면 2013년 2.6%에서 2017년 1.6%로 내려오고 있다.

경제 성장률이 저조했던 1991년 거품경제 붕괴 이후를 '잃어버린 시기'로 본다면, 일본은 아직도 '잃어버린 시기'가 계속되고 있다고 할 수 있다. 아베노믹스로 주가 상승과 고용률(일본에서는 '취업률'이라는 용어를 사용) 상승이 있었다 하더라도, 경제 성장률이 높아진 것은 아니라는 점에서 보면 1991~2017년까지의 기간을 '성장 상실기'라 명명할 수 있을 것이다. 이 성장 상실기의 평균 실질 경제 성장률은 1.0%에 불과하다.

주요 경제 지표의 시계열 변화표

여기서는 주요 경제 변수에 기초해 일본 경제 운영의 특징을 살펴보기로 한다. 주요 변수로서는 실질 및 명목 GDP 성장률, 실업률, 소비자물가지수^{consumer price index, CPI} 상승률, 가계저축률, 국가 채무의 통계치를 선정하고 있다. 〈표 3〉은 1970년대(1971~1980년)부터 2000년대(2001~2010년)까지의 40년간을 십 년 터울(간격)로 나눠 각 기간마다 해당 변수의 평균을 제시하고, 2011년부터 2017년까지는 1년 단위로 각 변수의 산출 결과를 보인 것이다.

1970년대와 1980년대

〈표 3〉에서 보듯이 1970년대는 실질 경제 성장률은 4.4%로 낮은 경제 성장은 아니지만, 특징적인 점은 이 시기 명목 경제 성장률이 12.8%로 실질 경제 성장률에 비해 월등히 높게 나타난다고 하는 점이다. 그 이유는 1970년대의 물가 상승률이 매우 높았기 때문이다. 〈표 3〉을 보면 1970년대 CPI 상승률은 9.1%라는 높은 수준을 보이고 있다. 〈표 3〉에는 나와 있지 않지만 특히 물가 상승률이 높게 나타나는 시기는 1973년 제1차 석유 위기 발생과 맞물려 있다. 제1차 석유 위기의 영향으로 CPI 상승률은 1973년 15.6%, 1974년 20.7%로 매우 높은 수준이었다(내각부 자료, 이하 같음). 일본에서는 이 시기의 물가를 '광란물가'라 부르고 있다.

〈표 3〉에서 1980년대의 일본 경제를 보면, 실질 경제 성장률은 4.7%, 명목 경제 성장률은 6.2%로 모두 높으며, 평균 실업률은 2.5%로 낮게 나타나고 있다. 물가도 안정되는 시기로 1980년대 소비자물가 상승률은 2.0%에 머물고 있다. 일본에서 1980년대 후반을 거품경제기라 하는데 이 시기에는 대체적으로 6%대의 높은 성장률을 기록하고 있다(예컨대

표 3 | 일본의 주요 경제지표 추이

	GDP 성장률 (실질, %)	GDP 성장률 (명목, %)	실업률 (%)	CPI 상승률 (%)	가계 저축률 (%)	국가 채무의 GDP비율 (%)	국가 채무 규모 (조 엔)	명목 GDP (조 엔)
1970년대	4.4	12.8	1.7	9.1	20.4	24.1	38.3	158.9
1980년대	4.7	6.2	2.5	2.0	15.0	50.1	169.3	337.7
1990년대	1.1	1.3	3.2	0.7	11.8	71.9	355.6	494.4
2000년대	0.7	−0.5	4.6	−0.3	3.5	159.8	792.3	495.7
2011년	0.5	−1.1	4.6	−0.2	2.0	222.1	1,133.3	491.4
2012년	0.8	0.2	4.3	−0.1	2.7	229.0	1,171.0	495.0
2013년	2.6	2.6	4.0	0.4	0.3	232.5	1,210.1	503.2
2014년	−0.3	2.0	3.6	2.7	−0.4	236.1	1,243.7	513.9
2015년	1.4	2.7	3.4	0.8	0.8	231.3	1,262.3	532.0
2016년	1.2	1.1	3.1	−0.1	2.6	235.6	1,285.0	538.4
2017년	1.6	1.7	2.8	0.5	2.6	236.4	1,291.8	546.5

· 1970년대~2000년대 국가 채무의 GDP 비율(%)은 가중평균이고 나머지는 단순평균이다.

자료: 재무성, 내각부, 후생노동성, 일본은행, IMF, OECD 데이터를 기초로 필자 작성.

1988년 6.4%, 1990년 6.2%).

1990년대와 2000년대: 잃어버린 20년

일본은 1990년대와 2000년대를 합해 '잃어버린 20년'이라는 표현을 사용하고 있다. 1990년대 초 거품경제가 붕괴되면서 1990년대는 '잃어버린 10년'으로 자리매김되고 있다. 〈표 3〉에도 나와 있듯이 1990년대의 실질 경제 성장률은 1.1%, 명목 경제 성장률은 1.3%로 모두 낮은 성장률을 기록하며, 물가도 제자리걸음을 하는 시기다. 나아가 1997년에 있었던 아시아 금융 위기 등의 영향으로 1998년에는 −1.5% 성장이라는 경기 위축을 경험했다.

2000년대에는 일본의 간판 산업이라 해왔던 전자 산업이 한국이나 대만에 추격을 당하는 시기이며, 중국이나 동남아시아 경제의 부상과 함께 대량 생산에 의존하던 제조업의 쇠퇴도 두드러진 시기다. 2000년대 평균 실질 경제 성장률은 0.7%로 1990년대 비해 더욱 낮아지지만, 전반과 후반에서의 경제 성장률 차이가 큰 편이다. 2000년 전반에는 고이즈미 준이치로小泉純一郎 정권(2001년 4월~2006년 9월)에서 경제구조 개혁을 통해 경제 기반을 안정시키려는 노력이 있었다. 그 노력이 어느 정도 성과를 거뒀으나 지속성을 갖지는 못했다. 2008년에는 리먼쇼크라는 세계적인 금융 위기가 발생해 그 영향으로 2008년의 실질 경제 성장률은 −3.7%, 2009년은 −2.1%로 일본 경기를 위축시키는 결과를 초래했다.

고령화의 진전과 국가 채무의 누증

고령화의 진전은 사회보장 및 복지 지출의 증대를 가져왔고 그로 인해 재정 압박이 가중되어 1990년대 이후 국가 채무는 빠른 속도로 늘어났다. 1990년대 71.9%였던 GDP 대비 국가 채무 비율은 2000년대 159.8%로 10년 사이에 2배 이상 상승했으며, 2011년에는 222.1%에 이르러 2000년대 평균(159.8%)에 비해 크게 불어났다. 2013년부터의 아베노믹스 실시 시기에서는 GDP 대비 국가 채무 비율 상승이 둔화되긴 했으나 여전히 줄어들지는 않았다. 2017년 동 비율은 236.4%에 이르고 있어 일본의 국가 채무 심각성을 여실히 알 수 있다.

이삭줍기: **괜찮은 물가 상승 vs. 좋지 않은 물가 상승**

대부분의 국가에선 물가가 오르지 않도록 하는 인플레이션이 목표인데, 일본은 물가가 오르도록 하는 인플레이션이 목표였다. 소득이 그대로라면 물가가 내려갈 때 같은 금액으로 더 많은 물건을 살 수 있으니, 실질소득이 올라가 가계한테 득이 된다. 물가 상승에는 '괜찮은 물가 상승'과 '좋지 않은 물가 상승'이 있다. 소득이 늘어나서 소비도 늘고 물가가 오르는 것은 가계도 용인할 수 있고 기업 소득도 올라가니 '괜찮은 물가 상승'이다. 이른바 수요견인demand pull 인플레이션이다.

이와는 달리 물가가 오르는 데는 수입 원유 가격이나 원자재 상승과 같은 '비용 상승cost push 인플레이션'도 있다. 이는 가계의 실질소득을 감소시키는 '좋지 않은 물가상승'이다. 아베노믹스에서는 '괜찮은 물가 상승'과 '좋지 않은 물가 상승' 구분 없이 물가를 올리겠다는 쪽이었기 때문에 소비자 입장에서 보면 반드시 바람직하다고만 할 수 없을 것이다.

금융완화와 일본 경제의 미래

금융완화 정책의 추진 배경

아베 정권의 경제 정책을 의미하는 아베노믹스는, 대담한 금융완화(통화량 확대), 기동적인 재정 출동(지출), 민간 투자를 유도하는 성장 전략이라는 세 축으로 되어 있다. 일본에서는 이들 세 가지 정책의 축을 목표 과녁을 쏘는 '세 화살'로 비유해 말하고 있다. 아베노믹스의 특이점은 2013년 3월부터 이뤄진 엄청난 규모의 이차원異次元적 금융완화다. 이러한 정책이 나온 배경을 살펴보기로 하자.

〈표 3〉에서 보듯이 CPI 상승률은 1970년대 9.1%로 1980년대의 2.0%보다 월등히 높게 나타나고 있다. CPI 상승률은 1990년대 후반 이후 마이너스를 기록할 정도로 하락해 오히려 디플레이션을 우려하는 상황으로 바뀌었다. 2000년대 CPI 상승률은 -0.3%로 디플레이션 상태임을 보이고 있으며, 2011년과 2012년도엔 각각 -0.2%와 -0.1%를 기록하고 있다. 이러한 '디플레이션으로부터의 탈출'을 내건 것이 아베노믹스에서 금융완화를 추진하게 된 주요 배경이었다.

리플레파

2009년 9월~2012년 12월까지의 민주당 정권기에는 일본은행의 독립성을 강조하고 있었다. 아베 정권이 이를 뒤엎고 정부 정책에 동조할 사람들로 교체시켜 2013년 3월 20일부터 신 체제를 발족시켰다. 신임 일본은행 총재에는 "정부의 2% 인플레이션 목표inflation target 달성을 위해서는 무엇이라도 하겠다"는 구로다 하루히코黑田東彦 재무성 재무관 출신이 취임했다. 또 부총재에는 그에 동조하는 이와타 기쿠오岩田規久男 가쿠슈인대 교수와 나카소 히로시中曽宏 일본은행 이사를 임명했다.

아베노믹스에서 금융완화를 추진한 이들은 이른바 '리플레파派'로 분류되는 인물들이다. '리플레'라 함은 '리플레이션reflation'을 줄인 말로, 경제가 불황에 빠져 있을 때 인플레이션을 피하면서 금융완화나 재정 지출 확대로 경기를 자극해 경제 활성화를 도모하려는 정책을 말한다. 주로 통화량 증대라는 금융완화 정책이 취해진다는 점에서 '통화 재생창'이라는 말로 번역되기도 한다.

금융 정책의 변경

현 구로다 일본은행 총재 전임인 시라카와 마사아키白川方明 당시 총재의 금융 정책은 규율을 중시하고 통화 팽창에 대해 신중함을 보인 노선이었다. 이에 비해 리플레파로서 통화 팽창을 중시하는 구로다 일본은행 총재는 전임인 시라카와 총재의 금융 정책 노선과는 일선을 긋는 상당히 다른 정책 방향을 보여줬다. 여기에는 금융완화와 물가 상승과의 상관관계에 대해 두 총재 간에 전혀 다른 입장이 깔려 있었다. 아베노믹스의 선봉인 구로다 총재는 통화량이 늘어나면 물가 상승을 가져올 것이라는 입장이었다. 이와 달리 전임의 시라카와 총재는 일본 경제에서 통화량과 물가는 단절되어 있다고 보는 입장이었다. 시라카와 전 총재가 그렇게 보았던 이유는, 비록 일본의 일인당 부가가치는 높다고 하더라도 전체 취업자가 감소하고 있기 때문에 잠재 성장률은 1% 이하라고 봤기 때문이다.

현실 직시라는 측면에서 보면 전임의 시라카와 총재의 노선이 보다 냉정한 입장이었다. 시라카와 전 총재는 그동안 '금융 정책이 취미'라고 소문나 있을 정도로 금융통이기도 하다. 그가 펴낸 《현대의 금융 정책: 이론과 현실》은 일본의 대학이나 대학원에서 교재로 사용되기도 할 정도다. 그의 금융 정책을 보는 관점은 "통화 정책의 신임을 유지하기 위해서는 재정의 지속 가능성이 중요하다"는 입장이었다. 아베 정권에서 금융 정책의 책사brain 역할을 한 사람은 하마다 코이치浜田宏一 예일대학 명예교수였다. 시라카와 전 총재의 금융 정책 노선을 비판해온 하마다 교수였던지라 아베 정권에서의 일본은행 총재 교체는 정해진 수순이었다.

다른 국가와는 반대인 일본은행의 인플레이션 목표

주의해야 할 것은 일본의 인플레이션 목표라는 금융 정책이 다른 국가들의 인플레이션 목표와는 반대로 되어 있다는 점이다. 세계의 다른 정부 및 중앙은행 정책은 물가가 상승하는 것을 더 이상 오르지 않도록 하는 '인플레이션 억제'가 목표이며 그 목표 달성은 중앙은행의 가장 중요한 역할이기도 하다. 이와는 달리 일본 중앙은행의 인플레이션 목표는 물가가 내려가는 디플레이션 상태가 더 이상 진전되지 않도록 하고 오히려 물가를 2% 정도로 올리려는 '인플레이션 유발'이 목표다. 다른 나라에서는 실시된 적이 없는 일본 특유의 금융 정책이 성공할 것인지에 대한 평가는 아직 이르지만, 2013년부터 지금(2018년 중반)까지를 그 대상 기간으로 봤을 때 그 목표는 달성하지 못했다고 평가할 수 있다.

히토쓰바시대학의 사이토 마코토斉藤誠 교수는, "일본은행이 내건 2%의 물가 상승률 목표가 중장기적으로 볼 때 실현될 것이라고 믿겨지지 않는 것이 현재의 시장 여건"이라 보고 있었다(《아사히신문》, 2013년 2월 27일). 이유는 물가가 상승하면 금리 상승과 국채 가격의 하락이 있게 되고 국채를 대량으로 떠안고 있는 은행이 곤란에 처하게 될 것이라 보았기 때문이다. 또한 물가 상승이 있으면 임금도 상승하게 되고 그 결과 기업의 임금 비용 지출이 많아지고 고용 유지도 어렵게 된다. 경제계나 여당인 자민당은 이러한 상황을 바라고 있지 않기 때문에 결국은 엔화 평가절하에 의한 수출 증가 유도로 경제 성장을 유지하고자 하는 데 금융완화 정책의 속셈이 있었다고 할 것이다.

전망: 출구 전략의 성공 여부

아베노믹스에서의 금융 정책은 장기적으로 보면 금융완화로부터 탈피하는 출구 전략의 후유증이 커질 수 있어 실實보다는 허虛가 더 크게 나타날 가능성도 배제하기 어렵다. 일본은 이미 이자율이 0%에 가까워 더 이상 내려갈 여지도 없는 상황이다. 이자율이 낮은 상황에서는 금융완화를 한다 하더라도 실물 투자 증대로 이어지는 것이 아니라 화폐 보유 증가라는 '유동성 함정liquidity trap'에 빠지게 되어 금융 정책이 실물 경제에 주는 효과는 없게 된다. 이자율이 제 기능을 하지 못하고 있기 때문에 금융완화 정책의 부작용이 커질 수 있다는 뜻이기도 하다.

일본 경제가 경착륙하게 될지 연착륙하게 될지는 '출구 전략'을 제대로 제어할 수 있을 것인가의 여부에 달려 있다. 향후 일본은 국가 채무 잔액을 어떻게 줄여갈 것인가와 금융완화 정책에서 탈출해 어떤 식으로 출구 전략을 전개해나갈 것인지가 경제 운용의 관건이 될 것으로 보인다.

이삭줍기: GDP 600조 엔 달성 여부

2013년 3월부터 본격 가동된 아베노믹스에서는 2020년도 '명목 GDP 600조 엔 달성' 목표를 내세우고 있었다. GDP 성장을 위한 주된 분야는, (a)연구개발 투자, (b) 2020년 도쿄 올림픽 수요 증가, (c)거대한 리폼Reform 수요, (d)맞벌이에 따른 가사노동 지원 서비스 확대인데, 이들 네 분야의 영문 첫 글자를 딴 'RORA'로 요약된다.

'명목 GDP 600조 엔 달성'을 내세운 데에는 그동안 경비로 취급되어오던 연구개발비를 2015년부터 '투자'로 간주해 GDP 재계산에 포함시킨 것도 한몫하고 있다. 재계산에 따라 일본 GDP는 20조 엔 정도 증가하게 되었다. 〈표 3〉으로부터도 일본의 GDP가 2014년 513.9조 엔에서 2016년 538.4조 엔으로 24.5조 엔이나 늘어났음을 볼 수 있다. 그럴더라도 명목 GDP 600조 엔 목표 달성을 위해서는 연 2.5% 성장이 필요한데 그 수준에 도달하기는 어려울 것으로 보인다. 〈표 3〉을 보면 2017년 명목 GDP 성장률은 1.7%에 머물고 있다. 사회보장 지출 증대로 인한 재정경직화 심화와 새로운 산업 구조를 창출하지 못한 성장 동력 상실로 명목 GDP 600조 엔 달성 목표는 정치적 구호에 그쳤다고 할 것이다.

한국은 일본을 따라갈 것인가

한국과 일본의 소득 수준 비교

한국과 일본은 소득 수준에서 어떤 차이를 보이고 있는지 '일인당 GDP'를 이용해 살펴보기로 하자. 〈표 4〉에는 2000년 이후 일본(J)과 한국(K)의 일인당 GDP 수준(달러 표시)을 싣고 있다.

〈표 4〉의 일인당 GDP를 보면 2000년에는 일본이 38,536달러, 한국이 11,948달러로 일본이 한국보다 3.2배나 높은 수준이었다. 그러던 것이 2017년에는 일본이 38,550달러, 한국이 29,891달러로 양국의 일인당 GDP 격차가 1.3배로 축소되고 있다. 이는 엔화 가치 하락에 따른 영향이 크다. 엔화는 2012년 달러당 79.8엔(연평균치)에서 2017년 112.2엔으로 32.4엔(=40.6%)이나 절하切下되고 있다(일본은행 통계 데이터).

2013년 이후 아베노믹스 실시 기간 중 달러 표시 일인당 GDP 수준이 1만 달러 넘게 줄어들고 있다. 〈표 4〉에서 보듯이 일인당 GDP는 아베노믹스 실시 전인 2012년 4만 8,633달러에서 2017년 3만 8,550달러로

표 4 | 일인당 GDP로 본 한일 간 소득 수준 비교(미국 달러)

	2000년	2008년	2011년	2012년	2013년	2014년	2015년	2016년	2017년
일본(J)	38,536	39,345	48,169	48,633	40,490	38,143	34,518	38,956	38,550
한국(K)	11,948	20,475	24,156	24,454	25,998	27,989	27,222	27,670	29,891
J/K(배)	3.2	1.9	2.0	2.0	1.6	1.4	1.3	1.4	1.3

자료: OECD Economic Outlook No.102(2017년 11월).

10,083달러나 줄어들고 있다(20.7% 감소). 한편 엔화 표시 GDP 규모는 〈표 3〉의 우측에 나와 있듯이 2012년 495.0조 엔에서 2017년 546.5조 엔으로 늘어나고 있다. 이처럼 일본의 소득을 달러로 표시하는가 엔화로 표시하는가에 따라 증감의 정도는 큰 차이를 보이고 있다.

가계소득도 비슷한 패턴

일인당 GDP만이 아니라 가계소득을 봐도 양국의 소득 격차는 크게 줄어들고 있다. GDP와 가계소득 간에는 집계 방법이나 조사 방법에 차이가 있기 때문에 약간의 차이를 보이지만 거의 비슷한 패턴(경향)을 보이고 있다. 양국의 가계 조사 데이터에 의한 한일 양국의 근로자 가계소득(2명 이상 가구) 배율 차이를 계산해보면, 2000년에는 일본이 한국보다 2.8배 높은 수준이었는데(일본 662만 6천 원, 한국 238만 8천 원), 2016년에는 1.3배(일본 627만 5천 원, 한국 488만 4천 원) 수준으로 축소되고 있다(총무성, 《가계조사연보》, 한국통계청, 《가계동향조사》). 그만큼 한국의 소득 증가가 일본에 비해 훨씬 많았음을 말해주고 있다.

원화와 엔화 간에는 달러를 매개로 해 환율이 정해진다. 이는 엔화를 원화로 환산했을 때도 달러 대비 엔화 가치의 영향을 받게 됨을 뜻한다. 일본의 엔화 가치가 높았던 2012년 가계소득은 806만 7천 원에 이르고 있었다. 그러다가 아베노믹스의 실시로 엔화 가치가 큰 폭으로 내려간 2016년 가계소득은 627만 5천 원으로, 2012년에 비해 무려 179만 2천 원이나 내려가고 있다(22.2% 감소). 이는 위에서 언급한 일본의 달러 표시 일인당 GDP가 크게 감소했다는 점과 그 맥을 같이 한다.

한편 엔화로 보면 일본의 1가구당 월평균 가계소득은 2012년 57만 833엔에서 2016년 58만 7,500엔으로 1만 6,667엔이 증가하고 있다(2.9% 증가). 이처럼 일본의 가계소득도 원화로 표시하는가 엔화로 표시하는가 에 따라 증감 차이가 매우 크다는 것을 알 수 있다.

한국 소득 수준이 언제 일본을 따라잡을 것인가

〈표 4〉에서 보듯이 한국과 일본의 소득 수준은 점차 좁혀져왔다. 이는 조만간 한국이 일본의 소득 수준을 따라잡을 것이라 추측하게 하는 대목이다. 여기서 〈표 4〉에서와 같은 추세가 이어진다고 상정했을 때 언제 한국이 일본을 따라잡을 것인지 보기로 하자. 〈그림 11〉은 일인당 GDP를 대상으로 2000년부터 2017년까지의 일본(J)과 한국(K)의 배율(J/K)을 보이고 추세선(2002~2017년)을 구해 표시한 것이다. 물론 이 배율이 클수록 일본의 소득 수준(일인당 GDP)이 크다는 것을 의미하며, 이 배율 값이 1이면 한국과 일본의 소득 수준이 같아진다는 것을 뜻한다. J/K=1은 J=K, 즉

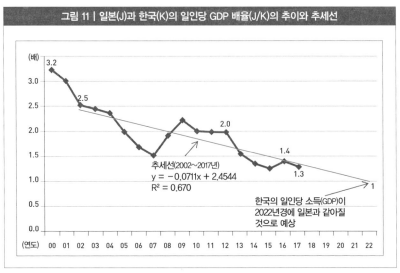

그림 11 | 일본(J)과 한국(K)의 일인당 GDP 배율(J/K)의 추이와 추세선

추세선(2002~2017년)
y = -0.0711x + 2.4544
R² = 0.670

한국의 일인당 소득(GDP)이
2022년경에 일본과 같아질
것으로 예상

자료: 〈표 4〉를 기초로 필자 작성.

'일본의 일인당 GDP=한국의 일인당 GDP'이기 때문이다.

1965년 한일 국교정상화 당시 일인당 GDP 수준은 일본이 933달러, 한국이 108달러로 일본이 한국보다 9배 가까이(8.6배) 높은 수준이었다(한국 통계청 및 일본 내각부 자료). 한국과 일본의 소득 격차가 가장 크게 벌어졌던 해는 오일 쇼크가 있었던 1973년이다. 1973년 일인당 GDP 수준은 일본이 3,693달러, 한국이 406달러로 일본이 한국보다 9배 이상(9.1배)을 기록하고 있다.

그러던 것이 〈표 4〉나 〈그림 11〉에서 보듯이 2000년에는 3.2배로 축소되고 있으며 2017년에는 다시 1.3배까지 좁혀지고 있다. 이는 다음 〈그림 12〉에서 보듯이 한국의 경제 성장률이 일본보다 높았기 때문이다. 〈그림 12〉를 보면 1950년대와 1960년대는 일본의 경제 성장률이 한국보다 높았으나, 1970년대 이후는 정치 혼란기 및 제2차 석유 위기의 영향

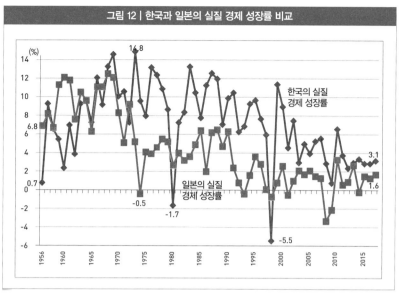

자료 : 내각부 《국민경제계산》과 한국은행 경제통계시스템(ECOS) 자료를 이용해 필자 믹싱.

이 있었던 1979년(-1.7%)과 IMF 구제금융의 영향이 있었던 1998년(-5.5%)을 제외하면 일본에 비해 한국이 훨씬 높은 경제 성장률을 달성해왔음을 알 수 있다.

〈그림 11〉의 횡축(x축)은 연도를 나타내고 있으며 종축(y축)은 일본(J)과 한국(K)의 일인당 배율(J/K)을 보이고 있다. 앞서 언급했듯이 이 배율 값이 1이면 일본과 한국의 소득 수준(일인당 GDP)이 같아진다는 것을 뜻한다(J/K=1은 J=K이므로). 여기서 한국의 일인당 GDP가 어느 시점에서 일본을 따라잡을 수 있을 것인지를 생각해보자. 이를 위해서는 〈그림 11〉의 일인당 GDP의 한일 배율에 대한 추세선(회귀곡선) 식을 구해, y축 값(일인당 GDP 한일 배율)이 1이 되는 x축 값(연도)을 구하면 된다. 〈그림 11〉로부터 최근의 추세를 잘 반영할 것으로 보이는 2002~2017년의 추세선을

구한 결과는 다음과 같다(R²은 회귀곡선의 적합도를 의미).

$$y = -0.0711x + 2.4544, \qquad R^2 = 0.670$$

위 식에 y=1을 대입해 x값(연도)을 구해 서기로 나타내면 2021~2022년이 된다. 이 결과는 2002년 이후와 같은 추세가 이어진다면 2021~2022년에는 한국의 일인당 GDP가 일본을 따라잡거나 앞지를 수 있음을 의미한다. 현 시점이 2018년인 점을 감안하면 3~4년 후의 일이다. 그동안 한국이 일본 따라잡기를 해왔다는 점에서 볼 때, 한국의 일인당 GDP가 3~4년 후에 일본을 따라잡거나 앞서는 일이 벌어진다는 것은 큰 사건일지도 모른다.

사회 후생 수준은 소득 분포도 함께 고려해야

한국이 일본에 비해 일인당 GDP 수준이 높아진다 해서 곧바로 한국의 사회 후생social welfare 수준이 높아지는 것을 의미하지는 않는다. 사회 후생은 소득 수준만이 아니라 소득 불평등 정도에도 의존하기 때문이다. 부나 소득이 소수에게 심하게 집중되어 있으면 사회 후생 수준은 내려가게 된다. 경제 정책을 평가할 때 효율성의 관점에서 소득 수준이 얼마나 높은가를 주로 다루는 경향이 있지만, '소득이 얼마나 고르게 분포되어 있는가'라는 공평성 측면에서의 평가도 매우 중요하다.

한국의 소득 불평등도(소득 집중도)는 일본보다 심하게 나타난다. 국중호(2018a)는 가계소득의 변동계수coefficient of variation를 산출해 한일 간 소득 불평등도를 살펴봤다. 변동(또는 변이)계수는 표준편차를 평균으로 나누어 산출하게 되는데, 지니계수와 마찬가지로 그 값이 클수록 소득 분포가 불평등함을 나타낸다. 2000~2016년 기간에 걸친 변이계수의 평균(단순평균)을 산출한 결과를 보면, 한국이 0.545, 일본이 0.472로 한국이 일본에 비해 높게 나타나고 있다. 이 기간 동안 한국의 소득 분포가 일본에 비해 소득 불평등도가 1.2배(=0.545/0.472) 심하다는 것을 의미한다. 이 결과와 앞서의 소득 수준 비교를 종합하면, 한국이 아직 일본에 비해 소득 수준이 낮고 소득 불평등도 심하다고 평가할 수 있다.

이삭줍기: **개인 효율 vs. 집단 효율**

한국에서는 곧잘 효율을 강조한다. 주의해야 할 것은 개인 효율과 집단 효율은 다르다는 점이다. 개인 효율이 높다 해서 집단 효율이 항상 높은 것은 아니다. 일본은 개인을 내세우는 문화가 아니다. 한 나라의 정점에 있는 집단이 '국가'인데 국익 앞에서 판을 깨지 않는 나라가 일본이다. 즉 집단이나 국가 이익을 위해 잠자코 따르며 시행착오를 줄이며 나아가려는 나라가 일본이다. 돈 많이 버는 사람을 보고 능력이 뛰어나고 효율이 높은 사람이라 연상할지 모르겠다. 일본에서는 먹고 사는 데 지장 없고 일자리가 있으면 큰 욕심 안 부리는 사람이 많은 편이다.

한국에서는 집단의 장長이 바뀌면 일본에 비해 많은 것이 바뀐다. 대통령이 바뀔 때는 나라가 들썩인다. 물론 바뀌는 것이나 바꾸는 것이 나쁜 것은 아니다. 문제는 깊이 생각하지 않고 쉽사리 바꿈으로써 나타나는 시행착오 비용이 매우 크다는 데 있다. 판을 부술 수 있다는 얘기이기도 하다. 개인은 똑똑한 듯하나 분열로 인해 판이 깨질까 염려스러운 대한민국, 개인 효율은 낮아 보이나 집단 규칙에 잘 따르는 일본, 어느 쪽이 효율적인가? 일본이 비효율이 높은 사회임은 분명하지만, 그렇다고 한국이 효율적인 사회라 단정하기는 어려울 듯하다.

아베노믹스에 대한 평가는?

아베노믹스를 긍정적으로 평가해온 이유

한국에서는 대체로 아베노믹스를 긍정적으로 평가해온 듯하다. 그 이면에는 일본 대중 매체에 비판적인 논조가 거의 등장하지 않았다는 점이 자리하고 있다. 특히 '아베 정권 홍보지'라는 야유를 받기도 한 〈요미우리신문〉이나 〈산케이신문〉 등 보수 매체의 영향이 크다. 아베 정권하에서는 보수 성향의 신문만이 아니라 대부분의 TV 방송에서도 아베노믹스에 대한 비판적인 분석 프로그램은 거의 편성되지 않았다. 한국에서는 이들 대중매체의 호의적인 보도나 방송을 참고하는 등 아베노믹스를 깊은 성찰 없이 소개했다.

금융완화로 엔화 약세를 유도해 자동차나 기계장비 업종 등 수출 기업의 이익이 확대되었고 '주가 상승'과 '실업률 하락(또는 고용 증대)'을 가져왔다는 점을 들어 아베노믹스가 성공한 것처럼 얘기되곤 했다. 실제로 니케이 평균 주가지수는 아베 정권 이전인 2012년 11월 9,446(마감치)에서 2018년 5월 22,202까지 2.4배나 올랐다. 전체 실업률을 보면 2012년 4.3%에서 2017년 2.8%로 아베 정권 들어 1.5% 포인트나 하락했다. 주의할 것은 주가 상승이나 실업률 하락 실태만 보고 아베노믹스가 성공이라 함은 피상적인 평가라는 점이다[국중호(2018a)].

달러 표시 소득의 대폭 하락

아베노믹스 실시 이후 실업률은 하락했지만 달러 표시(또는 원화 환산) 소득 수준은 크게 줄어들었다. 대담한 금융완화로 엔화 약세가 진행되었기 때문이다. 엔화는 민주당 정권 말기인 2012년 12월 1달러=83.6엔(평균값)에서 자민당 재집권 후 2년 후인 2014년 12월 1달러=119.3엔까지 환율이 무려 42.7%나 상승했다(일본은행, 〈시계열 통계 데이터〉). 그 결과 앞 〈표 4〉에서 살펴봤듯이 일인당 GDP 수준을 보면 아베노믹스 실시 전인 2012년 48,633달러에서 2017년 38,550달러로 1만 달러 넘게 줄어들었다. 이처럼 향후 전망을 어둡게 한 점도 아베노믹스가 바람직한 정책이었다고 평가하기를 꺼리게 하는 대목이다.

유효구인배율의 증가는 구직자 감소도 큰 요인

일본에선 베이비붐 세대(1947~1949년생)의 대거 퇴직으로 유효구인배율도 높아졌다. 구인 수를 구직자로 나누어 산출하는 유효구인배율은 2017년 평균 1.50(후생노동성 〈직업안정업무통계〉)에 이를 정도로 일손이 매우 부족한 상황이다. 유효구인배율만을 보면 일본의 경기가 상당히 좋을 것이라는 선입견을 갖을 수 있으나 실질 소득은 감소했다. 그 배경으로 자리 잡고 있는 것이 비정규직 고용의 증가다. 일본의 비정규직은 1985년 16.4%(총무성 통계국, 〈노동력조사〉)에서 2000년 26.0%로 약 10% 포인트 높아졌다. 그 후 2017년에는 37.3%(고용자 수 5,460만 명 중 비정규직은 2,036만 명)를 기록해 2000년 이후 다시 11.3% 포인트나 상승하고 있다.

아베 정권 들어서도 비정규직은 계속해서 증가해왔다. 아베노믹스가 발동되기 전인 2012년 35.2%였던 비정규직 비중은 2017년 37.3%로 2.1% 포인트 늘어났다. 이처럼 비정규직이 늘어났다 하더라도 저출산의 진행과 함께 구직자 수는 줄어들었다. 일본에서 유효구인배율이 높아졌다고 하는 데에는, '고용 상황의 호전'이라는 요인도 어느 정도 작용하고 있지만 '구직자 감소'에 따른 요인도 크다고 할 것이다. 예컨대 2014년 1월과 2016년 11월을 비교하면 유효구인 수 증가(33.3만 명)보다 유효구직 수 감소(33.4만 명)가 많게 나타나고 있다[野口(2017)].

아베노믹스에 대한 비판적 견해

아베노믹스가 강조하는 금융완화 정책은 '선언announcement 효과'를 통해 실물 경제를 진작시키려는 의도를 담고 있었다. 선언 효과 또는 기대 효과라 함은, '경제 정책이나 경제 예측이 발표되면, 그것이 경제 주체의 심리에 영향을 주어 실물경제가 변화하기 전에 각 주체의 행동이 변하는 효과'를 말한다. 아베노믹스는 이 기대(또는 선언) 효과에 기대려 한 성격이 강하다.

일본의 경제학자 중에도 이러한 기대 효과와 관련해 아베노믹스 실상을 비판적으로 지적하는 이들도 적지 않다. 예컨대 와세다대학의 노구치 유키오野口悠紀雄 교수는 아베노믹스에 대해 "구조 개혁이 아니라 기대 효과로 인한 자산 거품경제에 의존하려고 한다"고 비판한다(《허구의 아베노믹스》). 그러면서 "이차원異次元적 금융완화는 문제 해결을 뒤로 미루는 마약"이라며 경종을 울린다(《금융 완화로 일본은 파탄한다》).

노구치 교수는 "소비세 증세 후 거품경제 기대는 꺼지고 임시로 염색한(피상적으로 나타난) 경제효과는 벗겨져나간다(박리剝離한다)"고 비판하고 있다(《기대버블 붕괴》). 일본은 2019년 10월 소비세율 인상(8% → 10%)을 예정하고 있다. 일본 경제가 노구치 교수의 지적대로 진행될지는 검토가 필요하나, 아베노믹스가 겉돌고 있다는 견해도 분분하다.

잘못된 정책 진단

금융완화가 필요하다는 논리는, '디플레이션 소용돌이deflation spiral로부터의 탈출'이었다. 디플레이션 소용돌이라 함은, '제품 가격 하락(디플레이션)→기업 이익 하락→임금 하락→수요 부족(즉 '수요<공급'의 발생)→제품 가격 하락(디플레이션)'과 같은 순환 고리를 뜻한다. 이와 같은 바람직하지 않은 소용돌이로부터 탈출하기 위해서는 물가 상승을 유도하고 이

자율을 낮추어 투자 진작 효과가 기대되는 금융완화가 요구된다는 주장이었다.

아베노믹스에서 금융완화를 통한 '디플레이션으로부터의 탈출' 또는 '인위적 물가 상승' 정책은 그 정책 진단이 빗나가 있었다고 할 것이다. 실제로 일본은행이 대담한 금융완화로 물가 상승을 유도하려 했지만 목표로 하던 물가 상승률 2%는 달성하지 못했다. 〈표 3〉에서 보듯이 CPI 상승률을 보면 2014년의 2.7%를 제외하고는 거의 제자리걸음을 하고 있다. 일본에서 물가 하락을 가져온 가장 큰 요인은 수요 부족이 아니라 '정보통신기술의 발달' 및 중국과 같은 '신흥국의 공업화'로 인한 제품 가격의 하락이라 볼 수 있기 때문이다(노구치 유키오, 《일본경제입문》). 그런 과정에서 일본 제조업의 축소가 있었고 제조업에서 밀려난 많은 노동자들이 서비스업 비정규직 노동자로 옮겨갔고, 그들의 소득 수준도 하락했으며 구매력도 감소되었다.

금융완화 정책의 속내는 재정 문제

아베노믹스에서 말하는 차원이 다른 이차원적인 금융완화도 사실상 일본은행에 의한 국채 인수라고 말할 수 있다. 아베 정권 출범 전인 2012년 12월 20일 시점에서 일본은행의 총자산은 57.8조 엔, 보유 국채 잔액은 112.8조 엔 수준이었다(일본은행, 〈영업每旬보고〉). 그러던 것이 2018년 7월 10일 시점에서 일본은행의 총자산은 GDP와 거의 맞먹는 수준인 540.1조 엔, 보유 국채 잔액은 457.9조 엔까지 불어났다. 아베노믹스 5

년 반 동안 일본은행의 보유 국채가 345.1조 엔이나 증가한 것이다. 이러한 변화로부터 아베 정권 들어 일본은행이 국채를 소화하는 기관으로 바뀌었음을 알 수 있다.

일본은행의 〈자금순환통계〉에 따르면 2018년 3월 말 일본은행의 국채 보유 비율은 41.8%에 이르고 있다. 일본 재정법(제5조)에서 일본은행의 국채 직접 인수를 금하고 있음에도 한 다리 건너 편법적인 방법으로 국채 인수를 늘려왔다고 할 것이다. 같은 시점 일본 정부의 '국채 및 국고단기증권T-Bill' 규모는 1,097.1조 엔에 이르고 있다. 이처럼 방대한 국가 채무를 안고 있는 상황에서는 금리가 1%만 상승해도 이자 비용은 엄청나게 불어나 심각한 재정 압박 요인으로 다가오게 된다.

일본의 금융완화 정책은 일본은행에 의한 간접적인 국채 인수를 통해 재원을 조달하고 국채 이자율을 낮게 유지해 이자 비용을 낮추는 쪽으로 작용하고 있다. 요컨대 금융완화는 국채 이자 비용을 낮춰 재정 문제 대응에도 그 속내가 있었다고 보여진다.

한국엔 독배가 될 수 있는 아베노믹스

실업률 하락 또는 취업률 상승이라는 점에서는 아베노믹스를 치적으로 인정해도 좋을 것이다. 반면에 소득 수준은 증가되지 않았고 국가 채무 방치와 출구 전략 극복 과제라는 큰 불안 요소를 안겨줬다고 하는 면에서 성공이라고 보기는 어렵다고 할 것이다. 일본과 같은 디플레이션 상태도 아니고 가계 부채도 많은 한국으로서 섣불리 아베노믹스를 흉내내

다가가는 위험에 빠질 수 있다.

향후 일본은 고도 성장의 주역이었던 제조업의 취업자가 줄어들고, 2040년에는 네 명 중 한 명이 의료·간병(노인 요양) 종사자가 되는 기형적인 고용 상태로 변하게 된다(노구치 유키오, 《일본경제입문》). 저출산 고령화 추이는 한국이 일본보다 가파르게 진행되고 있다. 한국으로서 일본이 어떻게 대처하는가를 보며 타산지석으로 삼는 지혜가 요구된다고 할 것이다.

이삭줍기: **한국과 일본의 상황은 다르다**

쏠림 현상이 강한 한국에서는 어떤 사안에 대해 '성공이냐 실패냐' '좋으냐 나쁘냐'로 판가름하려는 성향을 띠곤 한다. 아베노믹스에 대해서도 성급하게 성공이냐 실패냐를 따지려 한다. 그러면서 한국보다 겉으로 좋게 나타나는 현상을 보고 '일본은 잘 나가는데 왜 한국은 못하는 거냐'는 식의 얘기를 쉽게 내놓곤 한다. 예를 들어 '한국은 심각한 구직난인데 일본은 구인난이 아니냐'며 매우 성공한 것처럼 내세우며 한국의 고용 정책 당국을 다그치는 논조를 들 수 있다. 말은 쉽게 할 수 있지만 실제로 한국이 일본처럼 하기는 어려울 것으로 보인다. 9장에서 보듯이 한국은 대기업과 중견·중소기업 간의 대우 차이가 일본보다 크고, 공무원이나 대기업 사무직으로의 취업 원망願望이 강해 고용 확대의 저변은 쉽게 넓어지지 않을 것이기 때문이다.

8장
지역 경제가
국가 살림의 차이를 만든다

지역 경제가 한국보다 강한 이유

쏠림 현상의 병폐

일본에서도 '도쿄 일극極 집중'이라는 문제가 제기되고 있으나 한국의 서울 집중에 비하면 훨씬 덜하다. 도쿄도東京都 인구(1,360만 명, 2017년)는 일본 전체 인구의 10분의 1 정도다(10.8%). 서울 인구(1,023만 명)가 한국 전체 인구의 5분의 1을 차지한다는 점에서 보면 서울로의 인구 집중은 도쿄의 두 배에 달한다. 수도권의 집중도를 봐도 한국이 일본에 비해 훨씬 심하다. 한국의 수도권(서울, 경기, 인천) 인구는 전체 인구의 절반 정도인데 비해 일본의 수도권(도쿄도, 사이타마현, 치바현, 가나가와현)의 인구는 전체 인구의 약 4분의 1로, 한국은 수도권 인구 집중에서도 일본에 비해 두 배 정도 심하게 나타난다.

이처럼 한국은 지역 불균형 문제, 특히 수도권으로의 쏠림 현상이 심각한 수준이다. 쏠림 현상은 잘나갈 땐 대박을 가져오지만 잘못되면 쪽박을 찰 위험성이 있다. '한쪽이 독차지'하는 병폐가 불거지면 가진 자와 못 가진 자 간 계층 분열로 이어지고 사회 분위기가 험악해진다. 지역 고유의 문화, 중견 기업, 인재 공급 면을 들어 일본의 지역 경제가 한국보다 강한 이유를 짚어보자.

지역 고유의 문화와 시너지 현상

우선, 지역 고유의 문화에 기반을 둔 관광 자원의 활용이다. 일본은 한 곳에 정착해 살아가는 정주 성향이 한국보다 훨씬 강하다. 오래 지속된 무사 정권하에서 이동의 제한이 컸기 때문이다. 이러한 정주 성향은 새로운 변화에 적응하는 데는 발목을 잡는 쪽으로 작용하기도 하지만, 한편으로 지역 고유의 전통 문화를 남겨 볼거리 관광 자원이 되기도 한다. 여기에 2013년 이후 대규모 금융완화로 인한 엔저 현상으로 일본을 관광하는 비용이 상대적으로 낮아졌다는 점도 한몫했다. 금융완화가 있기 이전인 2011년 622만 명에 불과했던 일본 방문 관광객 수는 2017년 2,869만 명에 이르러 6년 사이 4.6배나 늘어났다.

일본을 찾는 외국 관광객이 늘어난 다른 배경으로 지역의 고유 전통 문화 보존 및 엔저 요인 이외에 '재방문자 증가'를 들 수 있다. 한국에서는 지방의 어떤 관광지를 갔다 오고 나서 다시 방문하고자 하는 재방문자가 일본에 비해 훨씬 적은 편이다. 주민들의 지역 사랑이 강한 일본에서는 관광객들로 하여금 '다시 오고 싶다'는 생각이 들도록 큰 공을 들이며, 실제로 재방문하는 사람도 많이 있다. 내국인들에겐 그다지 알려지지 않았던 곳이 외국 관광객을 통해 알려지고 내국인이 그곳을 방문하는 식의 흥미로운 시너지 현상도 나타난다.

지역 산업과 6차 산업

다음으로, 지역 산업이 한국에 비해 튼튼하다는 점을 들 수 있다. 일본에는 특성 있는 지역 자원을 활용해 난제를 극복해온 선진 기업이 많이 포진해 있다. 니카타현 나가오카대학교의 권오경 교수는 "선진 기업이 모여 선진 지역을 이루고, 선진 지역이 모여 선진국을 이룬다"고 말하고 있다(동아시아경제경영학회 연구회 발표). 나가오카 시만 하더라도 세계적으로 통용되는 석유 채굴용 굴삭 기계, 공작 기계, IT 장비 기업 등이 자리하고 있다.

한국에서는 인공지능, 바이오 분야 등 4차 산업 중시의 산업 정책을 내세우고 있다. 이를 나무랄 바는 아니지만 일국의 허리를 받쳐주는 선진 기업이 육성되지 않은 상태에서는 견실한 4차 산업의 대박은 기대하기 어려울 것이다. 일본에서는 지역 산업을 6차 산업이란 말로 곧잘 표현한다. 지역 산업은 향토 자원을 이용한 1차의 농림수산업, 제조·가공업이 포함된 2차 산업, 양질의 서비스를 담은 3차 산업을 복합(1+2+3)한 6차 산업이라는 인식이다. 지역 산업을 체험할 수 있는 프로그램도 사업화해 높은 부가가치를 창출해내고 있다. 지역 관광과 연계시켜 지역 산업을 6차 산업으로 발전시켜가려는 인상이다.

지방으로의 인재 공급

마지막으로, 일본은 지방으로도 우수한 인재가 많이 공급된다는 점이다. 출신 고향으로 회귀하는 일본 대학 졸업생들도 적지 않다. 필자가 경험한 에피소드를 하나 소개한다. 어디라도 취업할 수 있겠다 싶은 실력을 갖춘 한 제자가 "고향에 있는 기업에 취업하기로 했습니다" 하기에 "그래, 열심히 임하길 바래" 하고 아쉬운 작별을 했다. 며칠이 지난 후 그 기업 인사 담당자가 찾아와 "좋은 사람을 보내주셔서 고맙습니다"라고 하면서 자신의 회사에서 만든 샘플을 선사하고 돌아갔다. 제자가 스스로 원해 취업한 것이었는데 나로서는 뜻밖의 선물을 받은 셈이었다.

위의 에피소드가 암시하듯이 일본에는 인재 흡수의 저변이 넓어 지방 중견기업의 노동 수요가 있고, 그에 대응해 지방 회귀를 그다지 꺼리지 않는 수도권 대학 출신자의 노동 공급이 있다. 일본은 한국보다 대기업과 중소기업의 처우 차이도 적은 편이며, 지방에도 견실한 중소·중견기업이 많이 포진해 있다. 한국이 지역 기반 선진 기업을 육성하려 한다

하더라도 일본처럼 되기는 어렵다. 인재를 수용할 선진 기업이 지방에 많지 않을 뿐더러 수도권 대학 출신자가 지방으로 내려가지 않으려 하기 때문이다. 그에 더해 지역 기업과 지역 문화가 결합된 시너지 효과도 약해 지방에 선진 기업이 육성될 토양이 척박하다.

당신과 나 그리고 저들이 돌아온다

한국은 어떤 길을 찾아야 할까? 국가와 국가 간의 왕래 및 빈번한 거래 이미지가 강한 국제화라는 말을 빗대어 새로운 사업을 제안해본다. 앞으로는 고향과 고향, 고향과 타향 간의 왕래 및 거래라는 '제2의 고향 사업'으로서 '향제화鄕際化 사업'을 추진해야 할 때가 아닌가 한다. 고향과 고향(또는 타향) 간의 교류 활성화를 도모하는 향제화 사업은 지역 경제에 도움이 될 여지가 크다. 상경해 산업역군의 중추가 되어왔던 베이비붐 세대가 대거 정년퇴직을 맞이하는 시대가 도래했기 때문이다.

출신 고향으로 돌아가는 'U턴', 서울에서 지방으로 내려가는 'I턴', 출신 지역과는 다른 지역에 정착하는 'P턴' 사업의 육성이다. 요컨대 'UIP턴 사업'이다. 한국의 지역 활성화는, 당신이 돌아오고(U=You Turn), 내가 내려가고(I Turn), 그들彼[(저, 피): P]이 돌아오는(P Turn) 것에 대비한 'UIP 향제화 사업'에 달려 있다는 느낌이다. '당신과 나 그리고 저들이 돌아와 이루는(또는 돌아오도록 유도하는)' 제2의 고향 조성 사업은 마음의 안식처 사업이기도 하다.

이삭줍기: **감직증곡과 탈콘증석**

서울은 편리한 문명을 가진 도시지만 직선이 많아 쉽게 피로해지는 도시이기도 하다. 당신(U)과 나(I) 그리고 저들(P)이 돌아오는 '제2의 고향 사업' 조성을 추진할 때는, 직선을 줄이고 곡선을 늘리는 '감직증곡減直增曲'을 많이했으면 좋겠다. 또 될 수 있는 한 콘크리트나 플라스틱으로부터 탈피해, 자연 소재인 바위, 돌, 자갈, 모래를 늘리는 '탈脫콘증석增石'으로 숲, 나무, 냇가, 저수지 등과 공존하는 '향제화 사업'이었으면 하는 바람이다. 감직증곡과 탈콘증석의 고향 사업 조성이다.

"여기 오시면 평안함을 느끼며 즐겁게 일하거나 봉사할 수 있는 삶이 있습니다"라는 메시지를 전달할 수 있는 'UIP 향제화 사업'(제2의 고향 사업)을 구상해본다. 그런 '유아피UIP 시대'가 과연 도래할 것인가?

경제 정책의 비대칭성

경제 성장률 높이기보다는 '질 높은 삶'을 선언할 때

한국에서는 수장이 바뀌면 조직 전체 분위기가 크게 바뀌는 경향이 있다. 자신의 색깔을 드러내려는 국민 성향을 반영한다고 할 것이다. 민간 조직만이 아니라 국가 경제 정책 추진에 있어서도 이전의 수장과 다른 이미지를 드러내고자 하는 것도 같은 맥락이다. 청년들 일자리 부족 해소를 위해 "공무원을 늘리겠다"고 하거나 "정부가 대신해 중소기업 취업자한테는 월급 보전을 해주겠다" 하는 소득 보전도 그 예로 들 수 있다. 정부가 수수방관하거나 지갑을 닫아버린다면 일자리 문제를 해결하지 못한다는 인식이지만 정부의 힘만으로는 한계가 있다.

저출산 고령화가 급속히 진행되는 한국 경제는 이제 사회보장(연금, 의료, 복지 등) 지출이 빠른 속도로 늘어나는 국면인지라 구조적으로 높은 경제 성장률을 달성하기가 어려워졌다. 베이비붐 세대가 퇴직을 맞이하기에 이르렀고 게다가 젊은이들의 고용 흡수도 어려운 경제 상황에서 성장률이 둔화됨은 당연한 귀결이다. 전체적인 파이(국민소득이나 GDP) 키우기가 한계에 달하는 국면에 접어들고 있음을 뜻한다. 파이 축소로 정치적 공격을 당하더라도 "질 높은 삶으로 이끌겠다"라고 선언할 때에 이르렀다는 생각이다. 과감하게 인정하고 국민에게 이해를 구하는 것이 솔직한 고백이 될 것으로 보인다.

일본을 따라가는 한국

한국의 고도 성장 시기는 1987년 민주화 달성과 함께 막을 내렸다고 봐야 할 것이다. 민주화 요구가 거세지면 다수를 차지하는 저소득층의 복지 요구를 충족시키기 위한 지출이 늘어나고, 상대적으로 경제 성장을 둔화시킨다. 그러함에도 이명박 정권(2008년 2월~2013년 2월)은 7%의 경제 성장률 달성을 호언장담했었다. 결과는, 그의 정권 기간 동안 연평균 2.9%의 경제 성장률을 달성하는 데 그쳤다. 박근혜 정권(2013년 2월~2017

년 3월)에서도 "적시에 투입한 재정이 마중물이 되어 경기가 살아나고, 세입이 확대되는 선순환 구조가 정착된다면, 우리 재정의 기초 체력은 강화돼 재정 적자와 국가 채무를 줄여갈 수 있을 것"(2015년 대통령 시정연설)이라 선언하게 만들었다. 오산이었다. 박 정권 기간 중 국가 채무는 더욱 늘어났고 연평균 경제 성장률은 3%에 불과했다.

위 마중물 견해는 '불황 때는 나랏빚을 내어 돈을 풀어대고 경기가 좋아지면 빚을 갚으면 된다'는 식의 경제 정책으로 이른바 케인지언Keynesian 경제학자들의 주장이다. 전시戰時나 대공황이 아닌데도 그렇게 외쳤던 선진국 정부 정책은 나랏빚(국가 채무)만 늘렸을 뿐 대부분 실패로 끝났다. 설령 빚을 내(국채를 발행해) 경기가 좋아졌더라도 자기 업적을 드러내려는 정치의 속성상 빚 줄이기(국채 상환)를 꺼려했기 때문이다.

케인즈 이론에는 정치가의 이기심을 억제할 장치가 없다. 빚 내어 쓸 때는 적극적이고 갚을 때는 소극적이 되는 '빚내기와 빚 갚기의 비대칭성'이 국가 채무를 불어나게 한다(국중호,《호리병 속의 일본》). 일본이 대표격이다. 7장에서 봤듯이 1990년대 초 거품경제 붕괴 후 대량의 국채 발행으로 국가 채무가 크게 늘어나기 시작한 일본의 전철을 한국이 밟아서는 안 되는 것을 알면서도 따라가는 듯한 인상이다.

한국이 더 위험할 수도 있다

필자가 우려하는 것은 자칫 잘못하다가는 일본보다 국가 채무가 훨씬 적은 한국이 일본보다 더 위험할 수도 있겠다는 점이다. 국채를 소화할

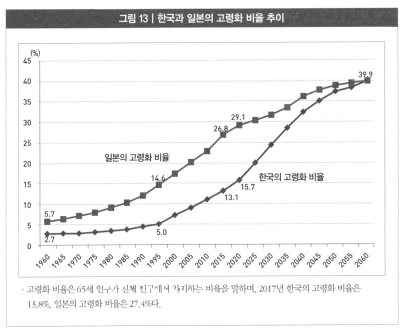

그림 13 | 한국과 일본의 고령화 비율 추이

(%)

- 일본의 고령화 비율
- 한국의 고령화 비율

5.7
2.7
5.0
14.6
13.1
15.7
26.8
29.1
39.9

· 고령화 비율은 65세 인구가 신체 인구에서 차지하는 비율을 말하며, 2017년 한국의 고령화 비율은 13.8%, 일본의 고령화 비율은 27.4%다.

자료: 총무성(2017), 〈인구추계〉, 한국 통계청(2017), 〈장래인구추계〉.

민간 금융 자산이 일본에 비해 한국은 크게 부족하기 때문이다.

7장에서 언급했듯이 거품이 붕괴된 1991년 이후 일본은 성장률이 둔화되었다는 점에서 '성장 상실기'를 경험하고 있다. 경기 침체로부터 벗어나기 위해 거품경제 붕괴 후 재정 지출을 크게 늘렸지만 경기는 살아나지 않았다. 구조 개혁보다는 그리 경제 효과가 없는 재래식 토목공사가 많이 이뤄졌고 사회보장·복지와 같은 소득 재분배를 위한 재정 자금 충당이 많았기 때문이다. 이와 같은 국가 경제 정책의 실패가 국가 부채를 늘린 측면도 간과할 수는 없을 것이다. 하지만 그보다는 저출산 고령화에 따른 사회보장관계비 증대라는 구조적인 재정 지출 증가가 일본의 국가 채무를 늘린 가장 큰 요인이다. 〈그림 13〉에서 보듯이 한국의 고령화는 일본에 비해 훨씬 빠른 속도로 진행되고 있다.

2017년 시점에서 고령화 비율(전체 인구에서 65세 이상 인구가 차지하는 비율)은 한국이 13.8%인데, 일본은 27.4%로 일본의 고령화율이 한국에 비해 두 배 정도 높은 상황이다. 그러나 〈그림 13〉에도 잘 나타나 있듯이 향후 고령화 속도는 한국이 일본보다 훨씬 빠르게 진행되어 2060년에는 일본과 같은 수준인 39.9%의 고령화사회가 될 것으로 보인다. 4명 중 1명이 65세 이상의 고령자가 된다는 뜻이다. 이는 고령화의 진행에 따른 연금, 의료 등의 사회보장 지출이 크게 증대되어 재정 적자가 더욱 커질 가능성이 농후함을 의미한다.

일본은 여전히 정부의 빚이 늘어나고 있으나 가계금융 자산이나 해외 자산이 많아 한동안 지탱할 수 있다. 은행은 가계가 맡긴 돈을 어떻게든 운용해야 살아남을 수 있다. 정부가 국채 발행을 늘린 것도 은행 돈이나 보험회사 등에 맡겨진 가계 돈을 소화시켜야 했다는 속사정이 크다. 일본 국가 채무가 2017년 말 1,085조 엔(재무성 통계)인데 가계가 쌓아온 금융 자산은 무려 1,832조 엔이나 된다(일본은행, 〈자금순환 통계〉, 2017년 6월 말). 한국 돈으로 무려 1경 8,562조 원이 넘는 천문학적인 가계금융 자산이다. 이처럼 일본 가계는 정부의 대규모 부채를 떠안을 수 있을 만큼 가계 자산이 많은데 한국은 부채가 심각한 가계가 많다. 채무 초과로 인해 파탄으로 이어질 가계가 적지 않다는 뜻이다(한국 가계도 전체적으로는 자산이 부채보다 많다).

일본은 축적, 한국은 흐름

경제 면의 차이로 보면 일본은 축적 경제고 한국은 흐름 경제다. 2장에서 살펴봤듯이 좋은 것이든 나쁜 것이든 계속 쌓여가는 곳이 일본이다. 역사적으로 자신이 처한 곳에서 전문성을 발휘하며 일해온 전통이 좋은 쪽으로 힘을 발휘해 나타난 결과가 지식이나 기술 축적이라 할 수 있다. 축적 사회의 병폐는 새로운 것을 받아들이는 데 속도감이 없고 기존의 것을 바꾸기 어렵다는 점이다. 일처리에 있어서는 '전례가 이러했다'며 그 전례의 족쇄에 묶여 앞으로 나아가지 못할 때도 많다.

한국에서는 전임자와의 차별성 시도를 위해 좋은 것이든 나쁜 것이든 자주 바꾸는 경향이 있다. 나쁜 것을 금세 바꾸어 좋은 쪽으로 이뤄내기도 하지만, 좋은 것을 건드려 긁어 부스럼도 잘 낸다. 한국 경제를 바라보는 적잖은 염려는, 불안정한 흐름 속성을 안정시키지 못하고 진득하게 기술이나 지식 축적을 해나가지 못하는 모습이다. 발을 땅에 대고 차분하게 정책을 추진하려면 축적의 안정성을 활용하는 지혜가 있어야 할 것이다.

한국의 대일 외교에는 국가에 실익을 가져올 '축적의 일본 활용'이란 메뉴가 없는 듯하다. 일본 열도와 활발한 교류의 물꼬를 터 이들의 축적된 기술이나 지식을 활용하는 성숙한 대응이 한국에도 실익을 가져올 것이다.

큰 물고기가 살 수 있으려나?

한국의 경제 정책은 국가 지도자가 바뀔 때마다 자주 바뀌어 국민들을 향해 "묵묵하고 진득하게 일하면 보람을 느끼는 사회가 되도록 하겠다"라는 메시지를 주지 못한다. 여러 이질적인 것들이 녹아드는 화학적 융합 속에서 새로운 아이디어도 떠오르고 그 아이디어가 좋은 상품으로 체화되어(녹아들어가) 나타날 수 있다. 그때 비로소 이른바 '혁신 성장'이라든가 '4차 산업혁명'이라든가 하는 쪽에서 큰 효과를 발휘할 것으로 보인다.

청와대에 울타리가 높게 세워져 불통不通이 되는 외딴섬이 되어가서는 안 된다. 박근혜 정부 때가 그랬다. 정곡을 찌르며 충언하는 듬직한 신료들보다, "잘 돌아가고 있습니다. 염려 놓으십시오"를 연발하는 능란한 정치인이나 관료가 많아지면 나라는 겉돌고 삶은 피폐해간다. 이명박 정부 때가 그랬다. 그러한 전철前轍이 있어서인지 문재인 정부에서는 주변과의 소통은 늘어났으나 대일 관계는 여전히 소원하다. 그럼에도 정책 담당자들이 나를 향해 "우린 잘하고 있으니 당신이나 잘해"라고 면박을 줄지도 모르겠다. 듣는 귀가 엷어지지 않도록 하는 것이 중요하지 않을까 싶다.

어쩌면 한국 사회는 차분히 관조할 겨를을 주지 않고 풍파를 일으키며 그때그때 들뜬 상태로 만드는 것은 아닌가 하는 느낌이 들곤 한다. 깊은 연못을 파 큰 물고기가 살도록 해야 할 터인데 한국의 경제 운용은 얼마 고이지 않은 물을 퍼내게 해 연못조차 마르게 하는 듯하다.

심각한 취업 사정으로 적지 않은 젊은이들이 사회생활을 시작조차 하지 못하고 있다. 그런 연유로 결혼이 늦어지거나 결혼 자체를 포기하기도 하고 결혼해도 아이낳기를 겁낸다. 이러한 사정이 저출산을 부채질하고 있다. 여기에 고령화 진행으로 복지 지출이 팽창해 그 재원 마련을 위한 국채 발행이 계속해서 늘어나는 상황이다. 정부나 기성세대가 국가 채무를 많이 늘려놓는다는 것은 가뜩이나 어려운 젊은 세대의 어깨 위에 빚더미를 올려놓아 죄를 짓는 격이다. 일자리를 잡지 못한 젊은이들이, "우린 지쳤어요"라며 기성 세대를 향해 불만을 표출하는 듯하다. 젊은 세대의 원망이 두렵고 태어나고 싶었을 아이들한테 벌 받을까 두렵다.

속성이 너무 다른 한국과 일본의 국가 채무

위험한 유혹을 제어해야

수치상으로 국가 채무는 한국이 일본에 비해 매우 낮다. GDP 대비 국가 채무 비중은 2017년 말 한국이 39.6%, 일본이 236.4%를 보이고 있다(IMF 정부재정통계). 이처럼 한국이 일본에 비해 GDP 대비 국가 채무 비중이 현격히 낮으므로 빚을 낼 여력이 충분하다고들 말하곤 한다. 그럴듯하게 들리기에 늘어나는 복지 비용 등의 재정 지출을 담당해야 하는 정책 당국의 입장에서는 국채를 발행해 재원을 마련하려는 유혹으로 다가온다.

정책 당국자가 국채 발행을 통한 재원 조달 유혹을 제대로 제어하지 못하면 헤어나기 어려운 함정에 빠질 수 있다. 저출산 고령화에 따라 구조적으로 사회보장 지출이 불어나는 국면에서는 특히 조심해야 한다. 일본의 상황이 이를 극명하게 보여줬다. 가계 순자산(=자산-부채), 대외 불안정성, 한일 국민성 차이를 들어, 국가 채무가 늘어날 때 한국이 일본보다 위험할 수 있음을 가늠해보자.

가계 순자산 차이

우선, 국채를 인수할 수 있는 가계 순자산이 한국은 일본에 비해 월등히 적다. 쌓아놓은 재산도 많지 않으면서 국가 채무를 크게 늘리다간 파탄에 이를 수 있다. 가계(민간 비영리단체 포함) 순자산을 보면 한국이 7,539조 원, 일본이 2경 5,958조 원으로 한국보다 3.4배나 많다(한국은행 및 내각부 통계에 의거해 산출, 2016년). 일본 인구(1억 2,700만 명)가 한국보다 2.5배 많다는 점에 견주어봐도 일본의 가계 순자산이 한국을 크게 능가함을 알 수 있다. 이는 국채 발행이 크게 증가할 때 한국의 가계가 일본에 비해 그 소화 능력이 부족함을 의미한다.

일본의 국가 채무는 거품경제 붕괴가 있었던 1990년대 초부터 급증했다. 1990년대 평균 71.9%였던 GDP 대비 국가 채무 비율은 2000년대 159.8%로 2배 이상 상승하고 있다(〈표 3〉 참조). 구조개혁을 수반하지 않은 케인즈식 경제 정책(대형 감세와 재정 지출 확대)의 실패와 함께 고령화 진전에 따른 연금, 의료 등의 사회보장 지출 증대가 재정 압박 및 국가 채무 누증을 가져왔다. 국민소득에서 차지하는 사회보장급부비 비율은 1990년 13.7%에서 2017년 29.9%로 16.2% 포인트나 높아지고 있다(후생노동성 자료). 그럼에도 일본이 버틸 수 있었던 것은 국채 발행을 소화할 수 있는 가계 금융 자산이 많았기 때문이다.

대외 불안정성

다음으로 한국은 대외 불안정성이 일본에 비해 높은 편이다. 일본의 재정 위험성은 대외적이 아닌 '대내적' 위험성이다. 비록 1경 원이 넘는 엄청난 국가 채무(1,097조 엔의 국채 및 단기국고증권)를 떠안고 있지만 외국인의 일본 국채 보유 비율은 10.9%에 불과하다(2018년 3월 말). 외국인은 내국인에 비해 국채 수익률(이자율) 변동에 민감하게 반응하는 경향을 띤다. 외국인 투자자 보호를 앞세우는 한국에서 외국인이 한국 국채를 얼마나 보유하는지 정확히 알기는 어렵다. 한국이 국채 보유 주체별 내역 발표를 꺼린다 함은 그만큼 국가 채무의 잠재적 대외 불안정성이 높을 수 있음을 암시한다.

1997년 이전의 한국은 국가 채무 증대에 대한 경각심을 일깨우며 그 규모를 줄일 수 있는 여력이 있었다. 〈그림 14〉에서는 한일 국교 정상화가 있었던 1965년 이후를 대상으로 한국과 일본의 GDP 대비 국가 채무 비중을 나타내고 있다.

그림 14 | 한국과 일본의 GDP 대비 국가 채무 비중

· 2017년은 추정 기준이며, 2018년 이후는 〈2017~2021 국가채무관리계획〉 전망치다.
· 한국과 일본 모두 중앙정부와 지방정부의 국가 채무의 GDP 비중이다. 이때 지방정부 순채무는 지방정부
전체 채무 중 중앙정부에 대한 채무를 제외해 계산한 값이다.

자료: 일본 재무성 협력 자료와
기획재정부 〈e-나라지표〉 및 〈2017~2021년 국가채무관리계획〉을 참고로 필자 작성.

〈그림 14〉에서는 1965년부터 시계열 데이터를 얻을 수 있는 일본 '장기' 채무 잔액만을 포함시키고 있으므로 〈표 3〉에 있는 국가 채무의 비중보다는 낮게 나타난다. 그렇더라도 일본이 한국에 비해 국가 채무 비중이 빠른 속도로 증가해왔음을 한눈에 파악할 수 있다. 1965년 당시에는 GDP 대비 국가 채무(일본은 장기 채무) 비중이 한국은 18.3%, 일본은 7.1%로 한국이 높았으나, 1976년에는 한국이 23.9%, 일본이 26.2%로 일본이 높아지고 있음을 볼 수 있다. 2017년 일본의 장기 채무는 GDP의 2배 정도(198%)를 기록하고 있어 같은 해 한국의 국가 채무 비중 39.6%에 비해 월등히 높은 수준을 보이고 있다.

〈그림 14〉에서 보듯이 한국의 GDP 대비 국가 채무 비중은 1982년 29.5%를 기록하다가 전두환 정권(1980~1988년)에서 높은 경제 성장률과 재정 적자 축소를 하게 되면서 동 비중은 줄어들어 1996년에는 9.9%까지 내려갔다. 그러다가 1997년 금융 위기를 거친 다음부터는 GDP 대비 국가 채무 비중은 계속해서 높아져왔다.

1990년대 말부터 저출산 고령화로 인한 사회보장 재정 수요 증대와 경제 성장률 저하로 국가 채무를 줄이기 어려운 구조로 바뀌었다. 한국의 GDP 대비 국가 채무 비중은 1999년 18.0%에서 2017년 39.6%로 두 배 이상이나 높아지는 등 빠른 속도로 늘어났다. 여기에 가계 부문의 국채 인수 여력도 크지 않다는 점을 감안하면 외국인의 한국 국채 보유 비율이 늘어났을 것임을 유추할 수 있다.

한일 국민성 차이

마지막으로 한국인이 일본인에 비해 이동성이 강하다는 국민성을 들 수 있다. 역사적으로 마을 공동체를 벗어나는 것에 두려움을 지녀왔던 일본인은 집단을 빠져나가 혼자 독립해 살겠다는 행동을 극히 꺼려한다. 내부에 머물려는 붙박이 성향이 강하다는 것은 설사 재정 파탄이 있더라도 나라를 떠나 살겠다는 이들이 아주 적을 것임을 짐작케 한다. 이는 일본의 폐쇄성을 반영하는 단면이지만, 달리 보면 일본으로 유입된 부의 국외 유출이 적을 것임을 시사한다.

한국은 일본에 비해 이동성이 높은 편이다. '내 돈 내가 알아서 쓰겠다'는 성향이 일본보다 강하다. 1997년 말 외환 위기가 있었고 그 극복을 위해 산업 구조조정이 한창이었을 때 많은 능력자가 한국을 떠나기도 했다. 붙박이 성향이나 이동성 차이를 두고 한쪽이 좋고 다른 한쪽이 나쁘다는 가치 평가를 하려 함이 아니다. 양국민의 성향 차이를 지적한 데 불과하다. 다만 뛰어난 인재들이 떠나가면 한국 내에서 부를 일궈낼 동력도 줄어들어 경제적 어려움이 가중될 수 있음을 인식할 필요가 있다.

'정부' 부채가 많은 일본, '국가' 부채가 늘어날 한국

일본에서는 가계 금융 자산이 발행 국채를 대량 소화하고 있다. 이처럼 일본은 대외 국가 채무가 많은 게 아니라, 가계가 채권자이고 정부가 채무자인 '정부' 부채가 많은 상황이다. 일본은행도 40%가 넘는 국채를 떠안고 있다(41.8%, 2018년 3월 말). 아베노믹스 금융완화 정책은 일본은행에 의한 간접적인 국채 인수를 통해 재원을 조달하고 국채 이자율을 낮게 유지해 이자 비용을 낮추는 쪽으로 작용하고 있다. 7장에서 언급했듯이 일본의 금융완화에는 '국채 이자 비용 억제를 통한 재정 문제 대응'이라는 속내가 숨어 있다.

국내에서 국채 증발增發을 감당할 여력이 부족한 한국에서, 정부가 빚을 많이 지다 보면 외국인 대상 '국가' 채무 증대로 직결된다. 국가 채무 증대는 국내 소화 능력의 한계를 단기간에 드러낼 것이기 때문이다. 한국이 일본처럼 정책 운영을 하라는 주문이 아니다. 또 일본과 같은 디플레이션 상태도 아닌 상황에서 금융완화 정책은 바람직하지도 않다. 무엇보다도 한국과 일본은 양적(가계 순자산 규모 및 외국인 국채 보유 비중), 질적(국민성)으로 국가 채무 속성이 크게 다르다는 것을 인식했으면 하는 바람이다. 일본은 거품경제 붕괴 이후 30년 가까운 '성장 상실기'를 버텨오고 있지만, 한국이 섣불리 빚더미를 늘리다간 몇 년도 못 버티고 버거워할까 우려된다.

이삭줍기: 거대한 무책임

일본의 사상가인 마루야마 마사오丸山眞男는 메이지유신 이후의 일본의 통치 방식에 대해 몸통은 하나인데 머리는 여러 개인 '다두일신多頭一身'의 괴물에 비유하고 있다 ((일본의 사상)). 책임 주체가 명확하지 않아 나타나게 되는 '거대한 무책임' 체제를 질책하기 위함이었다.

나랏빚(국가 채무)이 늘어날 때에도 특정 정치가를 탓하기 어려운 무책임한 구조가 숨어 있다. 많은 정권을 거치면서 몇 십 년 동안 쌓여온 채무이기에 특정 정치가를 탓할 수도 없고 누군가를 지정해 책임을 묻기도 어렵기 때문이다. 책임 주체를 분명하게 해 그 책임을 묻기 어렵다 함은 정부 부채를 줄여 건전 재정을 유지하는 것이 매우 어려운 과제임을 시사한다. 국가 채무가 많다고 비판하던 정치가도 정작 자신이 정책 결정권자가 되었을 때는 빚을 더 늘려놓고 하차하기 일쑤였다. '거대한 무책임' 구조가 국가 채무의 삭감을 어렵게 한다.

9장
차이를 만드는
일자리 방식

일본은 구인난인데
한국은 구직난인 이유

한국보다 성장률이 낮은데 고용률은 높은 일본

일본은 구인난을 겪고 있고 한국은 구직난에 시달리고 있다. 일본에서 고용 동향을 나타내는 주요 지표로 구인 수를 구직자 수로 나누어 산출하는 '유효구인배율'이라는 지표가 있다. 이 수치가 1보다 크면(작으면) 구인 수가 구직자 수보다 많음(적음)을 뜻한다. 일본의 유효구인배율은 리먼 쇼크 직후인 2009년 0.47까지 하락했으나, 그 후 꾸준히 상승해 2017년에는 1.50에 이르고 있다(후생노동성의 〈직업안정업무통계〉 집계 결과). 150명을 뽑고자 하는데 100명밖에 사람이 없다는 말이다.

경제 성장률은 한국(2017년 3.1%)이 일본(동년 1.7%)보다 높은데 취업률(한국은 '고용률'이라 함)은 훨씬 낮다. 2017년 15~64세의 취업자 수가 15~64세 인구에서 차지하는 취업률을 보면, 일본은 74.3%에 이르는데 비해 한국은 66.6%로 일본이 훨씬 높다(일본 총무성과 한국의 통계청 자료). 일반적으로 고용률이 높아지면 경제 성장률도 높아진다. 그럼에도 한국보다 경제 성장률이 낮은 일본은 사람 구하기가 어려운 상황이고, 한국은 일자리를 못 구해 아우성이다. 어째서 이런 현상이 벌어지고 있는 것일까? 한일 간에는 저출산 고령화 추이, 산업 구조, 정책 기조 면에서 큰 차이가 있다.

저출산 고령화 차이

저출산 문제는 한국이 일본보다 심하고, 고령화는 일본이 한국보다 더 진전되어 있다. 한 여성이 15세부터 49세까지 낳는 자녀 수인 합계출생률(일본에선 합계특수출생률이라 한다)을 보면, 2017년 한국은 1.05명으로 일본의 1.44명보다 낮은 형편이다(통계청 〈KOSIS〉 및 후생노동성 〈인구동태통계월보〉). 한국의 장래가 심히 염려되는 대목이다. 〈그림 13〉에서 봤듯이 같은 해 65세 이상 인구가 전체 인구에서 차지하는 비율인 고령화율은 일본이 27.4%로 한국의 13.8%보다 두 배 이상 높다(내각부 〈고령사회백서〉 및 통계청 〈장래인구 추계〉).

　일본에서 구인난을 가져온 큰 요인 중 하나가 저출산으로 인한 연령대별 인구 수의 변화다. 1940년대 후반 출생(주로 1947~1949년생)의 베이비붐 세대가 대거 퇴직을 맞았고, 저출산 세대 자녀들이 취업 연령대가 된 것이다. 즉 퇴직자는 많은데 노동 참가 연령대 젊은이들 수는 크게 줄어든 것이 구인난을 가져온 요인 중 하나다. 한국의 베이비붐 세대는 일본보다 십여 년 늦게 태어난 세대(1955~1964년생)가 되고, 저출산 세대 자녀들은 아직 취업 연령 전이다.

산업 구조 및 취업 선호 차이

한일 간의 산업 구조 차이도 양국에서 고용 차이를 가져온 주된 요인이다. 일본은 선진국 중에서 고용 창출이 많은 중견 제조업 비중이 비교적 높은 편이다. 일본의 제조업 종사자 비중(16.4%, 2017년 2월)은 거품경제 붕괴 이후 크게 줄었으나 미국의 약 두 배에 이른다. 반면 한국은 부가가치는 높으나 고용 흡수가 상대적으로 적은 반도체 대기업이나 바이오 업체 등의 활약이 크다. 더불어 한국에선 대기업과 중소기업 간 처우가 크게 달라 대기업 선호 경향이 뚜렷하다.

　취업 선호 면을 볼 때 한국이 구직난을 겪는 데는 체면 중시 문화가 한몫하고 있다. 대학까지 졸업하고 중소기업에 취업하는 것은 자존심이 상하고 체면이 서지 않는다는 의식이 가로막고 있다. 사회적 눈초리도 좋지 않다고 여겨 중소기업에 가기보다는 미취업으로 남겠다는 젊은이들도 적지 않다. 한국에서 대졸자의 자존심과 중소기업의 '애환'에 엇박자가 생기는 이유다. 이러한 경향은 일본과는 사뭇 다르다. 필자가 가르치는 일본 학생들의 기업 선호를 조사해보면, 대개는 "중소기업이라도 안정된 곳이라면 계속 근무하겠다"는 반응이다. 이는 일본의 경우 중소기업과 대기업 간 대우 차이도 한국처럼 크지 않고, 사회 저변에 안정된 중견기업이 대거 포진해 있음을 시사한다.

자존심 중시의 한국, 공평성 중시의 일본

정책 기조 면에서도 한일 간 차이가 뚜렷하다. 일본은 효율보다는 공평을 중시한다. 소비자의 만족도를 높이거나 기업의 이윤을 높이는 쪽으로 자원을 배분해 파이(소득)를 키워가는 것이 효율이라 할 수 있고, 파이를 고루 나누는 방법을 강구하는 것이 공평이라 할 수 있다. 일본이 경제 성장률은 높지 않은데 취업률이 높은 데에는 파이를 나누어 가지려는 공평성 중시의 사회적 합의가 있다. 구인난이 있다(또는 유효구인배율이 높아졌다) 해 노동자의 임금 수준이 그리 오른 것도 아니다. 구인난이면 기업들이 돈을 많이 준다며 인재 사냥에 나설 법도 하지만 그렇게 치고 나오는 기업은 많지 않다. 대부분의 일본 기업이 기존 질서 허물기를 매우 꺼리기 때문이다.

한국이 4차 산업 육성을 강조하며 그것에 미래를 걸고 있는 듯한 인상이다. 세계경제포럼World Economic Forum의 창시자인 클라우스 슈바브Klaus Schwab 교수에 따르면, 4차 산업은 "물리적 생물학적 세계와 디지털 세계가 융합된 새로운 기술"로 특징지워진다[Schwab(2016)]. 4차 산업혁명의 핵심 분야는 인공지능, 로봇 공학, 사물인터넷, 무인 운송 수단(자율주행차량, 무인항공기), 3차원 인쇄(3D 프린팅), 나노 기술이라는 6대 분야다. 이로부터 4차산업은 부가가치가 높을 것임을 짐작할 수 있지만, 반면에 고용흡수는 기존 제조업에 비해 그리 많지 않을 것이라는 점에 유념할 필요가 있다. 일본은 4차 산업 육성을 위한 계획을 수립해가면서도 지속성을 갖는 지역 산업 육성도 강조하고 있다는 느낌이다.

구조적 모순이 응축된 취업 문제

한국에서 자녀를 셋 둔 지인의 환갑 축하연에 간 적이 있다. 자녀들은 아버지 환갑에 손주 한 명 안기기는커녕 결혼도 하지 않고(또는 못하고) 있었다. 한 명은 사법고시에 몇 번 도전하다 7급 공무원 시험 준비를 하고 있었고, 또 한 명은 9급 공무원, 또 다른 한 명은 교사임용 시험을 준비하는 중이라고 했다. 이게 한국의 현실이다. 자녀를 탓하기도, 부모를 탓하기도 어려운 안타까움이 있다. 취업 문제에는 우리 사회의 구조적 모순이 응축돼 있다. '한국의 구직난 해소에 일본의 구인난을 어떻게 활용할 수는 없는 것일까'를 새삼 생각케 한 회갑연이었다.

이삭줍기: **부엽초**

부엽초淨葉草! 뜬 풀. 많은 한국 청년들의 마음이 부엽초 같지는 않을까 싶다. 많은 청년들이 진이 빠지고 지쳐 있는 듯하다. "여기에다 뿌리를 내려봐!" 하고 자신 있게 말할 수 있는 중심 잡힌 어른들이 적어지고 있다. 이리저리 떠다니는 청년들이 뿌리 내릴 토양 만들기가 우선이 아닐까 싶다. 비료만 많이 주어 속성 재배를 하고 얼른 팔아 이익을 남기려는 쪽으로 가고 있는 것은 아닌지 걱정스러울 때가 있다. 땅의 힘이 약하면 식물이 비실해지듯이 기력이 약해지고 허해지면 사고 정지의 상태가 되기도 한다. 지력地力이 튼튼한 토양이 되기 위해서는 비도 오고 눈도 오고 흙덩이가 질척해지며 박테리아가 분해할 수 있는 긴 시간을 필요로 한다. 과연 한국이 그런 토양을 빚어내는 쪽으로 가고 있는 것일까?

취업률 차이가 크게 나타나는 이유

공부량은 많은데 취업률은 낮은 한국

사람 구하기가 어려운 일본에서는 고용계약 만료나 회사의 구조조정 등으로 본의 아니게 직장을 떠나는 이들도 크게 줄어들었다. 그런 사람들은 대략 전체 인구의 0.5%에도 미치지 않는다. 그보다는 정년 후 재취업이나 정년 연장(예컨대 60세→65세) 조치를 취해가며 오히려 더 오래 일하는 쪽으로 바꾸는 경향이다. 계약 기간 만료나 임기 만료 시기가 다가오면 조마조마해하는 한국과는 크게 다른 풍경이다. 실업이나 조기(명예) 퇴직 문제가 심각한 한국으로서는 부러운 광경으로 비쳐질 것이다.

한국 학생이 일본 학생보다 공부량도 훨씬 많고 자격증 등도 많이 취득해 이른바 스펙도 좋은데 취업률은 정반대다. 일본 학생들은 취업을 고려해 자격증 취득이나 영어 공부에 열을 올리지 않는다. 필요하거나 관심 있는 사람들이 하는 정도다. 필자가 지도해온 졸업반 일본 학생들도 모두 일자리를 찾아 사회인 대열에 합류했다. 취업에 있어 왜 이처럼 한일 간에 명암이 갈리고 있는 것인지 기질, 태도, 산업 구조 차이를 들어보기로 하자.

면목 중시 vs. 분수 중시

한국인과 일본인은 생김새는 비슷하나 우러나오는 기질은 딴판으로 비쳐질 정도로 아주 다르다. 한국인은 면목 중시, 일본인은 분수 중시다. 조선 시대 양반이 아니었던 사람들이 양반 신분을 돈으로 사거나 족보를 고쳤거나 하는 데서 엿볼 수 있듯이 신분적으로 남에게 업신 여김을 당하는 것을 몹시도 꺼려 했다. 양반으로서 면목을 세우려 한 의도가 배어 있다. 현재도 그런 잔재가 남아 있어서인지 모르겠으나 과시하려는 경향이 일본에 비해 강한 편이다. 또 학벌주의가 사회적으로 먹혀 들어간다. 그러다 보니 내로라하는 학력에 공기업, 공무원, 유명 대기업 입사를 향한 열망이 높게 나타난다.

일본에서도 물론 도쿄대학교, 게이오기주쿠대학교, 와세다대학교 등 상위권 대학에 들어가고 싶어 하나 한국처럼 극성은 아니다. 자신이 원하는 일이라면 굳이 고급 관료나 대기업이 아니라도 별반 꺼리지 않는다. 양국의 이러한 기질 차이가 취업률의 현격한 차이를 가져온다. 에피소드를 하나 소개하면, 몇 년 전에 졸업한 일본인 제자가 찾아온 적이 있다. 자신은 지금 철강 자재 중소(중견) 업체의 영업사원을 하고 있는데, 대학 근처에 왔다가 점심시간이라 들렀다는 것이었다. 점심 식사를 하며 근황을 물으니 기존 거래처 등을 돌며 영업 일을 하고 있다고 했다. 회사로 돌아가는 일본인 제자의 뒷모습을 보면서 한국의 대졸 취업생이었다면 중소 업체 영업사원 한다고 드러내는 것을 꺼려 하지 않았을까 하는 생각이 문득 스쳐갔다.

미생과 공생

한일 간에는 일하는 태도나 비정규직 대우에서도 큰 차이를 보인다. 한국인은 자신의 존재감을 내세우려 하고, 일본인은 톱니바퀴의 하나로 있으려 한다. 한국에서는 특히 계약직이나 비정규직이 불안한 미생마未生馬다. 일본의 비정규직은 정규직의 3분의 2 정도의 급료를 받고 있으나 금방 해고되거나 하지는 않는다. 서로 간에 그동안 해오던 일에서 한쪽이 어그러져 차질이 생기는 것을 몹시 싫어하기 때문이다. 비정규직이라 해 쉽사리 무시하지 않는다. 그렇다고 비정규직을 금방 정규직으로 전환하는 것도 아니기에, 일본에서는 장기 고용 비정규직이 크게 늘어났다. 한 번 일하기 시작하면 그 관성의 힘이 매우 강한 곳이 일본이다.

2014년 한국에서 방영되어 큰 인기를 끌었던 계약직 사원의 애환을 다룬 〈미생〉이라는 드라마가 있다. 이 드라마는 2016년 일본에서 〈HOPE〉라는 제목으로 리메이크되어 방영되었으나 한국에서만큼의 큰 반향을 일으키지는 못했다. 조직에서 끌어안고 있던 사람을 내치는 식으로 대응하는 방식은 자기네들 정서가 아니라는 점이 작용했기 때문이 아니었나 싶다. 일본에서는 계약직 사원이라 해 금방 그만두게 하기 보다는 구성원들이 어떻게든 함께 헤쳐나갈 것인지를 고민하는 '공생共生' 쪽에 무게가 실린다.

일본의 일처리는 이처럼 대립을 비껴가려는 방식을 선호하고 있어 한국에서 종종 일어나는 과격한 노동조합 활동은 지지받지 못한다. 실제로 파업이나 직장 폐쇄와 같은 노사 대립이 그리 일어나지 않고 있다는 실상이 이를 대변해주고 있다.

산업 구조에도 드러나는 성향 차이

한일 산업 구조에서도 양국민의 성향 차이가 드러난다. 면목 중시 성향이 강한 한국은 산업 구조도 대기업이나 정보통신기술 선호로 편향돼 있다. 이들 직장이 대우는 좋다고 해도 국가 전체적으로 볼 때 일자리 개수는 그리 많지 않다. 1997년 IMF 구제금융 이후 살아남기 위한 방책으로 구조조정을 위한 해고가 진행되었고 재취업 경쟁도 치열해졌다. 더불어 중소·중견 기업의 고용 흡수 여력도 약화되어 취업문이 더욱 좁아지는 쪽으로 전개되었다.

2008년 리먼 쇼크 이후 일본의 실업률은 크게 줄었지만(완전실업률은 2009년 5.1%에서 2017년 2.8%로 하락. 후생노동성, 〈노동력조사〉), 고용자 전체에서 비정규직 고용은 40% 정도(37.3%)를 차지하는 수준으로까지 늘어났다. 중국이나 동남아 국가의 부상과 함께 일본의 제조업 비중이 줄어들었고, 제조업에서 밀려난 노동자들이 서비스업 비정규직으로 많이 몰려와 비정규직 고용자 수가 크게 늘어났기 때문이다. 일본에서 근로자 소득(임금 수준)이 오르지 않은 큰 이유도 정기 승급이 미미한 장기 고용 비정규직이 많아졌기 때문이다. 오래 고용되어 조직 속의 일원으로 남으려는 일본인들의 성향이 고용률(취업률)을 높게 유지하는 방향으로 작용하고 있다.

그네들에겐 안심이고 안전

문학이나 예술 작품에서는 파격의 미美가 감동을 가져온다. 판에 꽉 짜여져 있는 일본은 파격이 없어 답답함이 자리하지만 그건 한국인의 감각이다. 한국인들이 느끼는 일본인들의 답답함은 그네들에겐 안심이고 안전이다. 역으로 일본인들한테 한국은 파격이 지나쳐 어지러이 흩어져 있는 쪽으로 비치기 쉽다. 청년 취업난이 심각해 당장 우리 코가 석자이니 일본을 향해 쓴소리하기는 어려울 듯하다.

이삭줍기: 서양의 논리와 동양의 직관

제조업과 서비스업 경계가 없어져가고 있다. 애플의 아이팟, 아이패드, 아이폰이라는 '아이(i) 시리즈'는 제조업 상품이라기보다는 서비스 상품이라는 이미지가 강하다. 형상(모양)이 있는 제조업 상품 위에 형체가 보이지 않는 서비스 내용물(콘텐츠)을 제공한다. 애플은 자사의 제조 공장도 갖고 있지 않다. 이러한 아이 시리즈를 내놓은 애플의 스티브 잡스Steve Jobs가 성공한 이유는 무엇일까? 거기에는 서양의 논리와 동양의 직관의 융합이 있었기 때문이 아닐까?

'아이 시리즈'는 제조업은 제조업만으로 분류되고 서비스업은 서비스업만으로 분류되어야 한다는 고정관념을 깼다는 것을 뜻한다. 이를 내 나름대로 달리 해석해보면, 서양의 논리 세계와 동양의 직관의 세계를 이분법으로 구분하는 것이 아니라 직관적 영감이 떠오르면 그것을 논리의 세계로 제품화하는 세상으로 변해가고 있음을 시사한다고 할 것이다. 직관적 영감의 서비스 차원을 논리적 제품으로 형상화하면 바로 서비스업과 제조업의 융합이 된다. 앞으로는 2차 산업이라는 제조업과 3차 산업이라는 서비스업과의 경계도 모호해져갈 것이다. 2차와 3차 산업의 경계가 모호해진다 함은 4차 산업 범주의 포괄 범위도 명확하게 규정하기 어렵게 된다는 것을 의미한다.

일자리 방식의 차이

한국의 일자리 문제

한국에서 일자리 문제는 시급하면서도 장기적 안목이 필요한 사안이다. 청년 일자리 해결이 사회 문제로 부각된 지도 한참 지났다. 국가 전체 차원에서 고용 문제를 어떻게 조정해갈지에 대한 논의도 심각하게 고려되어야 하겠지만 뾰족한 대책을 내놓지 못하고 있다. 한국의 청년(15~29세) 실업률은 2017년 9.9%(통계청, 〈경제활동인구조사〉)에 이르고 있다. 일본은 군대 입대도 없기 때문에 청년 실업률도 15~24세를 대상으로 발표할 때가 많다. 대체로 이 연령층의 실업률이 가장 높은데 이 연령대 실업률은 4.6%를 기록하고 있다(총무성, 〈노동력조사〉. 이하 같음). 이렇게 보면 청년 실업률은 한국이 일본에 비해 2.2배(=9.9÷4.6)나 높은 실정이다.

문재인 정부(2017년 5월~2022년 5월)가 내세우는 비정규직의 정규직화, 공무원 증원, 급격한 최저임금 인상 등의 후유증은 기업 경쟁력을 제약하고 재정 지출의 압박 요인으로 작용하고 있다. 사람 구하기 어려운 일본에서조차 한국처럼 그와 같은 방식을 취하지는 않고 있다. 일자리(고용) 조정 방식의 왜곡이 우려되는 상황에서 '비정규직의 정규직화'와 '공무원 증원 문제'에 초점을 맞춰 일본에서의 대응 방식을 보기로 하자.

일본에서의 비정규직 증가

중국 및 동남아시아 신흥 경제권 부상과 함께 일본의 제조업 비중은 하락해왔고 취업자 수도 많이 줄어들었다. 제조업 취업자 수는 2000년 1,321만 명(전체 취업자 수의 20.5%)을 차지하고 있었으나 2017년에는 1,056만 명(동수의 16.4%)으로 2000년에 비해 265만 명이나 줄어들고 있다. 이에 비해 도매·소매업, 음식 서비스업 등의 취업자 수가 크게 늘어났다. 2017년 도매·소매업의 취업자 수는 1,091만 명(동수의 17.0%)으로 제조업 취업자 수를 웃돌고 있다.

제조업에서 밀려난 노동자들이 도매·소매업, 음식 서비스업으로 몰려들어 비정규직으로 취업하는 이들이 많았기 때문에 비정규직 노동자를 크게 증대시키는 요인으로 작용했다. 비정규직 노동자가 전체(정규직과 비정규직 합계) 노동자에서 차지하는 비율은 2000년 26.0%에서 2017년 37.3%로 2000년 이후 11.3% 포인트나 늘어났다. 비정규직은 고용 조정의 유연성을 확보하는 장치로서의 역할을 담당했다. 일본에서는 정부 정책이나 노동조합 활동으로 비정규직 노동자에 대한 처우 개선이 이뤄지기는 했으나, 섣불리 정규직으로 전환시키는 일은 일어나지 않았다. 취업 유형 결정에 있어 정부나 노동계에 의해 크게 흔들리지 않고 기업 경영자의 입장이 많이 반영되어 나타났기 때문이라고 할 수 있다.

공무원 비율은 유지하면서 지방공무원 증원

나아가 일본은 공무원 수를 늘리는 개혁으로 고용 문제를 해결하려 하지 않았다. 실제로 최근 일본 공무원 수의 비율은 거의 변하지 않고 있다. 예컨대 2007년 226만 명에서 2017년 229만 명으로 10년간 3만 명이 늘어나긴 했으나, 전체 취업자 수가 증가(6,412만 명 → 6,427만 명)했기 때문에 공무원이 차지하는 비중은 같은 수준(3.5%)을 유지하고 있다. 그 배경에는 공무원 수 증가로 인한 재정 부담의 가중을 피하고 민간에 주는 경직적인 압박을 줄이고자 하는 의도가 있었다. 공무원은 일단 채용되면 고용 조정이 어렵기 때문에 일본에서는 공무원 수를 늘리는 방법은 그다지 취하지 않았다고 할 것이다.

전체 공무원 수 비율은 바뀌지 않았으나 국가·지방 공무원 구성에는 큰 변화가 있었다. 한국에서도 화제가 되고 있는 지방의 복지 업무 증대는 2000년대 초반 지방 분권 개혁과 함께 일본에서 먼저 나타났다. 일본에서는 이에 대한 공적 부문의 대응으로 국가공무원을 줄이고 지방공무원을 늘리는 방식으로 대처해왔다. 공무원 구성 변화를 보면 2007년에서 2017년까지의 10년간 국가공무원은 67만 명에서 57만 명으로 10만 명이나 줄어들었다. 이에 비해 같은 기간 동안 지방공무원은 160만 명에서 172만 명으로 12만 명이나 늘어나고 있다. 최근 들어 일본은 지방창생地方創生을 들어가며 지역 경제 살리기에 힘을 쏟고 있다.

노사정 위원회 vs. 정노사 위원회

노동계, 경영자 측, 정부가 함께 노동 문제를 논의하는 기구를 한국에서는 '노사정券使政' 위원회라 하지만, 일본은 '정노사' 위원회로 되어 있다. 정부가 맨 앞에 등장하는 것은 정부가 개재해 노사의 협조를 이끌어내고 있다는 이미지가 강하기 때문이라 할 것이다. 일본과는 달리 한국에서는 노조가 경영에 관여하려 하고 정부도 노동계의 눈치를 보는 입장이다. 노조의 배짱 논리에 밀려 경영자 측(사측)은 경제 원칙(노동생산성)에 맞는 임금 수준이나 고용 형태(정규직인가, 비정규직인가)도 제대로 정하지 못하고 있는 듯하다.

기본적으로 기업이 노동자의 생산성을 봐가며 고용 형태나 임금 수준을 정해야 이윤도 낼 수 있고 경쟁력도 키워갈 수 있다. 그럼에도 한국에는 호봉제 임금 지급 요구 등 기득권 노조의 강한 입김이 있고, 급격한 최저임금 인상이나 근로 시간 단축 등과 같은 정책 당국의 노동 시장 개입까지 가세되고 있는 형국이다. 한국의 경영자는 시장 경쟁력을 키워가야 함은 물론, 노조 및 정책 당국의 거센 압력에도 대응해가야 하는 벅찬 상황에 놓여 있다.

이삭줍기: **일본과 같은 구인난이 한국에도 전개될 것인가**

일본의 고용 사정이 좋아진 데는 중견·중소기업의 고용 흡수가 많고 중견·중소기업으로의 노동 공급도 잘 이뤄지고 있다는 점에 있다. 저출산 고령화가 진행되고 있는 한국에서도 일본과 같은 구인난이 전개될 것인가?

향후 한국에서도 일본과 같이 저출산 고령화 및 베이비붐 세대의 대거 퇴직이라는 인구 구조의 변화가 있을 것이다. 이로 인한 고용 호전은 있겠지만 한국이 일본과 같은 구인난이 될 것 같지는 않다. 고용 흡수는 대부분 중견·중소기업에서 이뤄지는데 한국은 중견·중소기업을 꺼리고 공무원이나 대기업으로의 취업을 바라기 때문이다. 대기업과 중소·중견기업 간의 격차 해소 등으로 구직자의 취업 선호가 변하지 않는 한 고용 확대의 저변이 쉽게 넓어지기를 기대하기는 어려울 것으로 보인다.

일자리 문제,
일본을 활용하자

일본을 활용하지 못하고 있는 한국

한국은 일자리 문제가 심각한데 일본은 사람을 못 구해 아우성이다. 그런 일본을 옆에 두고도 제대로 활용하지 못하고 있는 한국이다. 앞에서 언급했듯이 2017년 한국의 청년(20~29세) 실업률은 9.9%에 이른다. 하지만 체감하는 한국의 일자리 문제는 이보다 훨씬 심각하다. 한국에는 실업자에 잡히지 않는 취업준비생들이 많기 때문이다. 실제로 얼마나 취업해 일하고 있는가를 나타내는 고용률을 보면 한국과 일본 간의 차이가 확연히 드러난다.

'직장 진입기' 연령대의 고용 실태 비교

한국에서 청년이라고 하면 보통 15~29세의 연령층을 가리키지만 일본
에서는 한국 남성과 같이 병역 의무가 없기 때문에 한일 간 같은 연령
대를 비교하는 것은 적절하지 않다. 양국의 실정을 반영해 통상적이라
면 취업 활동을 끝내고 직장 생활을 하고 있을 '직장 진입기' 연령대로
서 한국의 30~39세, 일본의 25~34세를 들어 양국의 고용 실태를 비교
해보자.

한국의 30~39세 연령대 고용률은 77.0%인데 비해, 일본의 25~34
세 취업률(고용률)은 83.6%로 일본이 한국보다 6.6% 포인트나 높은 수치
를 보이고 있다(2017년. 이하 같음). 이들 연령대의 실업률을 보면 한국이
3.3%인데 비해 일본은 3.7%로 일본이 오히려 높게 나타난다. 구인난을
겪고 있는 일본이 취업난에 처해 있는 한국보다도 실업률이 높다는 것
은 한국의 실업률 통계가 실상을 제대로 반영하지 못하고 있음을 보여
준다.

한국의 30대 중 5명에 1명은 미취업자

경제활동인구를 취업자·실업자·미취업자로 분류하면 한국의 30~39세
미취업자 비율은 19.7%(=100-77-3.3)에 이른다. 한국의 30대 가운데 약
20%, 즉 5명에 1명은 미취업으로 남아 있는 꼴이다. 일본의 미취업자 비
율 12.7%(=100-83.6-3.7)보다 7% 포인트나 높은 수준이다. 30대 미취업

자의 대부분은 20대에도 미취업자였을 가능성이 크다는 점에서 보면 한국 청년층의 경제 활동 비참가 기간이 장기화되고 있음을 뜻한다.

　미취업률이 높은 상황에서 최저임금 인상은 실업자나 미취업자를 더욱 늘리게 된다. 기업은 임금 인상으로 인한 비용 부담이 커 고용을 줄이는 쪽을 선택할 것이기 때문이다. 실업자가 많다고 함은 경제 이론으로 보면 낮은 임금이라도 일하겠다는 사람들이 많은 것임을 의미한다. 정부가 인위적으로 최저임금을 높이게 되면 기업으로 하여금 합리적인 고용 선택을 하지 못하게 하는 왜곡이 발생한다. 최저임금 인상은 공평성을 높일 수는 있으나 국가 전체의 소득(예, GDP) 수준을 높이는 효율성 제고로 이어지기 어렵다는 뜻이다. 공평성과 효율성 간에는 서로 반대로 움직이는 상반 관계trade off가 작용하기 때문이다.

제조업의 중요성

실업 문제를 해소하기 위해서는 고용 창출을 많이 하는 산업이 받쳐줘야 한다. 고부가가치를 만들어내기 위해서는 4차 산업 육성이 요구된다고 할 것이다. 반면에 4차 산업이 고용 창출이 많을 것이라 보기는 어렵기 때문에 일자리 마련에는 한계가 있다. 일본은 4차 산업 육성과 함께 기술 축적이 체화된 제조업도 중시하고 있다. 한국이 일자리 창출만이 아니라 장기적으로 안정적인 산업 구조를 구축하려면 이러한 일본을 활용하는 전략이 현명하다고 할 것이다.

　높은 부가가치를 창출할 수 있는 4차 산업이나 정보통신기술 산업은 그 반작용으로 대외 요인에 크게 영향을 받아 부침이 심할 수 있다는 불안정성을 내포한다. 결국 고용을 많이 창출하며 안정적으로 국가 경제의 허리를 받쳐주는 제조업과의 조화가 관건이 된다. 문제는 한국에서 이들 제조업의 기반이 흔들리고 있다는 데 있다. 제조업에 우수한 인재가 부족해 앞으로 한 세대가 지나면 기존에 터득하고 있었던 수많은 기능공의 기술은 전수되지 못하고 맥이 끊길 우려가 있다. 낙관적으로 보는 입장에서는 그렇다면 일본을 비롯한 다른 국가에서 조달받으면 될 것이라 쉽게 생각할 수 있을지 모르지만, 고용 창출이 많은 제조업의 기반이 무너지면 실업 문제는 더욱 심각해진다.

활동의 장을 넓히는 것도 정부의 책임

현재 일본 유학 및 취업 박람회가 열리고 있기는 하나 아직도 일본 활용 인식이 턱없이 부족하다. 한국 정부로서 일자리 문제 해결을 위한 노력으로 일본에 관심 있는 한국인들, 반대로 한국에 관심 있는 일본인들의 가교 역할에 나서는 것이 바람직하다. 이명박·박근혜 정권 및 집권당이 바뀐 문재인 정부에서도 한일 관계는 좋아지지 않았다. 이에 더해 전경련을 비롯한 경제단체도 경제 사령탑 역할이 부족해 한일 경제단체 간 교류도 뜸한 상황이다. 국민들에게 활동의 장을 넓혀줘야 하는 것은 정부의 책임이기도 하다.

일본 사정에 정통하고 일본인의 사고방식을 속 깊이 알면서 대일 관계에도 잘 대응할 일본 전문가들이 있어도 활용되지 못하고 있다. 언제부터인지 한국은 일본을 '한물 간 나라'처럼 치부해버리는 듯한 분위기조차 감지된다. 일본이 새로운 변화 적응에 느려 답답하고 어딘가 막혀 있는 듯하지만 일본 기업은 그들 나름의 강점을 살려가며 변화에 대한 적응을 모색하고 있다. 일본 전문가 풀을 통해 한국 일자리 문제를 개선하고 일본이 겪는 구인난을 활용하는 것은 어떠한 일자리 정책보다도 훨씬 큰 실익을 취하는 방법이기도 하다. 그러려면 일본 올바로 알기와 한일 관계 개선이 우선되어야 할 것이다.

이삭줍기: 소득 주도 성장론과 기업의 노동 선택 왜곡 문제

현 정부가 일자리 대책으로 청년 고용 소득 보전이나 공무원 증원 등을 내놓고 있지만 여기에는 단기적으로 가시적인 성과를 보이겠다는 조바심이 배어 있다. 최저임금 인상으로 저소득층의 소득을 높여 경제 성장을 견인하겠다는 소득 주도 성장 정책이 고용이나 성장률 제고에는 오히려 역효과를 가져올 수 있다.

기업이 실업 상태에 있는 청년을 고용하면 임금 보전을 해주겠다고 하는 소득 보전 정책도 기업으로 하여금 제대로 된 노동 선택을 할 수 없게 한다는 점에서 또 다른 왜곡을 초래한다. 기본적으로 임금은 노동자의 생산성에 따라 결정되어야 경쟁력을 키워갈 수 있다. 노동자에 대한 일률적인 소득 보전은 노동자의 생산성을 알 수 없는 정부가 임의로 임금 결정에 영향을 미치고 있음을 뜻한다. 기업 입장에서 보면 경제적 합리성에 따른 이윤 추구 활동이 제대로 이뤄지지 못할 것임은 불 보듯 뻔하다고 할 것이다.

10장
일본 몰이해와
한국 상품의 수난

일본 몰이해는
엄청난 경제적 손실

일본을 경계하지 않는 한국

일본 실정을 제대로 인식하지 못한 한국은 역사적으로 큰 타격을 입어왔다. '알아야 면장이라도 한다'는데 일본을 올바로 알지 못하다가 또다시 큰코다칠까 걱정이다. 아니, '일본 몰이해'로 이미 경제적 손실을 입었고, 그런 상황이 한참 동안 지속되고 있다. '뭐 그리 경계할 것 있겠나?' 하며 한국은 일본을 대수롭지 않게 여기는 듯하다. 여기에 함정이 있다. 한반도를 식민 지배했던 일본이다. 대일 정책을 즉흥적으로 가져가다가는 낭패로 끝난다. 프로 의식 없는 일본 다루기로 큰 손해를 입고 있음을 경솔한 언행, 비일관성, 신용의 가치를 들어 분명히 밝혀보자.

경솔한 언행

우선, 경솔한 언행으로 인한 막대한 손실이다. 특히 지도자의 언행은 일반인과는 차원이 다른 파괴력을 갖는다. 대표적인 예가 2012년 8월 이명박 전 대통령의 독도 방문 및 '일왕(천황)이 사죄해야 한다'는 발언이었나. 일본을 상대할 때 '금기 중의 금기'가 천황의 잘잘못을 들먹이며 나서는 일이다. 말했듯이 일본인들한테 천황은 '사람의 모습으로 이 세상에 나타난 신'을 의미하는 '현인신'인지라 일반인이 옳다 그르다를 운운할 대상이 아니기 때문이다.

아니나 다를까, 이명박의 천황 사죄 발언은 벌집을 건드린 꼴이 되었고 일본인들을 혐한 감정으로 몰아갔다. 한류 열풍에 찬물을 끼얹어 관련 매출이 급감했고 문닫는 가게가 속출했다. 한인 상점이 모여 있는 도쿄의 신오오쿠보에서는 한국인들을 노린 국수주의자들의 '혐오적 언사'도 난무했고 손님들의 발길을 끊게 했다. 일본을 속 깊이 인식하지 못한 경솔한 행동이 초래한 결과였다. '일본 몰이해'로 인한 엄청난 경제적 손실의 여파는 아직도 가시지 않았다.

비일관성으로 인한 손실

다음은 비일관성으로 야기되는 손실이다. 정권이 바뀔 때마다 기존 제도나 정책의 대거 물갈이는 한국에선 이제 관습화되다시피 했다. 비일관적 정책이 한국 내에서 끝난다면 그러려니 하겠는데, 한일 관계에까지 국내 관습을 적용하다 보니 큰 손해로 이어진다. 박근혜 정부 때인 2015년 12월 말 '위안부 문제는 최종, 불가역적으로 해결되었다'고 일본과 공식 합의했다. 문재인 정부는 2018년 1월 '내용과 절차에 잘못이 있었다'며 위안부 문제의 미해결 입장을 밝혔다. 그러한 지적이 맞는다 하더라도 일본의 입장에서 보면, '한국 정부'의 비일관성을 느끼게 마련이다.

한국의 비일관성으로 인한 경제적 손실 및 이미지 손상은 한국 내에서는 느끼기 어려울 정도로 매우 크게 나타났다고 할 것이다. 대다수 한국인들은 비일관성을 가벼이 여기는 듯하지만, 많은 일본인들이 어제 얘기 다르고 오늘 얘기 다른 한국을 피하고 있다. 일례로 한일 양국민의 상대국 방문자 수를 보면 일본인들의 한국 기피 행동을 단적으로 알 수 있다. 2017년 일본 방문 한국인 수는 714만 명에 이르는 데 비해, 한국 방문 일본인 수는 230만 명 정도에 불과하다. 일본 인구(1억 2천 7백만 명)가 한국 인구에 비해 2.5배 많은데 일본인 한국 방문자 수가 한국인 일본 방문자 수보다 3.1배(=714÷230)나 적다. 인구 비례로 보면 일본인 한국 방문자 수가 한국인 일본 방문자 수보다 7.8배(=2.5×3.1)나 적다는 의미다. 이로부터 일본인들의 한국 기피 실상을 여실히 엿볼 수 있다.

신용 가치 차이로 인한 손해막급

마지막으로 신용의 가치를 경시해 나타나는 손해막급이다. 답답할 정도로 신용이 중시되는 일본이다 보니 약속을 어기면 원상 회복이 너무도 어려워진다. 어른들은 싸우는 아이들에게 화해하라 을러대지만, 정작 어른들이 다퉜을 땐 평생 화해 없이 지내곤 한다. 일본은 역사적으로 서로 다툼이 있었을 땐 사정 여하를 불문하고 물의를 빚은 쌍방에게 벌이 돌아가는 조치(료세이바이, 両成敗)가 취해져왔다.

　분란을 꺼리는 역사적 배경도 있어 일본인들은 싸우면 양쪽 모두 배제될지 모른다는 두려움을 감각적으로 터득하고 있다. 실제로 일본인들은 다툼의 소지가 있을지 모르는 행동을 극히 꺼려 한다. 서로 싸우시 않으려고 조심하는 행동 감각이 굳어져 있기에 상대방의 감정을 건드리지 않고 관계를 유지해가는 쪽으로 행동한다.

　경제 거래에서도 기존 입장 고수 경향이 곧잘 나타난다. 새로이 어떤 기업(또는 사람)이 등장해 기존의 거래처가 공급하는 가격보다 싸게 해준다고 해도 덥석 거래처를 바꾸기보다는 기존 거래처와의 관계를 쉽게 저버리지 않는 성향을 띤다. 이는 일본인들과의 거래에서는 신용을 쌓으며 자연스럽게 장기 계약으로 이어지도록 하는 방식이 그들의 정서에 맞을 것임을 말해준다. 이처럼 일본 사회를 이해하는 핵심어의 하나가 '지속성'이다. 한국인들이 일본인들과 장기적인 신용 쌓기를 실행하지 못함으로 인한 손해가 아주 크다고 할 것이다.

속내 감추는 일본인들

한국무역협회 도쿄 지부는 2018년 1~2월 주일駐日 한국 기업을 대상으로 사업 환경에 관한 조사를 하고 있다. 이 조사에서도 "한일 관계 악화로 비즈니스에 악영향을 받는다"고 답한 기업이 73.5%에 이른다. 네 개 기업 중 세 개 기업 정도가 한일 관계 악화가 비즈니스에 악영향을 미친다고 지적한 꼴이다.

한국 내의 인식을 잣대로 일본을 잘못 재단하다가는 낭패를 볼 수 있다. 약속을 어기고 나서, '술 한잔하며 풀면 되겠지' 하는 사고는 안이한 생각이다. 다툰 일본인들에게 술 한잔하자고 해도 좀처럼 응하지 않을 뿐더러, 설사 응한다 해도 속내를 털어놓지 않으려 하는지라 겉핥기식으로 끝나기 쉽다. 한일 관계 개선에 식견을 갖춘 이들의 지혜를 살려 대처하는 방법을 보다 적극적으로 강구해야 할 것이라는 생각이다. 각자의 일본 올바로 알기 노력도 함께해야 함은 물론이다.

이삭줍기: 전례 만들기 전략

일본에서 지내다 보면 한국에서 단체 임원들로부터, "일본 측과 교류하고 싶은데 다리를 놓아줄 수 있겠느냐"는 타진을 받을 때가 있다. 좋은 의도이겠다 싶어 일본 측 담당자를 섭외해 만남의 자리를 마련하면, 아직 교류를 시작하지 않았음에도 불구하고 한국 측에서는 '정기적인 교류'를 하자는 얘기를 꺼내곤 한다. 처음 만나는 자리에서 그런 얘기를 들으면 대개의 일본 측 담당자들은 꽤나 당황한다. 일본에서는 대부분 사안이 전체 회의의 의제로 올려져 결정되기 때문이다. 임원진 또는 회장단이 정하면 그대로 진행되는 한국과는 그 결정 방식이 많이 다르다.

설사 정기적인 교류를 하기로 합의를 봤다 하더라도, 대개는 먼저 제의한 한국 측 사정으로 인해 그 교류를 제대로 이어가지 못하는 사태가 적잖이 발생하곤 한다. 한국에서는 단체 장의 성향에 따라 기존 결정이 종종 번복되기 때문이다. 한국 측의 그러한 대응이 일본 측에는 비일관성으로 비쳐지게 된다. 일본과 정기적인 교류를 이루고자 한다면 구체적인 케이스를 축적해가는 전략이 주효할 수 있다. '전례 만들기 전략'이라고 이름 붙일 수 있겠다.

구체적인 전례가 쌓여가다 보면 정기적이란 말을 굳이 꺼내지 않아도 자연스럽게 정기적인 교류로 발전하게 된다. 일례를 들어보자. 필자도 관여해 한국과 일본 재정학자들 간에는 학술교류 발표회를 몇 년간 해왔었다. 그것이 말선해 현재는 한국재정학회와 일본재정학회가 개최될 때마다 '한일 교류 분과 발표회'가 정기적으로 이뤄지고 있다. 구체적인 사례의 축적이 정기적인 교류로 이어진 좋은 예라고 할 것이다.

현대차가
일본에서 안 보이는 이유

현대차 판매는 일본에서 0.02%

세계 시장에서 약진이 눈부신 현대차가 유독 일본 시장에서만 맥을 못

추고 있다. 왜일까? 현대차는 2001년 4천 대 판매를 목표로 일본 시장에 진출했으나 천 백 대 정도를 팔았었다. 야심차게 진출한 일본 시장이었지만 실적이 저조해 얼마 버티지 못하고 철수했다. 일본에 수입된 현대차는 예컨대 2012년도 104대, 2017년도 75대의 판매에 그치고 있다('일본 자동차수입 조합'의 자료에 따른 수치). 일본의 수입 승용차 등록대 수 35만 1,364대(2017년도. 이하 같음) 중 현대차는 고작 0.02%(만 대 중 두 대)에 지나지 않으니, 일본에서 현대차가 안 보인다 해도 과언이 아니다.

일본 시장의 폐쇄성인가?

현대차가 일본에 보이지 않는 이유로 일본 시장의 폐쇄성을 지적하는 목소리도 있다. 하지만 일본에는 독일차를 비롯한 외국 자동차도 많이 달리고 있다. 예를 들어 벤츠(6만 8,437대), BMW(5만 1,299대) 폭스바겐(4만 8,152대) 등 독일차가 선방하고 있으니 일본 시장을 폐쇄적이라 단정하는 데는 무리가 있다. 일본 시장의 폐쇄성 이외에 때로는 전통이나 국격의 차이가 곧잘 제기된다. 현대차는 벤츠, BMW, 폭스바겐보다 전통이 짧고, 한국은 독일보다 국격이 낮으니 현대차에 대한 일본인의 평가가 높지 않다는 시각이다. 일리가 있다.

그렇다면 신주쿠에서 한국 음식, 과자류, K팝(K-POP) 음악 등이 인기가 있고 일본 지상파 방송이나 케이블 TV에서 한국 드라마가 많이 방영되는 것은 왜인가? 이를 단순히 한류 붐이었다 하면 어째서 현대차는 한류 붐의 물결을 타지 못했는가? 일본 시장에 현대차가 보이지 않는 이유에는 무엇인가 다른 이유가 있지 않을까? 아모레퍼시픽 재팬의 이석우 전 사장은 '화장품과 문화력'에 관해 말하면서 한국 소비재를 볼 때 일본 고객의 상품 선택에서 가격대별로 저항선이 있다고 한다. 현대차가 일본에 보이지 않는 다른 이유로 들 수 있는 요인이 바로 한국 제품의 가격대별로 나타나는 일본 고객의 저항선이다.

가격대별 저항선을 넘지 못한 현대차

가격대별 상품 선호도 차이를 보면 일본 시장에서 차지하는 한국 상품의 위상을 알 수 있다. 모든 가격대의 한국 상품이 일본에서 잘 받아들여지고 있지는 않다. 한국 음식이나 과자, 드라마 시청료, K팝, 한류스타 사진이나 책자, BB크림과 같은 한국 화장품 등이 인기 상품이다. 이들 상품의 가격은 대개 몇 백 엔(몇 천 원)대이거나 몇 천 엔(몇 만 원)대다. 주머니 사정에 그리 구애받지 않고 부담 없이 먹고 즐길 수 있는 상품이 주류다. 즉 백 엔대에서 천 엔대가 일본 내 한국 소비재 상품의 위상이다.

사장이든 평사원이든 지갑 안에 1엔짜리 동전도 꼭꼭 챙기는 일본인들이다. 자동차 가격은 중고차라면 몇 십만 엔(몇 백만 원), 신차라면 몇 백만 엔(몇 천만 원)이 시세다. 일본 시장에 아직 만 엔(십만 원)대 한국 상품도 드문 판국에 십만 엔대 백만 엔대의 현대차를 내놓는다 해도 선뜻 사겠다고 지갑을 열기 어렵다. 더욱이 현대차가 도요타차에 비해 품질이나 안심·안전 면에서 우위에 있지도 않으니 프리미엄 제품이라 할 수도 없다. 보통의 소비자라면 십만 엔대나 백만 엔대의 상품을 구입하기까지는 꽤 신중을 기한다. 프리미엄 제품이 아닌 현대차 구입에 일본 고객이 몇 십만 엔, 몇 백만 엔의 금액을 지불하는 데는 저항감을 느낀다. 그 저항선을 넘지 못한 것이 일본에 현대차가 안 보이는 이유다.

지금은 만 엔대 한국 제품 도전 중

LG전자의 LG TV나 삼성전자의 갤럭시 스마트폰이 양판점이나 통신 사업자에 공급되어 만 엔대 제품으로 판매되고 있다. 즉 지금은 만 엔(십만 원)대 제품이 도전 중이다. 일본 시장에서 만 엔대의 한국 제품이 받아들여진 후라야 십만 엔대 백만 엔대인 현대차 구입에 관심을 보이게 될 것이다. 현대차로서는 절차탁마하면서 당분간 세계 시장에서 내공을 다져가고 일본 시장 진출 실패를 와신상담의 기회로 삼는 것이 나을 듯싶다. 현대차의 품질이 도요타차를 넘어서 안전하고 안심을 주는 차로 각인될 때 일본 시장에서도 새로이 자리매김될 것이다.

이삭줍기: **일본 소비자의 한국 제품 및 기업 호감도**

앞의 현대차 얘기는 《호리병 속의 일본》을 많이 참조하고 있다. 이 책에서는 주일 한국대사관과 주일한국기업연합회가 홍보기획사 덴츠電通에 의뢰해 일본 시장에서의 한국 제품 이미지 조사 내용도 소개하고 있다. 이 조사에 따르면 한국 제품 이용 경험이 있는 일본 소비자가 한국 기업에 대한 이미지도 좋게 여기는 경향을 보인다. 역으로 한국 기업에 대한 호의도가 높으면 한국 제품을 사용하고 싶다는 의향도 높아지는 경향을 보인다. 하지만 한국 기업에 호의를 갖는 소비자는 아직 절반에 미치지 못한다(47.2%). 한류 붐이 있을 때 호감도가 이 정도였고 그 후는 더욱 내려갔다.

한일 관계의 악화는 한국 제품을 접할 기회를 줄이게 해 한국 기업에 대한 호감도도 떨어뜨리고 매출 증대의 방해 요인으로 작용한다. 달리 말하면 일본 소비자로 하여금 한국 제품을 경험해보도록 하거나 한국 기업의 이미지가 좋아지도록 하는 것이 매출 증대로 이어짐을 의미한다. 실제로 한일 간 '기업 대 기업B2B' 거래 일선에서 활동하고 있는 일본인들 중에는, '임팩트가 있고 기술력이 탄탄해 가격에 비해 품질이 높은 제품'이라고 한국 제품을 높이 평가하는 이들도 많이 있다.

갤럭시가 일본에서 뜨지 않는 이유

일본에서 푸대접 받는 한국 제품

일본 시장에서는 한국 제품이 억울할 정도로 참패를 당하고 푸대접을 받기도 한다. 참패를 당하는 이유가 어떤 회사의 제품 서비스의 질이나 가격 대비 성능 등에 있다면 "너네 잘못"이라며 한마디 쏘아붙이면 되니 굳이 뭐라 하며 화젯거리로 삼을 필요도 없다. 한국과 일본 간의 정치·

역사·문화 등 경제 외적 요인이 한국 제품을 맥 못 추게 한다는 데 문제의 심각성이 있다. 하기야 한국도 '반일 감정'이란 일본 알레르기가 있으니 사돈 남 말하기엔 한편으로 떨떠름한 구석이 있다. 그런 구석이 있더라도 스마트폰 갤럭시를 예로 들어, 세계 시장에서 호평을 받는 갤럭시가 왜 일본 시장에서 제대로 평가를 받지 못하는지 짚어볼까 한다.

세계 시장과 일본 시장의 갭

세계 시장에서 삼성전자의 갤럭시는 판매 1등을 기록하며 2등의 애플 아이폰을 크게 따돌리고 있다. 그런 삼성이 일본 시장에선 초라하다. 아이폰이 일본 시장 점유율 수위首位로 갤럭시보다 훨씬 많이 팔리고 있다. 중국 화웨이의 샤오미와 같은 스마트폰이 갤럭시보다 낮은 가격으로 삼성이나 애플을 위협하면서 부상하고 있는데 비해 일본 스마트폰의 세계 시장에서의 경쟁력은 거의 사라졌다.

일본 시장에서는 갤럭시가 아이폰은 물론 샤프, 소니, 교세라 등 일본 제품과의 경쟁에서도 시장 점유율이 뒤져 있어 빛을 보지 못하고 있다. 일본 시장에서 애플 다음으로 점유율을 차지하는 일본제 스마트폰은 이제 다른 나라에서는 찾아보기도 어려울 지경이 되었다. 발 빠른 디지털 시대에 NEC(일본전기)나 도시바를 비롯한 일본의 전기기업은 종적 폐쇄성으로 소비자 시장에 접근하려 한 근본적인 한계를 지니고 있었기 때문이다. 소비자를 상대로 한 B2C(기업 대 소비자) 시장에서 일본 전자 기업의 제품은 점차 자취를 감춰가고 있다. 격세지감이 느껴진다. 대량 생산으로 비용 절감을 가져오는 B2C 제품에서 일본 기업의 경쟁력이 약화되고 있다고는 하나, 기업을 상대로 한 B2B 분야에서는 일본 기업이 여전히 힘을 발휘하고 있다.

한국의 국가 품격

어느 한 기업의 품격이 그 나라의 품격을 넘어서기는 참으로 어려운 일이다. 2012년 이후 일본에서 국수주의 우익들의 활동이 활발해지면서 한국의 국가 품격이 폄하되는 역풍이 강하게 일었다. 일본에서 한국이라는 국가 이미지는 프리미엄이 붙어 있기는커녕 마이너스에 가깝나. 한일 관계가 날이 선 이미지로 비쳐왔던 까닭에 갤럭시를 비롯한 한국 상품 팔기가 무척 어려워졌다. 삼성이 일류 상품을 내놓아도 일본인들이 열광하며 달려들 분위기가 아닌 것이다. 이명박·박근혜 정부는 물론 문재인 정부에 들어서도 일본 시장에서의 한국 제품 이미지는 그리 나아지지 않았다.

삼성의 이미지가 오히려 국가 체면을 살려주기도 한다. 일본인들이 갤럭시에 열광하지 않고 한국을 한 수 낮게 보면서도 세계에서 활약하는 삼성은 '대단하다'고 여기기 때문이다. 그렇더라도 삼성과 한국은 바로 연상되는 이미지이기에 일본 시장에서는 삼성 갤럭시가 아닌 삼성이란 회사명을 뗀 그냥 '갤럭시'라는 상품brand명으로 승부하고 있다. 그런 삼성을 나무랄 것이 아니라 한국 정부가 국가 품격을 높여야 함을 시사하는 대목이다.

정치가의 경거망동이나 정치적 대립은 경제 손실

앞서 언급했듯이 '일본 몰이해'에 따른 정치가의 경거망동은 때론 걷잡을 수 없는 경제 손실로 이어진다. 2012년 8월 이명박 전 대통령의 독도 방문과 일본 천황의 사죄 필요성 언급 발언은 잘나가던 한류붐에 찬물을 끼얹었다. 자신의 지지율 만회를 위한 의도가 있었겠지만, 한국인을 보는 일본인들의 시선은 냉랭해졌고 일본에서 사업하는 사람들은 사업의 낭패를 맛봐야 했다. 삼성 갤럭시가 일본 시장에서 뜨지 못하는 이유는 경제 외적 요인으로 인한 영향이 크다.

한국과 일본 간에는 '가격 대비 성능'이란 가성비 영역을 넘어선 갈등요인이 가로놓여 있다. 기업 홀로 발버둥치기에는 너무도 벅차다. 미국보다 한국의 국가 품격이 뒤지고, 일본인들이 아이폰의 첫 시류를 타고 일단 애플 팬이 된 다음인지라 갤럭시의 성능이 다른 스마트폰에 비해 앞서 있다 하더라도 금방 큰 감흥을 보이지 않는다. 일본인들이 아이폰을 갤럭시로 쉽게 바꾸지 않을 것이란 의미다. 삼성으로서는 속이 타겠지만 일본 내에선 장기전에 대비해야 한다.

남 좋은 일 시키는 한일 대립

가전 제품이나 개인용 컴퓨터 등 대량 생산이 가능한 전기 제품의 경우 일본 기업의 세계 시장 점유율은 계속 줄어들고 있다. 그렇더라도 자동차나 고부가가치 기계 산업에서는 한국과 미국과 중국이 일본 기업의 정교함을 당할 수 없다. 삼성이나 애플이 시장 수요를 늘려가든 중국 화웨이의 샤오미가 선방하든 고급 부품이나 고부가가치 기계 장비는 앞으로도 일본이 강점을 발휘할 것이다. 기름 묻히는 아날로그 기계 산업을 조역이라 여길지 모르지만 그건 어디까지나 한국인의 감각이다. 디자인 잘하기로 유명한 애플의 까다로운 요구에 답해줄 수 있는 곳도 일본 기업이다.

아이폰 핵심 부품의 상당 부분이 일제이기에 아이폰이 잘나가면 일본 기업에도 유리할 수 있다. 한국이 일본과 대립해 각을 세울수록 일본 소비자는 애플이나 일본 기업 또는 중국 기업 스마트폰 쪽으로 더 기울어질 것이다.

앞서 일본 시장에서의 현대차 위상에 대해 살펴볼 때 언급했듯이 일본 시장에서는 만 엔대 한국 제품의 도전이 이뤄지고 있다. 한일 대립 상황에서는 도전 제품이 큰 영향을 받게 된다. 도전 제품의 대표 주자가 갤럭시 스마트폰이다. 갤럭시를 비롯한 한국 상품의 일본 시장 진출 확대는 한국이라는 국가 위상도 높여준다. 한일 국가 대립을 피하면 일본에서 갤럭시 팬은 늘어날 것이다.

태극 음양의 포용과 조화

일본인들은 한 가지 일을 하면서 세상 일에 도움이 되는 역할을 하게 되면 뿌듯함을 느낀다. 조직 안에서 한 우물 파는 외골수 지향의 일본인들인지라 그 외골수마저 부정당하면 전체를 부정당한다고 여긴다. 2005년

스탠퍼드대학교 졸업식 연설에서 애플의 스티브 잡스는, "허기진 바보처럼 눌러앉아 일하기(Stay hungry. Stay foolish)"로 연설의 마지막을 장식했다. 이 마지막 구호를 빗대어 말하면 일본인들은 '바보처럼 눌러앉아 함께 일하기(Stay foolish. Stay together)'로 살아가는 듯하다.

한국이 고급 기계장비 기술에서 일본에 당할 수 없다면, '좋은 기계 만들어 달라'며 잘 띄워주고 '함께해보자'며 그들을 활용하는 전략이 현명할 것이다. 일본인을 포용해 '디지털 한국, 아날로그 일본'이란 한일 분업과 융합을 유도해야 할 텐데, 한일 관계가 정치, 외교, 역사 등 경제 외적 요인으로 소원해져 있어 손해가 막중하다.

국가대표 축구 유니폼이나 응원 복장이 한국은 붉은 색, 일본은 푸른 색이었다. 태극 음양을 닮은 붉은 색과 푸른 색의 포용과 조화가 요구되고 있다.

이삭줍기: 잘하는 것은 잘한다고 인정해주자

한국에서는 일본을 비난하면 당연하게 여기고 칭찬하면 비난받는다. 일본이 전쟁을 일으키고 주변국에 피해를 준 행태는 비난받아 마땅하다. 그런 비난이 일본인들이 섬세한 감각으로 좋은 기계를 만드는 것과는 구분되어 마땅하다. 싸잡아 비난해 심리적인 만족감은 얻을 수 있을지 모르나, 경제적인 실익을 추구하는 데는 장애 요인으로 작용한다.

한국 기업이 만들기 어려운 좋은 기계장비를 공급해주는 일본 기업에 고마움을 느껴도 좋지 않을까? 잘하는 것은 잘한다고 인정하고 감싸안으며 한국으로서는 내

실을 다져야 할 때가 아닌가 싶다. 이제 한국이 일본을 향해 "당신(일본 기업)이 만드는

기계 덕분에 우리도 좋은 제품을 만듭니다"라는 아량을 가질 수는 없는 것일까?

4부

Global

철저히 다른 글로벌 시각

11장
국가경쟁력 차이와 일본 대하기

일본 국력이 한국보다 강한 이유

감정과 국익의 구분

한국인이 일본을 떠올릴 때는 식민지 지배에 대한 악감정, 전범 국가이면서 진정어린 사죄도 않는다는 거만함이 자리한다. 때문에 한국에서 일본을 좋게 얘기하면 욕을 듣기 십상이다. 주의해야 할 것은 개인 감정과 국익의 구분이다. 감정적으로 일본이나 일본인을 대한다 하여 국력이 강해지지는 않는다. 내치는 감정이 자칫 국력을 소모시켜 일본한테 또 당하지 않을까 걱정되기도 한다. 문재인 정부 들어 남북한 관계가 해빙 분위기로 크게 변했지만 일본은 일본 나름대로 국가 입지를 다져가는 인상이다. '경제 외교, 군사 기술 연구, 정경政經 협력'을 들어 일본 국력이 한국보다 강한 이유를 짚어보자.

경제 외교

살아가는 데는 때를 놓치지 않고 적시에 반응하는 것이 결정적으로 중요할 때가 많다. 도쿄에서 일본인들을 많이 고용한 어느 한국계 회사 사무실에 걸려 있던 인상적인 문구도 '만사는 때를 놓치지 않아야 한다(Everything is timing)'였다. 정권이 막 바뀌었을 때는 정치적 영향력이 가장 강할 때다. 2016년 말 트럼프 대통령 당선인 시절을 예로 들어보자. 세계적으로 또 미국 내에서조차 보편적 양식의 결여로 비판을 받은 트럼프였지만, 미국을 추종해온 일본인지라 미국과 대립각을 세우지는 않았다. 일본 경제인들도 발빠르게 움직였다.

도요타자동차의 도요타 아키오豊田章男 사장은 2017년 1월 디트로이트 모터쇼(신형차 발표회장)에서 미국 사업에 향후 5년간 100억 달러를 투자하겠다고 선언하며 사업적 입지를 다지려 분투했다. 손정의 소프트뱅크 사장도 2016년 12월 대통령 당선자 시절의 트럼프를 만나 미국 내 투자 총액 500억 달러, 고용 창출 5만 명을 약속하며 배포 큰 경제 외교를 펼쳤다. 일본 경제인들이 국익과 먹거리를 위해 분투했을 때, 안타깝게도 당시 한국은 최순실 국정농단 사태로 국정이 마비되어 있었다. 국정

마비로 인해 경제인들도 세계를 누비며 경제 외교를 펼치기에는 제약이 많았다. 국민의 저력으로 '박근혜 탄핵'을 이뤄냈지만 국부國富 낭비의 후유증은 컸다.

군사 기술 연구

2000년대 중반 이후 군사 면에서도 일본의 분위기가 달라졌다. 일본에서는 2007년 방위청이 방위성으로 격상되어 그 위상도 높아졌고 방위 예산도 크게 늘어났다. 늘어난 예산으로 방위성은 2015년부터 '안전보장 기술 연구추진제도'를 마련해 연구 과제를 공모했다. 연구비 확대를 원하는 대학이나 연구기관이 방위성의 공모에 상응했고 '군사 연구' 논의를 불러일으키면서 꺼림칙한 낌새를 내비쳤다. 국가 기밀과 직결되는 군사 기술 연구는 일단 시작되면 발을 빼기 어렵다는 속성을 띤다. 일본이 군사 강국으로 나아가겠다는 속셈이 잘 묻어난다. 자체 군사력이 강해지면 한반도에 대한 일본의 발언력도 커질 것이다.

일본에서 과학자들의 대표 기관인 일본학술회의는 그동안 '군사 목적의 과학 연구는 하지 않는다'는 결의를 표명해왔고, 이것이 대학이나 연구기관의 운영 방침처럼 되어 있었다. 그러다가 '안전보장기술 연구추진제도'를 마련한 다음 학계의 흐름도 변했다. 오니시 타카시大西隆 일본학술회의 회장은 '전쟁을 피하는 군사연구'라는 명분을 내세우며 분위기 조성에 나섰다(《아사히신문》, 2017년 1월 12일자). 실제로 '수중 선체의 마찰 저항 저감低減 기술 연구', '화학물 흡착 섬유 사용의 방독 마스크용 필터

연구' 등 군사 기술로 곧바로 연결되는 과제가 채택되었다. 그동안 문부과학성 관료의 영향이 강하던 일본 학술기관이 이제는 방위성에도 협력하게 될 우려가 커졌다는 뜻이다.

정경 협력

일본 정부는 '경제가 좋아져야 정치도 안정된다'는 입장이며 경제계도 경제 우선을 제언해왔다. 향후도 "정경이 협력해 국력을 키워가자"며 화답할 것으로 보인다. 일본 경제계를 아우르는 일본경제단체연합회(게이단렌, 經團連)의 사카키바라 사다유키榊原定征 전 회장(2014년 6월~2018년 5월)은 "일본호라는 배를 두고 선장과 기관장이 싸우거나 비판할 겨를이 없다. 일치단결해 난제를 풀어가며 목적지까지 배가 도착하도록 해야 한다"면서 올 재팬all Japan의 일치단결을 호소했다(《아사히 신문》, 2016년 10월 7일 인터뷰). 당시 최순실 게이트에 휩싸여 오리무중이었던 한국의 전경련(전국경제인연합회)과는 딴판이었다.

일본의 정경 '협력'을 한국에서 잘 쓰는 정경 '유착'이라는 식으로 파악한다면 잘못된 해석이다. '국력 증강'이라는 구호 앞에선, 정치가도 경제인도 토를 달지 않고 협조하는 곳이 일본이다. 사카키바라 전 회장의 뒤를 이어 2018년 5월부터 게이단렌 회장이 된 사람은 히타치제작소의 나카니시 히로아키中西宏明다. 그는 경제계의 목소리를 대변하겠다고 하면서도 정부와의 협조도 강조한다. 게이단렌 회장으로서 중시되는 요건 중 하나가 정부와의 협력이다. '일본 다시 세우기'를 구호로 내세우는 정경 협력은 한국에 있어온 기업과 권력자와의 밀접한 연결 관계인 정경 유착과는 사뭇 다르다.

제 풀에 넘어지지 않아야

한국에서는 개개인의 목소리가 크고, 서로 급하게 나아가려 한다. 그러다 보니 차곡차곡 일을 다져가기 어려우며 상대방의 유혹에 빠져 곧잘 이용당하기도 한다. 일본이 한국을 식민통치하는 데 이용해 그들 나름의 효과를 봤던 방법도 한국인을 앞세운 '분열 작전'이었다. 2012년부터 한류 붐이 가고 한국을 혐오하는 내용의 혐한론 관련 책들이 일본에서 유행하기도 했다. 혐한론 서적 출판에서는 한국인 이름의 저작자를 내세워 한국 비하를 내세우려는 동기가 불순한 일본인 세력도 있었다. 물론 그런 세력에 편승한 한국인들이 있었기에 가능한 일이었다. 한국이 일본을 좋은 쪽으로 이용하지 못하고 거꾸로 일본에 나쁜 쪽으로 이용당하는 꼴이었다.

일본은 한국을 식민통치한 경험이 있지만 한국이 타국을 식민통치한 적은 없다. 일본은 한국 다루기에 관한 노하우가 있다는 뜻이기도 하다. 이에 비하면 한국은 일본 대하기(다루기) 전략이 많이 부족한 편이다. 프로 근성으로 준비한 끈질긴 대일 전략이 요구되는데 어설픈 아마추어의 목소리가 너무 큰 것은 아닌지 모르겠다. 무엇보다도 의사 결정에 영향을 미치는 지도자적 위치에 있는 한국인이 일본을 향해 격하게 나섰다가 금방 사그라드는 언행은 한일 관계 개선에는 나쁜 독소로 작용한다.

선무당이 사람 잡는 격이다. '대한민국이 제 풀에 넘어져서는 안 되는데…' 하는 염려가 다가오기도 한다. 제대로 된 사고방식으로 일본 대하기 전략을 익혀가는 것이 급선무가 아닌가 싶다.

윤동주의 〈서시〉

윤동주 시인의 〈서시〉 말미에, "그리고 나한테 주어진 길을 / 걸어가야겠다"는 구절이 있다. 공교롭게도 이 구절을 잘 지키는 사람들은 일본인들이다. 이들은 '전체를 휘어잡겠다'는 발상보다는, 주어진 일을 열심히 해나가는 데 삶의 중점을 둔다. 특히 '모두 함께' 하는 일에는 반항하시 못하는 쪽으로 길들여져 있다. 일본인들에 대한 심리 묘사로 '빨간 신호등이라도 모두 함께 건너가면 두렵지 않다(赤信号もみんなで渡れば怖くない)'는 말이 회자된다. 불법이라도 모두 함께 저지를 때는 그에 따른다는 말이니 곰곰이 생각해보면 섬뜩한 말이다. 한국인들한테는 '내가 길을 만들어 가겠다'는 용기도 있겠지만 그것이 때로는 도리어 불협화음을 낳고 국력 증진에는 걸림돌이 되기도 한다.

이삭줍기: **일본에서 이어진 한국의 도공**

한국과 일본 간에 기술을 대하는 태도 차이로 들 수 있는 것은, 일본이 한국에 비해 현장 기술을 더욱 중시한다는 점이다. 임진왜란 때 잡혀간 도공 심수관沈壽官 옹이 일본 서부의 규슈 지역 남단에 위치한 가고시마에서 15대째 전통을 이어가고 있다. 한국에서는 도공의 명맥이 끊어졌는데 일본에서는 어째서 이어질 수 있었을까? 이는 한일 간 사회 시스템의 긴 역사적 차이에서 기인한다고 볼 수 있을 것이다.

일본에서는 12세기 이후 각 지역의 무사가 할거하며 통치하는 봉건제도가 19세기 중반 메이지유신 이전까지 이어지면서 자신의 지역에 부를 가져오는 기술자를 중시해왔다. 조선에서 하층 계급에 머물러 있던 도공은 당시 일본에서는 첨단기술자로서 비교적 후한 대우를 받았다. 이러한 역사적인 배경도 있어 많은 조선 도공 기술자들이 일본으로 이주하기도 했을 것으로 생각된다. 일본의 도자기 만드는 기술은 유럽의 자기磁器 발전에도 많은 영향을 미쳤다. 이에 머물지 않고 서양 미술에서 19세기 중반 이후부터 20세기 초까지 일본적인 취향과 일본 선호 현상을 성행하게 하는 자포니즘Japonism을 심어주는 힘이 되기도 했다. 조선 도공이 유럽에서 일어난 자포니즘까지 연결되는 우여곡절의 역사다.

한일 재계 대표의 위상 차이

위화감이 느껴진 한 장의 사진

문재인 대통령과 북한의 김정은 위원장의 역사적인 남북한 정상회담이 2018년 4월 27일 판문점에서 열렸다. 이를 계기로 다음 달인 5월 9일 한·중·일 정상회의가 일본 도쿄에서 있었다. 이 정상회의에서는 '4·27 판문점 선언' 지지와 함께 자유무역협정(FTA) 재추진 등 경제협력 방안이 논의되었다. 다음 날인 10일자로 세 나라의 정경 대표자 사진이 〈한국경제신문〉에 크게 실렸는데 위화감이 느껴졌다. 일본의 재계 대표 참석자는 게이단렌 회장이었지만, 한국은 대한상공회의소 회장이었기 때문이다.

대한상공회의소는 법정 경제단체이지만, 전경련이나 게이단렌은 민간 경제인들의 자발적인 의지로 만들어진 사단법인이다. 관례대로라면 한국의 재계 대표 출석자는 전경련 회장이 마땅했을 것이다. 다음에서는 한국 전경련과 일본 게이단렌을 주요 비교 대상으로 삼아 한일 재계 대표의 위상 차이를 살펴보기로 한다.

전경련의 위상 실추

한국에는 전국경제인연합회, 대한상공회의소, 한국무역협회, 중소기업중앙회, 한국경영자총협회 등의 경제단체가 있다. 한국무역협회와 같은 경제단체가 일본에는 없지만, 그 외 단체는 유사한 형태로 일본에도 설립되어 있다. 보다 정확하게 말하면 한국이 일본의 경제단체를 참고해 만든 경우가 많다고 할 것이다. 2016년 이전까지 재계에서 가장 큰 영향력을 갖는 단체는 전경련이었다. 그러다가 전경련이 2016년 하반기 미르·K스포츠 재단 사태에 연루된 이후 재계를 대표해 민간 경제 외교를 하기에는 그 위상이 크게 실추되었다. 전경련이 이 사태에 연루된 이후 삼성 등 4대 그룹이 회원사에서 탈퇴하면서 존립 위기에까지 몰리기도 했다.

2015년 10월 설립된 미르 재단은 명목상으로는 전통문화 원형 발굴, 문화예술 인재 육성, 문화브랜드 확립 등을 재단의 목적으로 내세웠었다. 하지만 미르 재단의 배후에 박근혜의 측근인 최순실이 있다고 알려지면서 기금 유용 목적으로 설립했다는 의혹이 일었고 실제로 그런 정황이 포착되었다. K스포츠 재단은 체육을 매개로 건강한 사회 구현을 목적으로 내걸었으나, 이 재단도 미르 재단과 더불어 대기업들로부터 기금을 강제로 모금했다는 것이 밝혀졌다. '미르·K스포츠 재단 연루'라 함은 이들 두 재단으로의 기금 모금에 전경련이 주도적으로 개입했다는 의혹이었다.

한국의 특이성과 위상 실추 만회 노력

전경련의 위상 실추를 두고 재계만을 탓하기는 어려운 한국의 특이성도 자리한다. 막강한 힘을 갖는 대통령이 기업 오너를 불러 어느 특정인이나 특정 단체에 대한 지원을 부탁한다고 하자. 그런 부탁이 내키지 않더라도 대통령이 요구해오면 기업 오너의 입장은 난감하게 된다. 거절하자니 권력의 힘이 기업 전체의 불이익으로 번질까 두렵고, 도와주자니 특정인이나 특정 단체로의 특혜 시비로 이어지기 때문이다. 전경련이 미르·K스포츠 재단 사태에 연루되었을 때 당시의 전경련 상근 부회장은, 처음에는 "기업들이 자발적으로 돈을 냈다"고 했다가, 나중에는 "청와대의 요청을 거절하기 어려웠다"고 토로했다. 이러한 심경의 변화도 기업을 대표하는 전경련의 난감한 입장을 보여주고 있다.

실추된 위상을 만회하고자 전경련은 2017년 3월 허창수 회장을 위원장으로 하는 혁신위원회를 구성해, 정경 유착 근절, 투명성 강화, 싱크탱크 기능 강화를 골자로 하는 혁신안을 발표했다. 이를 바꾸어 말하면 한국의 재계가 정경 유착이 심했고, 투명성이 약했으며, 싱크탱크의 기능이 원활히 작동되지 못했음을 방증한다. 유감스럽게도 국민이 전경련을 바라보는 시선은 아직도 따가운 실정이다.

애매해진 한국의 재계 대표 vs. 게이단렌의 위상

전경련은 일본의 게이단렌을 참고해 삼성 고 이병철 회장의 주도 아래 1961년 설립되었다(당시는 한국경제인협회). 그 후 현대, LG, SK, 효성 등 내로라하는 기업 총수들이 회장을 맡아 재계 대표의 위상을 굳혀갔다. '2017년 전경련 사업보고서'에서는 "1961년부터 최고 의사결정기구 역할을 해왔던 회장단 회의는 폐지되고 이사회가 최고 의사결정기구로서 역할을 하게 되었다"고 하고 있다. 그렇더라도 삼성, LG, SK, 현대차의 4대 그룹이 탈퇴한 전경련이 재계를 대표하기에는 역부족이다. 이제는 누가 명실상부한 한국 재계의 대표인지 말하기조차 어려워졌다.

어떤 단체가 발족했을 때 일본은 그 단체를 장기간 유지해가는 경향이 강한 편이다. 게이단렌은 전경련보다 15년 앞선 1946년 설립되었으나 지금도 여전히 일본 재계를 대표하는 조직이다. 그런 게이단렌 회장의 요건으로 내세우는 것 중 하나가 '정경 협력'인데, 이는 앞에서 언급했듯이 한국에서 회자되어온 '정경 유착'과는 크게 다르다. '일본'이라는 나라를 앞세우고 정부와 경제계가 협조하겠다는 식이다.

본업은 국민 경제 발전

게이단렌은 '국민 생활의 향상에 기여할 것'을 그 목적으로 하고 있다(정관 제3조). 전경련도 '국민 경제의 발전을 위한 올바른 경제 정책 구현 촉진'을 그 비전으로 제시하나(정관 제1조), 기업 지배 구조나 노사 문제에 대한 현 정부의 개입이 강한 편인지라 정책 당국자와 재계와의 엇박자가 감지된다.

같은 취지의 국민 생활 향상 또는 국민 경제 발전을 목표로 하는 전경련과 게이단렌의 비교로부터도, 일본에 비해 한국이 지속성이 약하다는 점과 분열이 잘 일어난다는 점을 볼 수 있다. 정부와 재계의 불협화음이 계속되면 국민 경제의 발전도 기대하기 어렵다. 한국의 재계 대표가 국민의 합의 속에 정해져 국민과 재계를 위한 경제 외교가 잘 이뤄졌으면 하는 바람이다.

이삭줍기: **전경련 역사의 아이러니**

고 이병철 삼성 회장의 자서전인 《호암자전》에는 1938년 '삼성상회'의 설립, 즉 삼성의 출발부터 이후의 사업 전개에 대한 마음가짐이 잘 나타나 있다. 거기에는 단지 개인의 이득을 위해 사업을 전개하는 것이 아니라 '사업을 하여 국가 발전에 공헌(보답)한다'는 '사업보국事業報國'의 경영 철학이 담겨 있다. 한국에서 삼성이 본격적으로 사업 전개를 한 시기는 박정희 대통령 시절이었다. 이병철 전 회장이 한국경제인협회(전국경제인연합회의 전신)의 초대 회장이 되어 활동하고 삼성의 사업을 키워간 시기와 박정희의 경제발전 추진 정책과는 그 방향성이 일치했다고 할 것이다.

박정희의 딸인 박근혜 전 대통령 때의 정책 마인드는 아버지(박정희) 정권 때와는 크게 달랐다. 박근혜 정부 때 삼성이 특정인 또는 특정 단체에 특혜성 지원을 했다는 의혹도 불거져나왔다. 박근혜 전 대통령이 정권을 잡고 있었을 때, 이병철 전 회장의 손자인 이재용 삼성 부회장은 특혜 지원 의혹에 연루되었다. 결국 이재용은 2016년 12월 국회 청문회 자리에서 "전경련을 탈퇴하겠다"고 발언했고 탈퇴했다. 아버지(박정희) 정권 때 힘이 실리던 전경련은, 딸(박근혜) 정권 때 힘이 빠지는 허탈감을 맛본 격이다. 손자(이재용)의 '전경련 탈퇴' 발언은 전경련 역사의 아이러니로 기록될 듯하다. 할아버지(이병철)가 주도해 설립한 전경련을 손자가 탈퇴하면서 전경련도 심각한 타격을 받았기 때문이다.

한국이 일본을 상대하기 버거운 이유

일본에 버금가는 소득 수준

고대 삼국 시대 한반도를 통해 일본으로 문물이 전해졌다는 심정적 우월감에 젖어서인지, 최근 한국의 소득 수준이 일본에 버금갈 정도로 높아졌기 때문인지 한국은 애써 일본을 대수롭게 여기지 않는 듯하다. 소득 수준이 높아졌고 2018년 4월 남북정상회담 개최 등으로 한국의 외교 위상도 높아졌다고는 해도 국제 무대에서 한국의 국가 위상은 일본에 비해 많이 떨어진다. 일본은 주요 선진국 정상들이 모여 세계 정세를 논의하는 G7(미국, 영국, 독일, 프랑스, 이탈리아, 캐나다, 일본) 회의에 1976년부터 참가해온 나라다.

한국이 일본을 상대하기 버거운 까닭을 어설픈 지식, 상생과 분열, 비일관성을 들어 진단해보자.

어설픈 지식

우선, 깊이 공부하지 않음으로 인한 어설픈 지식을 들 수 있다. 한국인은 여기저기 관심을 보이는 경향이 강하고 일본인에 비하면 다방면을 섭렵하는 사람이 많다. 2장에서 봤듯이 단기간의 개인전으로 일본인과 한판 붙는다면 대개는 한국인이 판정승을 거둔다. 여기저기 관심을 갖는 한국인은 한 우물 파기 성향의 일본인보다는 많이 아는 것으로 비치기 때문이다. 쉬운 표현으로 '즉석에서의 한판 승부'라는 개인전으로 하면 한국인이 일본인을 압도한다.

단기전에서는 한국인이 일본인에게 판정승을 거두겠지만, 장기전과 집단전에서는 일본인을 당하기 어렵다. 한국인은 뉴스도 많이 보고 카톡(일본에선 주로 '라인LINE'을 사용) 화면도 자주 두드리지만 깊이 파는 습성은 일본인이 훨씬 더 몸에 배어 있다. 한국인이 일본인과 특정 분야에서 장기전으로 맞붙는다면 일본인을 당하기 어렵다.

일본에는 '돌 위에서도 3년(石の上でも三年)'이라는 속담이 있다. '차가운 돌 위라 하더라도 3년이란 긴 세월 동안 계속 앉아 있으면 돌도 따뜻해진다'는 말이다. '끈기 있게 참고 노력하면 반드시 성공한다'는 뜻의 비유로 일본인들이 어떤 일을 수행해감에 있어 좌우명으로 삼곤 하는 말이기도 하다. 집단전에서도 한국은 열세에 처하기 쉽다. 여러 분야 전문인들이 모인 집단에서 독불장군처럼 튀지 않고 규칙을 지키며 질서 있게 임하려는 곳이 일본이기 때문이다.

상생과 분열

다음으로, 일본에선 '협조' 그리고 한국에선 '분열'이 잘 나타난다고 하는 점이다. 2013년 시작된 아베노믹스로 소득 수준이 늘어난 듯 보이지만, 국제 비교에서 사용하는 달러 표시 소득 수준은 오히려 크게 줄어들었다(7장). 2012년 4만 8,633달러였던 일인당 GDP는 2017년 3만 8,550달러로 1만 달러 넘게 줄어들었다(《표 4》). 그럼에도 구인 배율(=구인 수/구직자 수)은 1.50을 기록할 정도(2017년)로 사람 구하기 어려우니 구직난에 허덕이는 한국으로서는 부럽게 느껴질 수 있다. 일본에선 대기업과 중소기업 간의 '상생' 경영도 고용 흡수에 큰 몫을 담당한다.

한국에선 '사촌이 땅을 사면 배가 아프다' 하고 '못 먹는 감 찔러나 보자'는 심보도 종종 나타난다. 서로 존중하는 차원에서 보완적으로 임하려는 자세가 일본에 비해 부족하다는 생각이다. 개인 차원에서 여기저기 관여하는 한국인에 대해 긍정직으로 말하면 일본인보다 자기 주장이 분명하고 활동적이라고 할 수 있을 것이다. 반면 부정적으로 말하면 어떤 조직, 나아가 국가의 힘이 결집되어 나타나기 어렵다는 점이다. 그러다 보니 한국인들 간에는 서로 배타하며 비협조적으로 나올 때도 적지 않다. 사람인 이상 시기와 질투심이 없으랴마는 일본은 '나누어 갖기'와 '부족해도 참기'를 잘하는 편이다. 한편으로 한국인 입장에서 일본인들을 보면 그저 수동적으로 임하는 태도에 답답함을 느끼곤 한다.

비일관성과 외교 현안 해결의 난점

마지막으로, 한국은 일본에 비해 일관성이 많이 떨어진다. 개인 차원의 비일관성만이 아니라 집단 또는 국가 차원에서도 일관성이 약하다. 그 이면에는 조직의 장이 좌지우지할 수 있는 여지가 크다는 특징이 자리한다. 민간 조직 차원에서의 장이 바뀔 때는 물론 국가 차원에서 통치자가 바뀔 때도 정책이 쉽게 변경돼버리는 비일관성도 자주 나타난다.

　일본은 내부 지향성이 강해 국제적인 리더십 발휘에는 능하지 않으나 그동안 취해온 입장이 쉽게 번복되어 나타나지는 않는다. 정치적으로 일본이 쉽게 바뀌지 않는 데는 〈부표 1〉에도 나타나 있듯이 1955년 창당된 자민당이라는 하나의 정당이 예외적인 몇 년을 제외하고 60년 이상 집권당으로 통치해왔다는 일본의 특수성도 한몫하고 있다. 이전 정권과의 일관성이 보장되지 못하는 한국적 상황은 한일 외교 현안의 해결을 어렵게 한다. 일본은 기존 입장 고수의 성향이 강한 반면, 한국은 통치자 개인의 성향이나 주변 정세의 영향을 받아 외교 정책이 변경되곤 하기 때문이다.

위안부 문제에서도 한일 간에 상충이 일어났고 한국 외교는 비일관성이 드러났다. 2018년 초 문재인 정부는 주체성을 발휘해 위안부 문제를 풀어가려는 자세를 보였다. 그렇다 해도 이전의 박근혜 정부에서 취했던 태도와는 다른 변경 노선이 되었기 때문에 일본 정부한테는 비일관성으로 비치게 되었다. 비일관적 현상이 나타나기 쉬운 한국의 외교 정책은 쉽사리 변화를 주지 않는 일본의 외교 정책과 부대끼기 쉽다는 뜻이다.

돈키호테 vs. 위험 대비

섣부른 지식으로 '우선 지르고 보자'는 식의 한국식 일처리는 일본에선 극히 꺼리는 방식이다. 일본에는 무작정 부딪혀보는 돈키호테식의 무모함이 거의 없다는 말이다. 이를 비판적으로 묘사하면 모험심이 없다고 할 수 있지만, 호의적으로 말하면 철저한 사전 조사로 위험에 대비하는 행동이라 할 수 있다. 그러면서 '천황'이나 '일본'이라는 수식어가 붙으면 이의를 달지 못하고 분열을 꺼리며 결속력을 다지려는 행동을 취한다. 통치자라 해도 그동안 취해온 입장을 일관성 없이 쉽게 바꾸지는 않는다. 일본이 염두에 두고 있는 것은 단기적인 특정 정권의 입장이 아니라 장기적인 입장에서의 '대한민국' 정부다.

필자가 일본 히토쓰바시대학교에서 박사학위 과정에 있을 때 도서관 탐방을 하다가 깜짝 놀란 적이 있다. 도서관 지하 한편의 서고에는 일제 시대 때 조사한 황해도 발전사, 함경도 발전사 등의 조사 책자들이 빽빽하게 꽂혀 있었다. 누구도 거들떠 보지 않을 정도로 먼지가 쌓여가고 있었지만 문득 섬뜩함이 다가왔다. 어쩌다 일본이 한반도 정책을 추진할 때가 온다면 이들 과거 조사를 활용해 접근하겠다 싶은 느낌 때문이었다.

　국가 차원의 기반 다지기는 4차 산업과 같은 새로운 사업의 후원만이 능사가 아닐 것이라는 생각이다. 행여나 어떻게 될지도 모를 국가 안위를 대비한 조사 연구도 빼놓을 수 없는 사회 기반이 아닌가 싶다. 일제 시대 일본이 한반도를 어떻게 통치했는가를 조사하는 작업은 상대방을 숙지하는 데 빼놓을 수 없는 일일 것이다. 히토쓰바시대학교 도서관 탐방은 지식자본 축적을 위한 '지적 인프라' 구축의 중요성을 크게 느끼게 한 충격이었다.

감정 논리에서 벗어나 일본 대하기

권불오년

한국 대통령은 권불십년權不十年도 되지 못하고 임기 오 년인 '권불오년權

不五年'이니, 어찌어찌하다 보면 5년은 금방 간다. 전략적 협조로서의 한일관계 전략이 크게 부족한 한국에서 일본 전문가들의 힘은 제대로 발휘되지 못한 채, 감정 논리와 민주 논리에 묻히고 있어 어설픈 일본 이해가 우려되는 상황이다. 이 두 논리가 통하지 않는 곳이 일본인지라 그 두 잣대를 들이댄다 해도 국익에는 도움되지 못한다. 소모적인 공회전으로 세월만 흐를 뿐이다.

경제를 살리고 청년들을 보다 풍부한 경험의 바다로 이끌고자 한다면, 한국의 감정 논리와 민주 논리와는 다른 기준의 일본 대하기가 요구된다. 대일 전략 판짜기로서, 1998년 '김대중·오부치 선언'의 정신을 살린 경제·문화 협력의 상호 실리 노선이 바람직한 방향일 것이다.

'혹시나' 기대해도 '역시나' 반응

감정을 앞세워 소녀상을 일본 대사관이나 영사관 앞에 세우고 항의한다 하여, 일본 정부가 태도를 바꾸어 '위안부 문제 재협상'에 응할 것으로 보이지는 않는다. 일본 정부로서는 박근혜 정부 때 '최종 그리고 불가역적'으로 위안부 문제는 해결되었다고 할 것이기 때문이다. 문재인 정부는 2018년 1월 한일 위안부 합의(2015년 12월)에서는 "피해 당사자들의 의사가 반영되지 않았고 절차적으로나 내용적으로 중대한 흠결이 있었다"는 입장을 내놓았다. 이에 대해 일본은 '다시 원래의 상태로 되돌릴 수 없는'이란 뜻의 '불가역적'이란 말을 전면에 내세우며, "이미 다 해결된 것을 왜 또 들춰내느냐"며 외면하려는 입장이었다.

한국 정부가 "가해자인 일본이 끝났다고 해서는 안 된다"고 맞받아쳤지만 일본 정부는 기존 입장을 고수했고 '사죄한다'는 대답은 나오지 않았다. 문재인 정부는 "일본 정부에 재협상을 요구하지는 않을 것"이라했다. 그러면서도 "일본이 진실을 인정하고 피해자들을 위해 계속 노력해줄 것"을 혹시나 하며 기대하는 눈치였다. 일본 정부가 나서서 해결해줄 거라 기다리는 건 단지 한국 정부의 기대에 그치기 쉽다. 역시나 일본 정부로서는 "합의 내용을 수정할 여지가 없다"는 반응이었다.

한국이 인류 보편적 정의, 인권, 역사적 진실 등을 내세우며 일본 국민을 향해 호소한다 해도 일본 국민들이 자국 정부에 항의하며 나오지는 않을 것으로 보인다. 대개의 일본인들은 정의, 인권, 진실 등과 같은 추상 개념에 대해 심각하게 고민하지도 않을 뿐더러, 정치 외교는 정권에 맡겨놓고 자신들은 침묵하는 쪽으로 굳어져왔기 때문이다. 일본은 추상 개념에 대한 논의보다는 자신의 일과 관련된 구체적인 문제에 관심이 많은 사회라고 봐야 할 것이다.

'김대중 · 오부치 선언' 활용 전략

한일 관계에서 획기적인 전기轉機는 1998년 10월 김대중 대통령과 오부치 게이조小淵惠三 총리 간의 '21세기의 새로운 한일 파트너십을 위한 공동선언'이었다. 이 선언은 한류문화 붐의 도화선이 되었고, 2002년 한일 월드컵 공동개최를 거치며 일본에서 한류는 무르익어갔다. '한류 전성기 10년(2002~2012년)'이었다. 잘나가던 한일 관계는 2012년 8월 이명박 당시 대통령의 독도 방문과 일왕(천황) 사죄 발언으로 냉랭해졌다. 그 후 일본을 상대하며 한국의 감정 논리와 민주 논리를 내세웠지만 실익을 찾지 못했다.

'반일反日' 이미지로 비친 문재인 후보가 2017년 5월 대통령에 당선되었을 때 일본은 한일 관계가 어떻게 될 것인지를 두고 예상이 분분했었다. 문재인이 노무현 전 대통령의 비서실장이었다는 경력을 들어 노무현 정부 때와 비슷할 거라 추측했지만 실상은 달랐다. 문재인 정부는 2018년 3·1절 기념식사에서 3·1운동의 정신을 강조하고 위안부 문제를 언급하며 일본 정부의 반성을 촉구했다. 이에 대해 일본 정부는 반발하는 형태를 보였기 때문에 노무현 정부 당시의 한일 관계보다는 좋아지지 않았다.

문재인 정부로서는 노무현 정부가 김대중 정부를 이어받았음을 강조하며 이를 한일 관계 개선을 위한 외교적 무기로 역이용하는 것이 현명했을 것이다. 요컨대 "김대중·오부치 선언의 정신으로 나아가자"는 전략이 유효했을 텐데 이를 제대로 살리지 못했다.

청년 일자리가 심각하다고 하면서

한국에서 당장 급한 것이 청년 일자리 해소라고 한다. 공무원을 늘리는 방법으로 청년 일자리를 해소하겠다는 발상은 장기적으로는 큰 부담이다(9장). 공무원은 민간(개인이나 기업)이 지불한 세금으로 생활하면서 민간이 창출하는 소득이나 부가 더욱 커질 수 있도록 돕고 또 공평하게 분배

되도록 하는 정책을 실행하는 직업이다. 공적 부문은 스스로 생산 활동을 하지 않고 신분이 보장되어 있기 때문에 공무원 조직이 비대해지면 사회 경직성도 그만큼 심화되어 경제 활력을 떨어뜨릴 우려가 있다. 비대해진 공무원 조직도 한몫 거들며 2010년을 전후해 재정 파탄이 났었던 그리스가 이를 증명하고 있다.

한국은 청년들이 직장을 잡기 어려워 안타까운 현실인 반면 일본은 기업이 사람을 구하지 못하는 구인난을 겪고 있다. 일자리 문제 해결을 위한 방편 마련을 위해서라도 한일 관계의 개선이 시급하다. 일본과는 분야별 현안과 미래 안건을 분리하는 접근 방식이 실질적으로 유효한 방법이라고 생각된다. "역사 문제는 전문가 그룹이 논의하도록 하자"는 쪽으로 유도하고, 심각한 청년실업 해소 등을 위해 일본을 활용하는 방법이 실익을 가져올 것이다(9장). 한국 청년들의 일본 중견기업 취업은 차분히 일을 익혀가며 일본을 알아갈 기회도 제공한다. 일본 기업으로서도 득이 되는 방법이다. 대외 지향성이 부족한 일본 직장인들에게 새로운 자극으로 다가올 것이기 때문이다.

유유상종은 아니지만

2018년 문재인 정부 출범 당시의 일본 총리는 아베 신조였다. 문재인은 1953년생, 아베는 1954년생으로 나이는 비슷해도 형성되어온 사고는 대조적이다. 문재인은 풀뿌리 민주주의를 경험하며 인권을 소중히 해온 서민 출신인 반면, 아베는 자민당 창당(1955년) 이후 이어져온 정치권좌 집안 출신이었다는 배경 차이도 커 둘은 유유상종이 되기 어려운 면이 있다. 두 사람 간 생각의 코드나 정서 차이를 인정하고, 외교나 정치의 상징으로 서로 악수하며 교류 확대의 물꼬를 트는 전략이 현명했을 거라는 생각이다.

이삭줍기: 원폭 피해를 강조하는 일본

빌리 브란트Billy Brandt 전 수상이 폴란드의 전쟁 희생자 비석 앞에 무릎 꿇고 사죄한 일(1970년)은, 독일의 역사 반성의 린 상징처럼 자리 잡고 있다. 일본이 독일처럼 나오지는 않을 것이다. 실제로 일본의 어느 정치 지도자도 아시아의 전쟁 피해 국가 부덤 앞에서 무릎 꿇고 사죄하지는 않았다. 전쟁 가해 책임보다는 세계에서 유일하게 원자폭탄의 투하가 있었던 곳이 일본이라며 오히려 원폭 피해를 강조하는 입장을 취하고 있다.

앞서 문재인 정부가 위안부 문제를 언급하면서 일본 정부를 향해 "가해자인 일본이 끝났다고 해서는 안 된다"고 맞받아쳤음을 소개했다. 이처럼 한국 정부가 "일본은 가해자로서 피해 국가에 사과를 해야 한다"는 메시지를 전달한다 해도 진정성 있는 대화를 이끌어내기 어려울 것이다. 원폭 피해를 부각시키며 '가해자'로서의 위치를 흐려놓으려는 일본이기 때문이다.

12장
일본 정치와
위험성에 주목하라

국익 위해 뚜껑 덮고 뭉치는 일본

일본은 덮고 미국은 열고

난데없이 '뚜껑 덮고'라는 표현이 나와 어리둥절할지 모르겠으나, 이 표현은 '냄새나는 것에는 뚜껑을 덮는다(臭いものには蓋をする)'는 일본어 관용구에서 차용한 말이다. '나쁜 일이나 추문 등이 밖으로 새나가지 않도록 일시적 모면책으로 감춰둔다'는 뜻이다. 말미 〈부표 1〉의 90대, 96대 일본 총리에서 확인할 수 있듯이 2012년 12월 26일 아베 신조 자민당의 재집권이 있었다.

　아베 자민당 재집권 이후 일본에서는 비판 논조가 퇴조해왔다는 인상이다. 비난이 아닌 건전한 비판조차 뚜껑을 덮어 새나오지 못하게 짓누르는 듯했다. 자민당 재집권 이전의 민주당 실책을 비판하면서 세력을 키운 우익들과 자민당의 묵인이 함께 어우러져 정부 비판이나 정치성 발언을 점차 꺼리는 쪽으로 바뀌어갔다. 일본 국민들의 권력자에 대한 저항 정신의 싹이 잘려나간 듯한 느낌이었다.

　자유스런 발언 정도에선 미국이 일본을 압도한다. 2017년 1월 8일 제74회 골든 글로브 시상식에서 여배우 메릴 스트립Meryl Streep은 자신의 생각을 서슴없이 토로했다. 그녀는 트럼프 대통령을 향해 신체장애가 있는 〈뉴욕타임스〉 기자를 모욕했다며 직격탄을 날렸다. 그러면서 "권력을 가진 자들이 그 지위를 이용해 약자를 괴롭히려 한다면 우리는 모두 패배할 것"이라 호소했다. 연예인 개인이 정권 수뇌를 겨냥해 비판하는 모습은 일본에서는 거의 찾아볼 수 없다. 나타날 수도 없는 분위기다. 섣불리 발언했다가 지목을 받게 되면 집단에서 배제되고 감당하기 어렵게 된다는 것을 감각적으로 알기 때문이다.

역사 깊은 대세 따르기

일본의 연예인만이 아니고 일반인들도 비판성 발언을 삼가며 대세에 따라 처신한다. 이들은 구성원과 일체감을 이뤄 일해가는 데서 보람을 찾으며 자신이 하는 일에 대해 조금이라도 흠이 잡히면 아주 민감하게 반응한다. 때문에 일본인들은 열 가지 중 대부분을 좋게 평가받았음에도 한두 가지 병폐가 지적되면 몹시 껄끄럽게 여긴다. 그런 껄끄러움을 피하려 서로 간에 비판할 것이 있어도 대개는 침묵한다. 평소 함께 일을 하는 관계에서 불편함을 가져오지 않으려는 의향이 깔려 있다.

일본에서 회의 의제로 등장한 사안의 결정은 '이의 없음'이란 만장일치 방식이 취해지곤 한다. '이의 없음'이라는 '집단의 결정'으로서 뚜껑이 덮여지기 때문에 개인의 비판적 의견은 거의 새어나오지 않는다. 다수결은 부득이할 때 활용되는 수단이다. 회의 시 다수결로 정했을 때는 떨떠름한 기운이 감돌기도 한다.

대세에 따르려는 습관이 배어 있다 보니 남들 앞에서 자기 주장을 펼치지 못하는 나이배기 일본인들도 허다하다. 이시 히로미츠 전 히토쓰바시대학교 총장은 그 원인을, "두드러지게 눈에 띄면 이지메를 당한다는 자기방어 본능이 초등학교 때부터 체득되면서 남 앞에 나서지 않으려는 습성이 몸에 뱄다"는 데서 찾고 있다(이시 히로미츠, 《대학은 어디로 가나》). 단지 초등학교 때부터의 문제가 아니고 초등학교 교사들도, 또 그 교사들의 교사들도 토론에는 익숙하지 않았던 사람들이다. 일본인들이 나서는 행동을 꺼려 하는 것은 중세 무사 시대부터 이어져온 습성이다.

터무니없는 사건 발생의 위험성

내부 지향성이 강한 일본 사회에서는 조직 내의 규율이 잘 지켜지는 반면 터무니없는 사건 발생의 위험성을 내포한다. 일본은 군부의 집권하에 미국 영토 진주만을 기습해 제2차 세계대전을 일으켰고 그로 인해 국민들은 저항도 못한 채 엄청난 희생을 치렀다. 1970년 자위대 궐기(쿠데타)를 호소하며 할복 자살한 미시마 사건도 엉뚱하고도 극단적인 사건이었다고 할 수 있을 것이다(6장 이삭줍기). 또 1995년에는 옴진리교 교단 신자들이 도쿄 한복판의 지하철 역에 사린(독가스)을 살포해 많은 시민들이 희생당한 어처구니없는 사건도 발생했다.

조직의 규칙이 상식을 크게 벗어난다 하더라도 개인으로서 그 조직이 정한 규칙(또는 방침)에 저항하기 매우 어려운 분위기가 형성된다. 전체를 짓누르는 듯한 조직의 굴레가 너무도 무겁게 다가오기 때문이다. 짓누르는 듯한 무거운 분위기에서 집단으로 뛰쳐나온 것이 옴진리교 사린 살포 사건이라 할 수 있지만, 정작 옴진리교 교단 내 사건 범행 신자들은 개인적으로 저항하며 뛰쳐나오기 어려운, 교단이 정한 실행 방침이 있었다. 그로 인해 선량한 수많은 시민들이 난데없이 독가스 피해를 입는 결과가 초래되었다. 조직이나 집단에 매몰되지 않고 극단적 행동으로 내몰리지 않는 '개인의 주체적 감성'을 어떻게 확보하느냐가 일본이 안고 있는 과제라 할 것이다.

집단의 추진력은 강해질 수 있어

의견이 분분해질 수 있는 사안에 뚜껑을 덮어둔 채 구성원들이 국가를 위해 뭉친다 함은, 반대나 비판을 용인하지 않기에 집단의 추진력은 강해질 수 있음을 뜻한다. 반면에 개인의 비판 능력 저하로 이어질 수 있으나, 일본에서는 개인의 비판 능력 함양보다는 집단 이익을 우선한다. 일본 내부에서는 개인의 비판 능력 저하를 그다지 심각하게 고민하지 않는 듯하며, 개성 있게 나서는 것을 오히려 부담스러워하는 분위기다. 집단의 결정이나 매뉴얼 규정에 그대로 따르지 않으려는 경향을 보이는 한국과는 사뭇 다르다고 할 것이다. 한국은 서로 간의 주장이 강해 정리되지 못하고 자신의 방향을 갖겠다는 사람들이 많은 편이다. 사공이 많아 배가 산으로 향할 수 있는 문제를 어떻게 극복할 것인가가 한국의 숙제라 할 것이다.

일국 내에서 집단의 최정점에 위치한 것이 국가다. 국가를 위해 정치가와 기업가가 힘을 합치는 곳이 일본이다. 예컨대 아베 신조 총리는 2017년 초 트럼프 대통령 당선인 시절 미일 정상회담 준비를 위해 도요타자동차 사장을 만나 사전 조율했다. 도요타는 영리 기업이지만 아베 총리와 도요타 사장은 국익을 위한 방법이 무엇인지를 함께 논의하기 위함이었다. 도요타가 그동안 미국에서 고용 창출을 해온 것을 강조하며 닥쳐올지 모를 불이익을 피하려 했다. 당시 국정 농단으로 사익을 추구한 최순실 게이트와는 그 사고틀이 크게 달랐다.

이삭줄기: **한국의 땡전 뉴스와 일본의 안보 투쟁**

나는 대학생 때 데모한다고 남들 따라 전경들을 향해 돌멩이도 던지고 주먹을 위아래로 휘두르며, "나 태어난 이 강산에 군인이 되어…"라는 〈늙은 군인의 노래〉나 "저 들에 푸르른 솔잎을 보라…"라는 〈상록수〉도 목 터지게 불렀다. 누군가가 "독재 정권 물러가라!" 하고 선창하면, "물러가라! 물러가라! 물러가라!" 하며 복창을 하곤 했다. 그러면서 '인간의 존엄성을 가벼이 여기는 독재는 잘못된 것이구나', '국민이 주인인 민주民主가 소중한 것이구나' 하는 의식도 갖게 되었다. 1979년 10·26 사건 이후 정권을 잡은 서슬 퍼런 전두환 정권 때였다. 그 당시 밤 9시 뉴스를 땡전뉴스라고도 했다. '땡' 하고 뉴스가 시작되면 첫마디가 '전'두환 대통령은… 하고 시작되었음을 빗대어 하는 말이었다.

땡전 뉴스를 들으면서도 계속된 학생 운동은 시민도 참여하게 되었고 마침내 군부 독재를 끝내고 1987년 6월 민주화 선언(6·29 선언)을 이뤄내면서 시민 의식이 성숙되었다. 일본에서도 1960년과 1970년 미일안보조약에 반대하는 반정권, 반미 시위로서 '안보 투쟁'이 있었다. 많은 학생들과 시민이 참가했던 1960년 안보 투쟁은 내각 총사퇴와 새로운 내각 구성으로(기시 노부스케岸信介 내각에서 이케다 하야토池田勇人 내각으로) 일단락되었고, 1970년 안보 투쟁은 시민 참가라는 호응으로 이어지지 못한 채 끝이 났다. 그 후 일본에서는 폭넓게 국민적 관심을 불러일으키는 학생 운동이나 시민 운동은 일어나지 않았다. 2015년에는 다음에서 다루는 안전보장 관련 법안 성립 반대를 외치는 많은 시민들의 시위가 있었지만 시민의 요구는 관철되지 못했다.

꺼림칙한 곡조의
일본판 〈용비어천가〉

합창단 지휘 대장과 노림수

"뿌리 깊은 나무는 바람에 움직이지 않아 꽃 좋고 열매 많나니, 샘이 깊은 물은 가뭄에 그치지 않아 내를 이루어 바다에 가나니." 조선 개국의 명분과 정당성을 알리기 위해 지은 〈용비어천가〉다. 일본에서는 2012년 12월 말 아베 신조 정권이 들어선 다음 〈용비어천가〉 소리가 들리는 듯했다. 일본 개국은 아니었지만, "아베 총리이시여, 오래 집권하소서" 하는 합창이 난무하는 분위기였다. 합창단 지휘대장은 고우무라 마사히코高村正彦 자민당 부총재인 정치제도 개혁 실행본부장이었다.

자민당 정치제도 개혁 실행본부는 2016년 10월 임원회의에서 자민당 당총재 임기 연장을 결정했다. '연속 2기 6년까지'로 되어 있는 임기 규정을 '연속 3기 9년까지'로 바꾸는 쪽으로 가닥을 잡았다. 고우무라는 의원내각제 주요국(G7) 여당 당수의 임기 규정이 없다는 점을 들어, "이치理致로 보면 임기 제한 철폐가 마땅하나, 자민당은 총재 임기를 조금씩 연장해왔다. 3기 9년이 여론에서도 받아들여지기 쉽다"며 앞장서 팡파르를 울렸고, 2018년 3월 25일 자민당 전당대회에서 정식으로 결정되었다. 2018년 9월에 자민당 총재 선거가 있고 거기서 아베 신조 자민당 총재 임기를 2021년 9월까지 연장하겠다는 노림수였다.

'정치는 생물'이라 회자되듯이 어떤 변수가 나타날지는 알 수 없다.

2018년 3월 모리토모학원森友學園 국유지 특혜 불하拂下 문제가 터지고 아베 지지율이 하락하면서 정권 기반이 흔들리기도 했다. 어쨌든 자민당 총재 임기 연장 결정은 아베를 위한 〈용비어천가〉였다.

재임 기간 역대 1위 총리는?

일본은 여당 총재가 총리가 되어 통치하는 내각책임제인지라 자민당 총재 임기 연장은 사실상 총리(내각총리대신)의 임기 연장을 뜻한다. 일본 국민들은 정치에 큰 관심을 보이지 않는 편이며, 장기 집권하려는 특정인을 저지하려 하기보다는 오히려 불안정하게 정권이 자주 바뀌는 쪽을 꺼려 한다. 실제로 아베가 '연속 3기 9년'의 자민당 총재가 될 가능성도 크다. 2021년까지 아베 총리가 집권한다 해도 국민들로부터 '장기 집권 물러가라'는 항의 데모가 거세게 일어나지는 않을 듯하다.

〈부표 1〉에서도 추출해낼 수 있듯이 일본 총리 재임 기간 역대 1위는, 한반도 식민지 점령을 위한 가쓰라-태프트 밀약의 장본인으로 유명한 가쓰라 타로桂太郎다. 아베가 2021년 9월까지 총리 자리에 있게 된다면 장장 3,500일을 넘어, 가쓰라의 2,886일 재임 기간(제11대 1,681일, 제13대 1,143일, 제15대 62일의 합계)보다 훨씬 긴 최장수 총리가 된다. 제2차 세계대전 패전 후 미국 주도로 만들어진 헌법을 일본은 한 번도 고치지 않았는데, 장기 집권하며 자신의 힘으로 헌법을 고쳐보겠다는 아베의 속내가 여기저기 묻어난다. 실제로 그의 정치적 포부를 담은 저서 《새로운 나라로》에는 헌법 개정에 대한 의지가 강하게 배어 있다. '최장수' 총리로서

'최초'로 헌법을 개정하게 된다면 역사에 길이 남게 될 터이니, 그 속마음이 어찌 고무되어 있지 않았겠는가.

특정인의 장기 집권은 사회 경직화 초래

아베는 2006년 9월 총리가 되었다가 1년 만에 물러난 쓰라린 경험이 있다. 절치부심하며 딛고 일어나 2012년 말 그는 정권 재탈환에 성공했다. 다시 집권하면서 그의 정치단수도 높아져 자민당 내 국회의원들을 장악했다. 공천을 받지 못하면 의원직을 상실할지 모른다는 위기감에 자민당 국회의원들은 알아서 순종했다. 소수 반대파들의 저항은 있었지만 대답 없는 메아리로 사그라들었다. 자민당 총재 또는 총리 관저의 독주에 대한 견제가 이뤄지기는커녕, 잘못을 잘못이라 지적하기 어려울 정도의 분위기조차 감돌았다. 아베가 국회 발언에서 자위대 대원들을 위로하는 발언을 했을 때는 모두 일어나 기립박수를 보내는 해프닝이 벌어지기까지 했다.

영국은 당수의 임기가 없는 의원내각제 국가다. 영국에서 보수당의 마가렛 대처Margaret Thatcher 총리는 11년간(1979년 5월~1990년 11월), 노동당의 토니 블레어Tony Blair 총리는 10년간(1997년 5월~2007년 5월) 재임했다. 그렇다면 일본에도 장기 재임 총리가 나올 수 있지 않느냐며 대수롭게 여기지 않을 수도 있을 것이다. 우려되는 점은 아베가 장기 집권하게 되면 일본이 더욱 경직적인 사회로 바뀌어 다양성이 존중되기 어려운 방향으로 나아가지 않을까 하는 점이다. 영국은 보수당과 노동당 간에 정권 교체가 번갈아 이뤄져온 나라인 반면, 일본은 이 당 저 당이 교대로 왔다 갔다 하는 것을 꺼려왔다. 자민당 내에서 특정인의 장기 집권이 이어질수록 일본 사회는 경직화될 가능성이 크다는 뜻이다. 일본 사회의 경직화는 한반도에도 좋지 않은 여파로 다가올 수 있을 것이다.

꺼림칙한 곡조인 이유

일본이 아베 총리를 향해 〈용비어천가〉를 부르든, 헌법 개정을 해 국방군을 갖든 한국이 간섭할 일이 아니라며 쉽게 치부해버릴 수도 있다. 일본은 한쪽으로 대세의 시계추가 쏠리면 쏠린 시계추를 자력으로 되놀리는 자정 작용이 발휘되기 어렵다는 폐단을 안고 있다. 이 점이 한국을 비롯한 많은 아시아 국가가 촉각을 곤두세우는 일이기도 하다. 일본 역사가 그런 폐단을 생생히 보여준다. 청일전쟁(1894년)과 러일전쟁(1904년)에서 이긴 일본은, 제국주의로 내달아 한반도를 식민지화했고(1910년), 허수아비 괴뢰국 만주국을 세웠고(1932년), 중일전쟁(1937년)을 발발시켰으며, 종국에는 제2차 세계대전을 일으켜(1941년) 전범 국가로 치달았다.

아베가 장기 집권하면서 어떻게 해서든 관철시키고 싶어 한 것은, 전쟁 포기를 규정한 현행 헌법의 개정이었다. 전쟁을 할 수 있도록 하는 일본의 헌법 개정 운운은 일본의 제국주의 과거 전력前歷을 주마등처럼 떠올리게 해 한국을 위시한 주변국을 심히 불안케 한다. 일본판 〈용비어천가〉가 꺼림칙한 곡조로 다가온 이유다. 자라 보고 놀란 가슴 솥뚜껑 보고 놀라는 격이다.

주지하듯이 〈용비어천가〉는 한글이 발표되고 나서 정권 기반이 강했던 세종 때 나왔다. 〈용비어천가〉 노래가 시들해진 다음의 문종과 단종은 세종에 비하면 연약한 임금들이었다. 아베 정권 이후에는 일본판 〈용비어천가〉도 사그라들 것으로 보이며, 향후 당분간은 아베와 같은 집권자가 나오기는 어려울 것으로 예상된다. 장기 집권에 따른 후유증이 클 것으로 보이기 때문이다. 어떤 병리 증상이 나타나는 데 잠복기가 있듯이 아베 정권 이후에 그 후유증이 겉으로 드러날 수도 있다. 비판 정신의 결여가 초래하는 사회 경직화만이 아니라 천문학적 규모로 쌓여 있는 국가 채무가 가져올 재정 경직화도 염려되는 대목이다.

석연치 않은 일본의 위험성

이상 조짐의 위험성

앞서 3장에서 언급했듯이, 아베 신조는 미국 의회에서 안보 관련 법제를 갖추겠다고 약속했고, 실제로 2015년 7월 '안전보장 관련 세트 법제'가 성립되었다. 한국에서는 이를 그리 대수롭지 않게 받아들이는 듯했다. 이 법제의 명분은 일본의 안정보장을 확보한다는 것이었다. 보다 알기 쉽게 말하면 패전 후 전쟁을 포기한 나라였던 일본을 다시 전쟁 가담

국가로 만들겠다는 '뭉뚱그린 법제'였다.

안전보장 관련 세트 법제를 보다 구체적으로 말하면, ① 자위대가 타국군을 후방에서 지원하기 위한 근거(국제평화지원법), ② 미국 등 동맹국이 공격당하면 일본도 함께 전쟁에 참전하도록 하는 집단적 자위권 행사 용인(무력공격사태법 개정)이 함께 뭉뚱그려져 있는 법률 세트였다. 선물 세트가 아닌 관련 법률이 11개나 모여 이뤄진 '법률 세트'였다. 때문에 한꺼번에 그 내용을 파악하긴 어려우나 큰 틀에서 보면 ① 자위대의 해외 활동 확대, ② 일본열도 방위 강화가 두 축을 이루고 있다.

위 세트 법제에 근거해 일본이 전쟁에 관여하게 되면 전쟁 참여에 관성이 붙게 되고 그 관성을 저지할 힘이 일본 내에서 작용하기 어려울 것으로 보인다. 이 점에서 안전보장 관련 세트 법제는 큰 위험성을 내포한다고 할 것이다. 제2차 세계대전을 일으켰을 때처럼 '주사위는 던져졌다'라는 사태로 치달을 것이기 때문이다.

지속성을 중시하는 일본인들이기에 한 번 정해지면 계속 유지하려는 성향을 갖게 된다. 전쟁에 관여할 빌미를 잡아 자위대가 전쟁터에 나가는 때에는 이미 수습이 곤란해 때늦은 상황으로 치달을 수 있다. 외국인 입장에서 일본의 안전보장 문제에 대해 간섭하는 듯하지만 일본이 전쟁할 수 있는 국가로 바뀌면 한반도에도 영향을 주는 일이니 몇 마디 참견해볼까 한다.

배경은 무엇이고 배후엔 누가 있었나?

일본은 패권 국가로 나서려는 중국에 대해 혼자만의 외교력으로 대응하기엔 벅차다는 것을 알고 있었다. 일본은 2010년 중반 중국의 해양 진출을 '고압적'이라 표현하며 대결 자세를 취해왔다(《2015년도판 방위백서》). 중국을 견제할 요량으로 미국과 보조를 맞춰 어떻게든 중국의 위협에 대응하겠다는 의지 표명을 담았던 것이 위에서 언급한 '안전보장 관련 세트 법제'였다. 이 법제에는 자위대가 위험에 처하는 것을 감수하고라도 미군의 행동요원이 되겠다는 결의가 담겨 있다.

의원내각제 국가인 일본에서 그 내각을 좌지우지하는 사무국이 내각부이고 그 사무장 역할을 하는 직책이 관방장관이다. 관방장관은 법률을 작성하는 내각 법제국뿐만 아니라 다른 부처(성청, 省廳) 장관들을 제어하면서 정책 추진의 실권을 쥐는 직책이다. 스가 요시히데菅義偉라는 내각 관방장관은 아베 총리의 위광을 등에 업고 전체적인 판을 짜며 내각의 모든 각료들을 아울렀다. 안전보장 관련 세트 법제의 각본을 쓴 행동 대원 역할은 내각 법제국이 담당했다. 이 법제국도 관방장관의 통제하에 있었다. 여당 국회의원들도 소신 없는 거수기로 전락했었다. 국민의 대표여야 하는 이들은 평화 민주주의 의식으로 대항하기보다는 '아베 충성 이중대'를 자처하고 나섰다.

미국에 예속되어 존재감을 보이겠다는 것도 주체성이라면 주체성이다. 굳이 이름을 붙인다면 '예속적 주체성'이라 할 수 있을 법하다. 어쨌든 한국의 입장에서 볼 때 일본의 안보 관련 세트 법제는 석연치 않은 낌새임은 분명하다. 과거의 침략 전쟁에 대한 반성이나 미래를 향한 화해 몸짓이 아닌 '전쟁에 가담할 수 있는 국가'라는 느낌을 들게 하기 때문이다. 안전보장 관련 세트 법제는 아베 총리, 스가 관방장관, 거수기 여당 국회의원들이 합작해 만든 한국으로선 달갑지 않은 법제였다.

군부 및 국가의 폭주 그리고 국민의 희생

일본은 1160년 경의 중세 이후(헤이안平安 시대 말기)부터 에도 막부가 끝나는 메이지유신(1868년)까지 700여 년의 기나긴 무사 정권의 역사를 갖는 나라다. 막부 체제에선 무사가 일반인보다 지위가 높았다. 영지에는 무사의 지배하에 성을 중심으로 한 마을城下町(죠카마치)이 펼쳐져 있었고, 일반 백성들한테는 그 마을(출신지)을 벗어날 자유도 거의 없었다.

1904년 러일전쟁에서 이기고 나서 일본은 무사적 이미지의 군부 득세가 매우 강해졌고, 제2차 세계대전을 일으켰을 당시에도 군부의 폭주는 대단했다. 붙박이 정주성定住性이 몸에 배다 보니 일반인들은 그런 군부가 시키는대로 수동적으로 따를 수밖에 없었을 것이다. 일본 군부는 젊은이가 전쟁에 동원되는 일이 생기면, "축하합니다"라는 쪽으로 미화시켰다. 전쟁터에서는 "천황폐하 만세!"를 외치며 죽어가게 했고, 죽어 혼으로 "야스쿠니 신사에서 만나자"며 전장의 이슬로 사라져가게 했다.

자신들의 슬픈 감정을 억누른 채 살아온 일본 백성들이다. 오오카와 엣세이大川悦生 원작의 〈어머니의 나무〉라는 영화가 있다. 이 영화에서는 자신의 아들이 전쟁에 동원되어 갈 때마다 집에 남은 어머니는 오동나무 한 그루씩 일곱 나무를 심고 아들을 기리고, 기다리며 지낸다. 애달

프게도 일곱 아들들은 모두 전쟁에서 죽고 자신도 오동나무 밑에서 한 맺힌 삶을 마감하는 가슴 찡한 영화다. 일본이 패전하지 않았다면 군부는 여전히 폭주해 일반 국민의 희생은 훨씬 커졌을 것이다.

일본 국민들이 무서워질 때

안전보장 관련 법안를 국회에서 심의할 때 아베는 애매하고 두루뭉술한 말의 향연을 쏟아냈다. 그는 답변이 막힐 때면 "종합적으로 판단해 대처하겠다"는 말로 피해갔다. 2015년 안전보장 법안 심의에서 답변이 막혔을 때도 그렇게 얼버무리고 넘어갔다. 야당이 보다 "구체적으로 말하라"며 추궁했을 때는, "적국한테 이쪽 수를 읽히게 된다"고 반박하며 어떻게든 법안을 통과시키려 안간힘을 썼다.

나는 가끔 일본 국민들이 터무니없이 무서워질 때가 있다. 사회에 악영향을 끼칠 수 있는 법이라도 일단 정해지면 그 법을 따라야 한다는 쪽으로 대세가 크게 기울어지기 때문이다. 국가 명령은 어쩔 수 없다고 포기하며 저항 없이 순종하며 따랐던 그들의 전력 때문인지도 모르겠다. 일본 정치가들이 무리수를 두면서 안보 관련 세트 법제를 통과시키려 한 데는 일단 법률이 만들어지면 국민은 그 법률을 따를 거라는 계산이 깔려 있었다. 안보 관련 세트 법제 성립을 보며 일본인들이 국가의 폭주에 따라야 하는 쪽으로 길들여져가는 것은 아닌가 하는 우려가 다가왔다.

일본 정치가들은 국민들의 순종적 속성을 능란하게 이용해왔다. 어떻게 해서라도 법안을 통과시켜두면 지켜질 것이라고 훤히 짐작했다. 비판받을라 치면 "모두가 법률을 지키고 있으니 그 법률에 찬성하고 있는 게 아니냐? 아무런 문제가 없다"는 식으로 득의양양하는 태도였다. 2014년 '국제연합 평화유지활동PKO 협력법' 성립 시에도 전쟁터에 휩쓸릴 위험이 있다는 반대 여론을 따돌린 다음에는 "국민이 찬성하고 있는데 뭐가 문제냐"며 기정사실화하는 방식이었다.

무뎌진 국민의 저항 의식

일본에서는 연합군사령부(사실상 미군)에 의한 지배(1945~1952년)가 끝난 우 대부분의 기간 동안 자민당이 집권당이었다. 1993년 9월부터 1996년 11월까지 2년 5개월 동안 일본 신당 및 일본사회당 등의 비자민당의 연립 정권기, 그리고 2009년 9월부터 2012년 12월까지 3년 3개월 동안 민주당 집권기인 적은 있었으나, 양당제兩黨制 정치 체제는 정착되지 못했다(말미의 〈부표 1〉).

역사적으로 지속성을 선호해온 일본인지라 미국(공화당과 민주당)이나 영국(보수당과 노동당)처럼 당을 번갈아가며 통치하는 양당제 방식보다는 자민당 내에서 수상(내각총리대신)이 바뀌어가며 통치하는 방식을 취해왔다. 2012년 말 자민당 정권(실제로는 공명당과의 연립 정권)이 재집권한 다음 우경화 일본으로 기울어져온 느낌이다. 자민당 정권에 편승한 관계官界 및 우익단체들의 힘이 강해졌고, 국민의 저항 의식은 무뎌져왔다.

일본에서는 어떤 일을 추진하고자 할 때 처음에는 '임의적 조항'이란 방식을 취할 때가 종종 있다. 즉 강제적 규정이 아니라는 쪽으로 우선 유도한 다음, 그 후 실질적으로 강제하는 방식이 이용되곤 한다. '임의적 규정이라도 일단 법안이 성립하면 국민을 복종시켜 따르게 할 수 있다'는 추진 방식이다. 대표적인 예가 국기 게양과 국가 제창을 장려하기 위해 1999년 8월 공포 시행된 '국기·국가 법제'다.

국기·국가 법제 법률 시행 당시는 임의적 준수 사항으로 강제성을 부여하지 않고 있었다. 그러다가 시간이 지나면서 국립대학에서 어떤 행사 때 일본 국기인 일장기 게양과 일본 국가國歌인 〈기미가요〉를 제창하도록 문부 과학상이 요청했고, 지금은 거의 모든 대학이 그 요청에 따르고 있다. 애초에는 강제하지 않는다며 문턱을 낮춰 놓고 종국에는 여론몰이와 같은 압력으로 따를 수밖에 없는 쪽으로 몰아가는 방식이니만큼 '임시적 조항을 통한 강제 방식'이라 할 수 있겠다.

한반도를 바라보는 일본의 시각과 중국 경계론

'판문점 선언'에 대한 관심

한반도를 식민지배한 경험이 있어서인지, 한국인들의 감정적 대응에 대한 반작용 때문인지는 알 수 없으나 일본이 한반도를 보는 시선이 호의적인 것은 아니다. 한국에 대해 보도하는 뉴스도 좋은 뉴스보다는 좋지 않은 뉴스의 비중이 훨씬 높은 편이다. 한국 보도에 인색한 일본도 4·27 남북정상회담이 있었던 때는 달랐다. 2018년 4월 27일 문재인 대통령과 북한 김정은 국무위원장 간의 역사적인 정상회담이 있었고, 한반도의 완전한 비핵화, 남북한 공동연락사무소 설치, 이산가족 상봉 등에 관한 4·27 '판문점 선언'이 발표되었다.

사안의 중대성이 워낙 컸던지라 일본의 모든 중앙 일간지(〈아사히신문〉, 〈마이니치신문〉, 〈요미우리신문〉, 〈산케이신문〉, 〈니혼게이자이신문〉)뿐만 아니라 많은 지방지에서도 그다음 날(4월 28일) 남북정상회담 관련 기사와 함께 사설을 내보냈다. 이처럼 모든 일간지와 많은 지방지에서 일제히 한반도 관련 보도를 내보낸 것은 근래 들어 거의 없었던 일이었다. 남북정상회담 또는 그 결과물로 나온 '판문점 선언'을 다루는 이들 일간지에 나타난 논조를 통해 중국과 한반도를 바라보는 일본의 시각은 어떠한지를 짚어보기로 하자. 각각의 신문에 따라 그 논조가 많이 다르다는 것을 감지할 수 있을 것으로 생각된다. (각 신문 보도의 인용문에는 신문 논조를 간결하게 하고, 내용을 보다 알기 쉽게 전달하기 위한 방편으로 필자의 편집도 들어가 있다.)

일본 역할 강조하다

우선, 〈아사히신문〉은 남북정상회담을 보도하며 "평화와 안정의 정착으로 이어가고 싶다"고 하면서, 이를 위해 "문 대통령은 북한의 핵 포기가 필수 조건이라는 점을 계속 밀고 나가야 한다"는 입장을 폈다. 동 신문은 문 대통령의 2018년 가을 평양 방문에 대해 "남북 정상 간 의사소통은 바람직하며 우발사고를 미연에 방지하는 데 기여할 것"이라 긍정적인 평가를 내고 있다. 그러면서도 "비핵화도 평화 구축의 문제도 남북한만으로는 해결할 수 없다는 한계도 부각되었다"고 지적하고 있다. 〈아사히신문〉에서는 4·27 남북정상회담이 긍정적이기는 하지만, 남북한만으로는 해결할 수 없는 한계 극복을 위해 중국, 일본, 러시아 등 동북아시아 관계국, 미국과의 협조 체제가 필요함을 강조하고 있다.

다음으로, 〈마이니치신문〉은 "가장 큰 과제였던 핵·미사일 문제보다도 남북 화해(일본에서는 융화라는 표현을 쓰고 있다)를 우선한 인상은 지울 수 없다. 그렇더라도 마침내 싹이 튼 비핵화의 흐름을 결코 멈춰서는 안 된다. 한국 정부는 앞으로도 국제 사회와의 연계를 중시해야 한다"고 하고 있다. 이어 '한반도 비핵화'에 관해 "북한의 구체적인 행동이 들어 있지 않았던 것은 유감"이라고 지적하고, "동북아시아의 평화와 안정을 위해 일본이 수행해야 할 역할을 재차 검토해야 한다"며 일본 정부를 향해 주문을 던지고 있다. 〈마이니치신문〉은 북한의 구체적인 비핵화 행동 촉구 및 동북아시아에서 일본 정부의 역할을 강조하고 있다.

북한 압박 유지와 중국 경계론

우익 성향으로 분류되는 〈요미우리신문〉은, "4·27 남북정상회담 합의에서 비핵화의 줄기는 아직 보이지 않는다. 북한이 핵 병기를 온존한 채대화 공세로 제재 압력을 누그러뜨리려 하고 있다. 북한에 대한 압박 유지가 중요하다"고 주장한다. 그러면서 판문점 선언에 "남북한 간의 철도 연결 등 경제 협력도 많이 포함되어 있는 점도 간과할 수 없다. 국제 사회의 북한 포위망에 한국이 구멍을 뚫는(즉 제재 완화) 조치를 취해서는 안 된다"는 투로 한국 정부에 주문을 하고 있다. 나아가 "북한이 도발을 자제하고 대화에 나선 배경에는 중국에 의한 제재 강화의 효과가 컸다는 점에 유의해야 한다. 이제는 중국에서 북한에 대한 제재 완화 논의가 나오는 것에 주의해야 한다"며 중국 경계론을 펴고 있다.

'실질적 진전' 평가는 잘못

한반도에서 일어나는 일들을 폄하할 때가 많은 〈산케이신문〉은 4·27 남북정상회담에 대해서도 "두 사람(문 대통령과 김정은 위원장)이 손을 잡고 걷는 등의 화해(융화) 연출은 충분히 발휘되었지만, 그것으로 실질적인 진전이 있었던 것처럼 받아들이는 것은 큰 잘못이다. 만면의 웃음을 띠고 두 사람이 마주하는 모습에는 위화감을 느꼈다"며 성과를 깎아내리고 있다. 동 신문은 이에 더해 "한국전쟁의 종전은 한반도의 안전보장을 근본적으로 바꾸게 되므로 일본의 안전보장을 좌우하는 문제이기도 하다. 일본이 국외局外에 놓이는 것은 받아들일 수 없다"고 간섭하면서 한반도에서의 중국 영향력 증대와 일본 역할 배제를 경계하고 있다.

'완전한 비핵화' 명기는 긍정 평가

〈니혼게이자이신문〉은 "4·27 정상회담은 남북 융화를 상징하는 역사적인 사건이 되었다고 할 수 있을 것이며, 선언문에 '완전한 비핵화'가 들어간 것은 일정의 평가를 할 수 있다"고 하고 있다. 〈니혼게이자이신문〉, 〈산케이 신문〉은 모두 경제신문이지만, 긍정적 논조의 언급이 없는 〈산케이신문〉과는 달리 〈니혼게이자이신문〉은 이번 정상회담에 대해 일부 긍정적인 평가를 하고 있다. 그런 한편 〈니혼게이자이신문〉은 "북한이 남북 화해(융화)에 매진하는 배경에는 한국을 돌파구로 국제적인 압력을 완화하려는 속셈이 있다"고 분석하고 있다.

세 지방 일간지의 선택

마지막으로, 지방 일간지가 바라보는 남북정상회담의 논조도 다양하게 전개되었다. 일본은 광역자치단체로서 47개의 도도부현이 있다. 남북정상회담을 이들 모든 지방지가 보도한 것은 아니지만 적지 않은 지방지가 사설로서 자신들의 입장을 개진했다. 정상 회담을 다룬 모든 지방지를 대상으로 하는 것은 한계가 있으므로, 여기서는 임의적 대표성을 고려해 세 개의 지방지를 택하기로 한다. 대상으로 삼은 세 지방지는 일본의 수도인 도쿄 지역의 〈도쿄신문〉, 가장 북쪽에 위치한 홋카이도의 〈홋카이도신문〉, 가장 남쪽에 위치한 오키나와현의 〈류큐신문〉이다. 이들 세 신문 모두 '4·27 남북정상회담'에 대한 사설을 싣고 있다.

실제 행동 수반 요구

먼저 〈도쿄신문〉을 보면 "북한을 대화로 이끈 문 대통령의 노력은 높게 평가하나 '핵 포기' 표현이 없는 판문점 선언은 불충분하다"는 입장을 취하고 있다. 다음으로 〈홋카이도신문〉은 "'완전한 비핵화'를 명기한 의의는 크지만 말만이 아니라 실제 행동이 수반되어야 할 것"이라 주문하고 있다. 한편 〈류큐신문〉은 '판문점 선언'이 "한반도의 항구 평화 정착을 향한 열의를 느끼게 했다"고 하면서, 미군 기지 주둔이 큰 부담이 되어왔던 오키나와 지역의 입장을 고려한 논조를 펼치고 있다. 동 신문은 "한국전쟁의 종결로 한반도가 안정되면 오키나와 미군기지의 주둔 가치도 저하될 것"이라며 남북정상회담에 따른 향후 전개에 대해 희망 섞인 논조로 보도하고 있다.

일본이 문 밖으로 밀려나지 않도록 해야 한다

이상으로부터 일본 각 일간지의 성향이나 색깔에 따라 남북정상회담이나 '판문점 선언'을 보는 각도가 많이 다르다는 것을 파악할 수 있다. 이는 한국에서 일본의 반응을 전할 때 어느 매체를 들어 전달하느냐에 따라 한국으로 전해지는 일본의 반응이 다를 수 있음을 보여준다. 예를 들어 〈산케이신문〉의 논조를 전한다면 남북정상회담의 부정적인 측면이 부각될 것이다. 앞에서는 그러한 치우침을 피하기 위해 다섯 종류의 중앙 일간지와 더불어 도쿄, 홋카이도, 오키나와 지역의 지방지를 선정해

4·27 남북정상회담을 바라보는 일본의 시각을 살펴봤다.

서로 간의 입장이 다른 것들을 한 문장으로 표현하기는 어렵다. 그렇다 하더라도 전반적으로 공통성이 짙겠다 싶은 요소를 추출해 일본의 시각을 요약해보자. 남북정상회담을 바라보는 일본의 시각은, "판문점 선언에 '완전한 비핵화'가 포함되었다고는 하나 구체성이 부족했고 남북 융화(화해)가 강조되었다. 중국의 움직임을 유념하면서 일본이 문 밖으로 밀려나지 않도록 해야 한다"고 정리할 수 있을 듯하다. 이러한 시각은 한국 칭찬에 인색한 일본인들의 심리와 함께 일본이 한반도 정세 변화를 둘러싼 외교전에서 배제될지 모른다는 우려가 반영되어 있다고 할 것이다.

이삭줍기: '국난 돌파' 해산을 무색케 한 남북정상회담

아베 신조 총리는 한국에서는 그리 동요가 없었던 북한의 미사일 위협을 2017년 10월 중의원(국회의원) 선거에서 이용했다. 일본에서는 중의원을 해산하고 치르는 선거 때마다 그때그때의 정국을 반영한 이름이 붙여진다. 2017년 10월 선거에서는 '국난 돌파 해산'이라는 이름하에 선거가 치러졌다. 당시 북한이 미사일을 발사했을 때 북한과 가까운 한국은 그리 동요하지 않았는데, 일본에서는 도쿄 지하철이 멈춰 서는 등 '국난'을 맞이한 듯한 위협적인 상황으로 연출해갔다.

실제로 아베는 북한의 미사일 발사를 일본의 '국난'이라는 식으로 몰고 갔고 중의원 선거에서 다시 압승을 거뒀다. 그 결과 말미의 〈부표 1〉에서 보듯이 2017년 11월부터 다시 제4차 아베 내각을 출범시켰다. 2018년 4월 27일 '완전한 비핵화'를 명

기한 4 · 27 남북정상회담은 일본의 '국난' 돌파 해산이라는 정치적 책략을 무색하게

만들었다. 동시에 4 · 27 남북정상회담 이후의 한반도를 둘러싼 국제 정세 변화는 아

베의 정권 운영 동력을 약화시키는 계기가 되기도 했다.

13장
양국 정치의
차이는 무엇인가

도쿄도지사 사직 사건과
일본의 정치 수준

도지사 직에서 물러난 이유

정치가 집안으로서의 이렇다 할 배경 없이 도쿄도지사로 재직(2014년 2월
~2016년 6월)하다 임기 도중 그만둔 마스조에 요이치舛添要一라는 사람이
있다. 임기 도중에 사직한 배경에는 그가 정치 자금으로 가족여행을 하
고 개인 취향의 미술품을 구입하는 등 정치 자금 규정법을 위반했다는

공사公私 혼동의 이유가 있었다. 그를 사직으로 몰아간 데는 여론의 뭇매와 기존 정치권의 방치도 있었다.

마스조에 본인은 동법에 위반되지 않았다고 했지만, 정치 자금으로 중국 옷을 구입한 것조차 정치 활동이었다고 변명하는 모습은 서민의 감정을 자극하는 촌극이었다. 당시(2016년) 일본 대중매체가 연일 떠들썩하게 다뤘던지라 도쿄도만이 아니라 전국적으로 주목도가 높았고, 결국 마스조에는 여론의 질타를 받고 사표를 던졌다. 마스조에는 도쿄대 조교수를 거쳐 국제정치학자로 TV 토론에서 인기를 얻은 다음 정계에 진출했다. 똑똑하기로 치면 일본 정치가 중 그를 당할 자가 없을 정도였다. 그런 그가 왜 백기를 들고 물러나게 되었을까?

일본 정치에서는 '의리와 인정'이 중시되고, 실질적인 골품제가 아식도 건재하다. 장기 집권을 할 수 있는 총리가 되기 위해서는 큰 파벌의 유력자가 되어야 함은 물론, 한국의 역사로 치면 성골이나 진골 집안 출신은 되어야 매우 유리한 고지를 점한다. 마스조에에게는 '의리와 인정'을 함께해줄 이렇다 할 정치 파벌도 없었고, 골품제에 들어갈 만한 집안 배경도 없었다. 대중적 인기가 정치 자산의 전부였던 그였기에, 인기가 지탄으로 변하자 정치 세계에서 사라졌다.

당랑거철

아베 신조 총리의 집안 배경은 마스조에와는 대조적이다. 아베의 외할아버지는 기시 노부스케 전 총리이고, 아버지는 아베 신타로安倍晋太郎 전

외무부 장관이며, 그의 친척들도 쟁쟁한 정치가 집안이다. 아베는 자민당 내 중추 파벌인 호소다細田파를 지지 기반으로 갖고 있다. 그뿐만 아니라, 우익 보수 성향의 '일본회의'를 아우르고 있다.

자민당이 2009년 8월 말 선거에서 패배해 민주당에 넘겨줬을 때 마스조에는 자민당을 뛰쳐나와 신당을 창당했다. 그는 구태의연한 자민당과 그 소속 의원들을 싸잡아 비난했다. 당시 비난받던 위치에 있던 사람이 자민당 간사장이었던 타니가키 사다카즈谷垣禎一였다. 타니가키는 마스조에가 궁지에 몰렸을 때 그를 향해 도지사 직을 사직하라고 밀어붙였다.

보도에 따르면 마스조에를 사직하게 만든 결정타는 아베 총리의 전화였다고 한다. 여론이 악화되다 보니 2016년 7월의 참의원 선거에 악영향이 있을 거란 판단하에 마스조에를 강판시키기로 한 것이다. 이처럼 마스조에는 자민당 파벌이나 골품 집안에는 한낱 당랑거철螳螂拒轍(사마귀가 앞발 들고 수레바퀴에 대들다)에 지나지 않았다.

두더지 잡기와 여우 살리기

비리로 치면 아마리 아키라甘利明 전 경제산업성 장관에게 더 큰 문제가 있었다. 아마리는 도시재생기구UR로부터 뇌물을 받고 영향력을 행사해 알선이득처벌법을 위반했다는 혐의로 고소를 당했었다. 그런 아마리를 장관에 임명한 아베 총리에게 화살이 돌아와야 마땅한 상황이었지만 그렇게 돌아가지 않았다. 아베 재집권 주역의 한 사람이었던 가신 아마리는 장관 직을 사임하기는 했지만 불기소 처분을 받고 유야무야有耶無耶 처리되었다.

정치 수뇌와 가신들 간에는 어느 정도 실수를 해도 '의리와 인정'의 암묵적 봐주기가 통용된다. 마스조에 전 도쿄도지사의 사직 문제가 한창 불거져나왔을 때, 아마리는 슬그머니 정치 활동 재개를 선언하고 나섰다. 두더지(마스조에)를 잡으며 여우(아마리)를 살리는 격이었다. 아베 총리를 비롯한 자민당 의원들은 2014년 도지사 선거에서 마스조에 지원 유세를 해 그의 당선을 도왔다. 일본 국민과 대중매체는 마스조에 도지사를 지지한 책임을 물어 아베 총리나 자민당을 비판하고 나서야 했음에도 그러지는 못하고 두더지 잡기로 변죽만 울려댔다.

마스조에의 공과 사를 구분하지 못한 행동이 "서민 감각으로 봐 납득이 되지 않는다"며 마스조에를 향한 여론몰이가 이어섰나. 아나리 진 깅관의 불기소 처분을 문제 삼아 몸통과 직결된 아베 총리의 임명 책임을 추궁했어야 하는데 야당 의원들은 제대로 다그치지 못했고 두루뭉술 넘어갔다. 유감스럽게도 대중매체나 국민들도 몸통한테 대들 배짱을 기대하기는 어려웠다. 일본 정치 수준의 현주소다.

냉혹한 정치 세계

마스조에를 옭아맨 '정치자금규정법'은 70여 년 전인 1948년에 만들어진 법률이다. 규칙을 정한다라는 뜻의 규정規定법이 아니라 나쁜 점을 바로잡는다는 '규정規正'법이다. 이름은 규정법이라지만 '귀에 걸면 귀걸이. 코에 걸면 코걸이'와 같은 '고무줄 법'이다. 일본에서는 '숭숭 새는 소쿠

리'라는 뜻의 '자루ざる'라는 말을 사용해 동법을 '자루법'이라 속칭한다.

마스조에 도지사 사직 사태는 동법을 위반하지 않았더라도 서민 정서를 거스르면 상황에 따라 정치 생명이 끊어질 수 있음을 보여줬다. 아니 그보다도, 서민 정서는 정치적으로 연출된 올가미였다. 그 올가미는 이해득실을 따져서 득이 되지 않는다 판단되면 가차없이 밑동을 잘라버릴 수 있다는 정치 세계의 냉혹함이기도 했다.

이삭줍기: **일본 정치 세계의 섬뜩함**

일본의 정치자금규정법은 특정인을 공격하는 쪽에서 보면 정치적으로 이용하기 쉬운 법으로 작용하고 있다. 마스조에 사직 사례에서 보듯이 여론의 동향을 봐가며 정적政敵이나 정권 유지에 가시가 되는 사람을 그만두게 할 수 있다. 동법을 적용해 표적 수사가 가능하다는 것을 의미한다. 정치자금규정법과 같은 애매한 법을 만들어 놓고 관망하다가 어떤 사람을 표적으로 정해 몰아붙일 수 있다는 것은 일본 정치 세계의 섬뜩함을 보여주는 단면이기도 하다. 당하는 입장에서 보면 결정적인 때 정치 생명이 끊어질 수 있다는 것이니 무서운 일이다. 자민당과 같이 힘을 갖는 집권당은 정치자금규정법을 정치적 무기로 사용할 수 있는 고지를 점하고 있기에 동법의 개정에 반대하는 입장이다.

장기 집권을 위한 세 가지 요인

일본 정치의 지역성

2018년 6월까지 일본에서 총리를 지낸 사람은 63명이다(말미의 〈부표 1〉). 47개 도도부현이 있으니 1개 현당 1.34명 꼴인데 야마구치현 출신 총리는 9명이나 된다. 평균보다 6.7배나 많은 꼴이다. 야마구치현에 총리 경험자가 심하게 치우쳐 있다는 것은 정치 실권의 지역 간 편재성이 심하다는 것을 여실히 보여준다. 천황에게 통치권을 돌리는(봉환하는) 메이지 유신 과정에서 도쿠가와 막부와 신정부新政府 간의 전쟁이 일어났고 신성부군이 승리를 거뒀다. 신정부가 이기는 데 결정적인 역할을 한 곳이 야마구치현(당시의 쵸슈번長州藩)이다. 초대 총리인 이토 히로부미도 현 총리인 아베 신조도 야마구치현 출신이다.

한국에도 잘 알려져 있듯이 이토 히로부미는 1909년 중국 하얼빈역에서 안중근 의사에게 저격당한 인물이지만, 일본에선 의회의사당 한가운데 동상을 만들어 떠받드는 정치인이다. 한국인에게는 밉상이 일본한테는 곱상이 된 대표적인 정치인이다. 아베 신조도 한국인이나 중국인한테는 껄끄러운 존재지만, 일본인들 정서에 잘 파고들어 장기 집권한 인물이다. 2018년 3월 모리토모 학원森友學園에 국유지를 특혜 불하拂下한 문제로 지지율이 하락하기는 했으나, 집권 중의 내각 지지율도 대체로 50% 전후로 높게 유지해왔었다. 일본에서 장기 집권을 할 수 있는 세 가지 요인으로서 역할 분담, 선거 제도, 정책 운영을 들어 살펴보자.

출신과 역할 분담

우선 총리와 관방장관의 역할 분담이다. 일본의 내각책임제는 1885년 시작되었다. 의아하게 들릴 수 있으나 130년이 넘는 일본 내각책임제 역사에서 아직 총리를 배출하지 못한 지역(현)이 허다하다. 메이지유신 과정에서 신정부군과 에도 막부가 싸우는 무진(보신) 전쟁(1868~1869년)에서 막부 쪽에 가담해 신정부한테 미운 털이 박힌 지역이 동북지방이다. 일본어 관용구로 '이기면 관군, 지면 역적(勝てば官軍負ければ賊軍)'이라는 말이 있다. 동북지방 6개 현 중 5개 현(아오모리, 아키타, 야마가타, 미야기, 후쿠시마)은 여태껏 총리를 한 명도 배출하지 못했다. 이와테현에서만 총리를 한 명(스즈키 젠코鈴木善幸 총리로, 1980년 7월~ 1982년 11월 재임) 배출했을 뿐이다.

아베가 2012년 12월 말 재집권하는 데 혁혁한 공을 세운 주역은 스가 요시히데菅義偉 관방장관과 아마리 아키라 전 경제산업성 장관이다(아베는 2006년 9월~2007년 9월까지 1년간 집권한 적이 있다). 이들은 출신 지역이나 파벌 배경상 자신이 직접 총리가 될 수 없음을 알고 아베 '도련님'을 그 자리에 앉혔고, 자신들은 실권을 잡는 쪽으로 선회해 정치 생명을 이어왔다. 예컨대 스가는 핵심 정치 무대에서 벗어나 있는 동북 지방 아키타현 출신이다. 골품 집안 출신인 아베 도련님은 총리가 되고, 비골품 유력 정치가는 도련님을 모시는 장관이나 비서관으로 앉아 관료 통제 및 정치 해결사로 외풍을 막아줬다. 일본 정치에서 장기 집권을 하기 위해서는 출신 지역·파벌이 가미된 역할 분담이 중요한 요인으로 작용한다.

유리한 선거 제도

다음으로 자민당에 유리한 선거 제도다. 당선에 영향을 미치는 선거 제도는 정권 창출에 중요한 요소다. 일본 국회는 중의원과 참의원으로 이뤄지는 양원제 의원내각제를 취하고 있는데 중의원의 힘이 강한 구조로 되어 있다. 정치 구조의 권력 기반을 이루는 중의원 선거에서 일본은 소선거구 비례대표제를 채택하고 있다. 소선거구제는 각 선거구에서 최다 득표자 한 명만이 당선되는 제도다. 일본에서 농어촌 지방 선거구는 보수성이 강해 자민당 지지가 일종의 문화처럼 정착돼 있다. 인구 수가 적은 농어촌 지역의 각 선거구는 한 표의 가치도 높고 고정표가 많아 소선거구 비례대표제는 자민당에 유리하게 작용했다.

농어촌 인구가 줄어들었다 하더라도 그에 비례해 국회의원 수가 줄어든 것은 아니다. 농어촌 지역의 적은 선거인 수로 많은 자민당 국회의원을 당선시킬 수 있는 구조로 되어 있는 것이 일본의 소선거구제다. 실제로 자민당은 농어촌 지역을 위한 선심행정을 펴왔고, 수차례의 국회의원 선거에서 대승을 거뒀다.

자민당이 중의원 선거에서 대승을 거둔 데에는 농어촌 지방에서 적은 선거인 수로 당선된 덕택이 컸다. 보수적 경향이 강하고 금방 변하지 않는 탄탄한 지방 선거구를 배경으로 자민당이 주요 야당인 민주당을 비롯해 다른 군소 야당을 따돌린 양상이다. 2009년 8월 31일 중의원 선거에서 민주당이 압승을 거둬 정권 교체가 있었을 때도 농어촌 지역에서는 자민당이 상당수의 의석을 유지하는 저력을 발휘했다.

경제 중시 정책 경영

마지막으로 경제 중시 정책 운영이다. '목구멍이 포도청'인지라 일반 국민은 경제 문제를 우선시한다. 리먼 쇼크 영향도 있어 2008년의 일본 경제 상황은 매우 좋지 않았고, 2009년 8월 중의원 선거 결과 자민당에서 민주당으로 정권이 교체되는 이변이 있었다. 집권당이 민주당으로 교체되어 3년 이상(3년 3개월) 야당의 시기를 겪으며 자민당은 경제 상황이 악화되면 지지 기반도 허물어짐을 뼈저리게 경험했다.

자민당으로서는 운이 좋게도, 민주당은 정권 운영에 있어 시행착오와 여당 내 분열을 거듭했고 경제 상황도 좋아지지 않았다. 단기적으로 급조된 인상을 준 민주당은 1955년 창당이라는 긴 역사를 갖는 자민당에 너무도 쉽게 다시 정권을 내줬다. '오래되어 힘센 자에게는 잠자코 따르라(長い物には巻かれろ)'는 일본의 속담대로 일본인들은 장기간 집권해온 자민당을 거부하지 못하고 다시 손을 들어줬다. 이처럼 일본에서는 역사와 전통이 막강한 힘을 발휘한다.

2012년 말 정권을 되찾은 자민당은 정권 유지를 위해 출신 지역과 파벌에서 유리한 고지에 있던 아베 신조를 내세웠고 '첫째도, 둘째도, 셋째도 경제'라며 경제를 전면에 부각시켜 국민을 다독였다. 일본인들은 돈이 많다고 해서 겉으로 잘 드러내지 않는다. 일확천금을 쥐고 놀며 지내기보다 받는 돈은 좀 적더라도 어딘가의 조직에 소속되어 지속적으로 일하길 원한다. 아베 정권의 경제 정책인 아베노믹스에서는 극심한 구인난을 가져올 정도로 취업 사정을 호전시켰다. 자국민의 강한 조직 소속 성향을 숙지하고 고용(취업 사정) 호전을 이뤄낸 이와 같은 정책 운영은 장기 집권의 정권 유지를 가능하게 했다.

한국은 쏠림 정치

한국에서는 카리스마적이거나 독재적인 집권으로 흐르기 쉽다. '독차지' 하려는 야욕이 강하기 때문이다. 막강한 권한의 대통령제인지라 가신들 과의 역할 분담으로 균형을 잡아가며 장기적으로 높은 지지율을 유지하 기 어렵다. 자본주의 사회에서는 장사나 사업이 잘되어야 지지율이 올 라가는 경향을 띠게 된다. 원망을 듣지 않고 지지받는 대통령이 되려면 경제 살리기가 우선이다. 일본의 집권 방식을 그대로 따른다 해서 한국 에서 집권자의 지지율이 오를 것으로 보이지는 않는다. 통치 방식이나 국민 정서가 다르기 때문이다.

　한국은 이처럼 이쪽에서 저쪽으로 힘의 균형이 왔다 갔다 하면서 움 직이는 흐름 사회의 특성을 지니고 있다. 전통을 살리며 하나씩 하나씩 개선해가는 데 익숙한 일본은 기술, 자본, 지식을 쌓아가는 축적 사회로 서의 특성을 띠는 사회다. 일본에는 한국보다 다방면에서 훨씬 많은 축 적이 이뤄져 있다. 흐름 사회 한국의 불안정성을 보완한다는 차원에서 도 안정된 일본의 축적을 이용하는 타산지석의 지혜를 발휘해가는 것 이 득책得策이라는 생각이다. 비록 일본이 감정적으로 마음에 들지 않는 다 하더라도 감정을 누그러뜨리고 일본 · 일본인 · 일본 사회를 숙지하 고 이들을 활용하는 정책 노선이 경제 살리기에 보탬이 되는 현명한 전 략일 것이다.

이삭줍기: **아직도 건재한 일본의 파벌**

한국에서는 파벌이 있다 해도 이합집산이 많지만, 일본은 정치 파벌의 역사가 길다. 과거 자민당 정치에서는 최대 파벌의 우두머리가 누구를 총리로 세울 것인지를 좌지우지할 정도의 힘을 갖고 있었다. 최근 들어 파벌의 영향력이 약해졌다고 해도 그 계보와 명맥은 유지되고 있다. 중의원과 참의원을 포함한 자민당 내 각 파벌의 세력을 보면 호소카와細川파 91명, 아소麻生파 58명, 누카가額賀파 50명, 기시다岸田파 45명, 니카이二階파 44명, 이시바石破파 20명, 이시하라石原파 12명으로 되어 있다(2017년 10월 22일 중의원 선거 이후).

아베는 최대 파벌인 호소카와파에 속해 있었다. 아베의 이력에 파벌을 명기하지 않는 때도 있으나 이는 파벌을 겉으로 드러내지 않으려는 '인상印象 조절용'이라 볼 수 있다. 아베 다음의 총리 후보로 거론되는 인물이 기시다 후미오岸田文雄와 이시바 시게루石破茂인데, 위의 파벌 분포에서 보듯이 기시다파(45명)와 이시바파(20명)는 호소카와파(91명)에 비해 훨씬 적은 인원으로 구성되어 있다. 그만큼 자신을 지지하는 국회의원들의 외연을 넓혀가기가 어려울 수 있음을 의미한다. 2001~2006년까지 총리를 한 고이즈미 준이치로와 그의 아들인 고이즈미 신지로小泉進次郎는 파벌보다는 대중적 인기를 등에 업은 정치인이지만, 파벌에 기반을 두지 않는 이들이 일본 내에서 정치 그룹의 주류를 형성한다고 보기는 어렵다.

한국과 일본 수뇌의 특성 비교

'일본을 위하여!'와 '한국을 위하여!'는 전혀 다른 뉘앙스

국가를 대하는 자세에서 한국과 일본 지도자는 크게 다르다. 한국의 지도자는 필요하다면 국가조차도 마음먹은 대로 좌지우지하면서 자신이 막강한 힘을 발휘하며 '운영'해보겠다는 심산도 숨어 있다. 때문에 한국에서는 누가 지도자인가에 따라 국가 전체가 큰 영향을 받는다. 반면 일본의 지도자는 일본이라는 나라에 '속한' 한 사람으로서 자신의 힘을 더하겠다는 자세다.

일본에서는 역사적으로 스스로 왕(천황)의 자리를 차지할 수 있는 유력 통치자들이 꽤 있었지만 실제로 이들이 천황이 되겠다 나서지는 않았다. 배준호는 "덴무(天武, 673~686) 천황 이래 구축되어온 '천황은 권위의 상징으로 불가침'이라는 정신 문화 유산이 불문율로서 후대의 권력자들을 구속해왔는지 모른다"고 하고 있다(《역사의 품격(하)》, 91쪽). 일본인들은 '일본을 위하여!'라는 구호에 접하면 어딘지 모르게 오그라드는 듯한 인상을 풍긴다. 대개는 국가에 저항할 엄두를 못 내기 때문이다. 이에 비해 누가 '한국을 위하여!'라고 선창하더라도 한국인들은 주눅 들거나 하지는 않는다.

애국을 유난히 강조했던 두 사람으로서 박근혜 전 대통령과 아베 신조 총리를 들 수 있다. 박근혜는 자서전에서 자신이 대한민국과 결혼했다고 하면서 나라 사랑을 강조했고(《절망은 나를 단련시키고 희망은 나를 움직인다》), 아베는 '아름다운 나라' 일본 재건을 자신의 정치적 다짐으로 내세우면서 강한 애국심을 드러냈다(《새로운 나라로》). 두 사람 모두 강성 이미지로 부각되어 인간적인 부드러움과는 거리가 멀어 보이는 공통점을 보였으나, 결말은 판이하게 달랐다. 박근혜는 국가를 잘못 운영해 한 나라가 송두리째 흔들릴 수 있음을 보여줬고 탄핵으로 불명예스럽게 물러났다. 반면에 아베는 전쟁할 수 있는 나라로서의 일본국을 유도해 갔다.

정치 단수가 높은 아베 총리

한국은 대통령제 국가인 까닭에 대통령이 국회의원의 임기 도중에 국회를 임의로 해산할 수는 없다. 한국과 달리 일본은 국회의원들이 장관과 총리가 되어 국가를 통치하는 의원내각제 국가다. 일본 총리한테는 한국과는 달리 국회(중의원) 해산권이라는 강력한 권한이 있다. 중의원 임기(4년)가 많이 남았더라도 내각 지지율이 높을 때 총리가 의회 해산권을 행사해 정권 재창출을 도모하는 수단으로 활용되어왔다. 예를 들어 아베 총리는 높은 지지율을 배경으로 임기 도중 중의원 해산을 단행해 선거(2014년 12월 및 2017년 10월 선거)에서 압승했고 2014년과 2017년 새로이 총리에 취임해 정권 연장을 달성했다.

상황에 따라 국회를 해산하는 일이 일어나다 보니 일본에서 선거에 임하는 전략도 그때그때에 맞춰 다양하다. 아베는 자신의 정치 야심을 실현하기 위한 단수도 높다. 그가 정치 단수가 높아진 데는 제1차 아베

내각(2006년 9월~2007년 9월)에서의 1년간 총리 경험이 큰 자산으로 작용했다. 절치부심하며 다시는 실수하지 말자는 사항들을 자신의 비밀노트에 빼곡하게 적어놓았다고 한다. 이에 비하면 박근혜는 박정희 정권 시절 청와대 생활 기간이 길었으나 좋은 쪽으로 활용되지 못한 불행이 있었다.

정치가는 담백하지 않아야

아베는 의미는 명확하지 않으나 메시지가 담긴 듯한 구호를 많이 내세웠다. 그 구호를 강한 어조로 반복해 자신의 이미지를 각인시키는 방법을 취하곤 했다. 그와 같은 방법을 이용한 데는 자신의 아버지(아베 신타로 전 외무부 장관)의 힘이 컸다. 아베는 "'정치가는 스스로의 목표를 달성시키기 위해 담백해서는 안 된다', 이는 부친으로부터 배운 소중한 교훈이었다(《새로운 나라로》, 41쪽)"고 고백하고 있다. 그 구호에는 애매함이 점철되어 있기에 어디로 구른다 해도 할 말을 마련해놓는 특유의 사고방식이 배어 있다. 명확한 입장 개진을 피하는 일본인들 정서에는 아베의 정치 어법이 잘 들어맞는다.

강성 보수주의를 피해가기 위해 아베는 '열린 보수주의'라는 말도 내세웠다. 그는 대외적으로 강성우익 이미지를 주고 있지만, '열린' 보수주의라는 말로 보수주의의 막혀 있는 이미지를 탈피시키려는 의도가 엿보인다. 종합적으로 이리저리 생각한 듯한 인상을 주는 다중적 의미를 내포한 구호나 어느 쪽으로도 해석할 수 있는 말 고르기에 부심했다. 실제로 그는 자신에 대한 비판을 극히 싫어한다. 말로는 다른 비판도 수용하는 듯한 '열린'이란 수식어를 붙여, 아버지로부터 배운 '담백하지 않음'을 실천했다. 그러면서도 '정치가는 실현하고 싶다고 생각하는 정책과 그 실행력이 전부'라는 사고를 내세우며, 정치가로서의 자신의 테마는 '안전보장과 사회보장'이라 밝히고 있다(앞의 책, 45쪽).

아귀가 맞지 않는 한일 지도자의 언행

이명박 전 대통령의 독도 방문 및 일왕 사죄 발언이 있었던 2012년 이후 한일 관계는 계속 꼬여왔다. 이명박 다음인 박근혜의 원칙주의적 이미지도 아베 총리의 느물느물한 태도와는 맞부딪치는 입장이었다. 아베와는 대조적으로 박근혜는 정치가로서 말주변이 없었다. 강성 이미지만 있을 뿐이었다. 그녀는 자서전에서 "나의 사전에 약속을 깨는 일은 없다. 약속은 지키라고 있는 거니까"(《절망은 나를 단련시키고 희망은 나를 움직인다》, 254쪽)라고 밝히고 있다. 그런 탓이었는지는 몰라도 이렇다 할 외교 현안을 진척시키지 못했다.

분명성과 약속 지키기를 결합하면, '분명한 약속을 하고 지켜간다'가 된다. 한일 관계에서도 애매함을 싫어해 박근혜는 자기 태도를 확실히 밝히는 쪽이란 인상을 주려 했다. "독도 문제, 역사 교과서 문제, 야스쿠니 신사참배, 위안부 문제를 모두 분명히 조목조목 짚고 넘어가야 한다"(307쪽)는 굳은 입장이었다. 이런 입장이 한국의 정서에는 잘 들어맞을 수도 있겠으나, 유감스럽게도 분명하고 명확한 태도는 일본과의 교섭에서는 서로 아귀가 맞지 않아 외교 손실도 컸다. 예컨대 불가역적이란 표현까지 넣어가며 타결하게 된 '위안부 문제 협상'(2015년 12월)은 대일 외교 입지를 좁혀놓았다.

일본인과 한국인의 성향 차이

일본인들은 일왕(천황)이 일본 역사의 중심줄이라 여기고 있다. 장기 집권한 아베의 역사관도 "일본의 역사는 천황을 날줄(세로 줄)로 해 짜여져 온 나라이기에 일본의 근간은 천황제"라는 인식이다(《새로운 나라로》). 바깥에서 뭐라 하든 조용히 천황을 섬기며 살아가는 일본 국민들이다. 이는 일본이 천황을 정점에 둔 종적 사회로서 횡적 유대에 익숙지 못함을 의미한다.

한국도 종적 사회로서 상명하복上命下服인 듯하지만, 미국의 기독교, 일본의 천황제처럼 사회를 꿰뚫는 사고축이 없다. 좋게 보면 다양성이라 할 수 있지만 부정적으로 보면 뭉치지 못하고 분열되기 쉬운 경향으로 나타날 수 있다는 말이다. '내가 해보겠다. 나도 해보겠다' 나서는 적극성은 활발하다 하겠지만, 뒤집어보면 에너지 결집이 어렵다는 뜻이기도 하다.

여러 분야에 개개인의 관심이 높은 것은 좋으나 관심이 불필요한 개입으로 이어져 협조가 아닌 훼방이 될 수도 있다. 그리 되면 사회 조직으로서 정해놓은 방향으로 가지 못하고 다른 방향으로 틀어져버릴 수도 있다. 민주적인 과정을 거쳐 결정된 일에 대해서는 설사 내키지 않는 일면이 있다 하더라도 시행착오나 실수를 물고 늘어지기보다는 참고 협조하는 마음가짐도 중요하다는 생각이다.

이삭줍기: **아베의 사고 형성**

아베 신조는 양심에 부끄럼이 없다고 믿는지, '천만 명의 반대자가 있더라도 두려움 없이 자신의 길을 간다'는 맹자의 말을 새겨두고 있었다고 한다(《새로운 나라로》). 이 말은 아베의 외할아버지 기시 노부스케 전 총리의 좌우명이었다. 기시의 영향을 한껏 받고 자란 아베는 외할아버지가 이루지 못한 헌법 개정을 자신이 이루겠다고 속으로 다짐해왔다. 아베한테는 '다시 전쟁할 수 있는 국가로 만들겠다'는 신념 아닌 신념이 자리 잡혀 있었다. 이 신념을 관철시키려 한 것 중의 하나가 12장에서 다룬 안전 보장 관련 세트 법제였다고 할 것이다.

국회의원 의정 활동 차이

한 통의 전화

서울대학교 경제연구소에 연구년으로 와 있던 2018년 봄, 한국의 어느 국회의원 보좌관으로부터 전화가 왔다. 한국에서 향후 실시하게 될 지역 균형 발전 관련 현안에 대해 토론자로 참석해줬으면 좋겠다는 연락이었다. "일본이 한국에 비해 지역 균형 발전을 위한 제도가 잘되어 있다고 알고 있으니 현지 실정을 말해주길 바란다"고 했다.

처음에는 거절했다. 특정 국회의원이 발의하려는 안건에 들러리 서기 싫어서였다. 그러자 보좌관이 말하길, "더불어민주당, 자유한국당, 국민의당(당시) 의원들이 고루 참석하니 특정인의 입장이 아니다"라고 했다. 그렇다면 참석하겠다고 승낙했다. 나로서도 여러 의원들과 머리를 맞대고 일본의 지역 균형 발전을 위한 제도 실시 배경이나 경제적 효과의 득과 실 등을 토론하다 보면 유익한 시사점이 얻어지겠다 싶었기 때문이다.

인사말과 인증샷 위주의 국회 토론회

토론회 일정은 오전 10시부터 11시 30분까지 1시간 반으로 길지 않은 편이었다. 일본에서는 예정 시간보다 약간 일찍 도착하는 습관이 있었던 지라 회의 10분 전에 행사장인 여의도 의원회관에 도착했다. 토론회용 책자도 잘 만들어져 있었고, 좌석도 정해져 있어 지정된 좌석에 앉아 프로그램을 살펴봤다. 처음 10분간은 개최 인사말로 잡혀 있었다. 그런가 보다 하고 인사말을 듣는데 국회의원 네 명의 공동 개최라 그런지, '무슨무슨 처장', '어떤 동료 A의원, B의원' 하면서 인사말이 이어졌다. 세상에! 토론회 시간의 반인 45분을 인사말에 쓰고 있었다.

토론회가 시작되기를 묵묵히 기다렸다. 그다음이 놀라웠다. 사회자가

"많은 분들이 모였고 끝날 때까지 참석하지 못할 분들이 계시니 우선 사진부터 찍자"는 것이었다. 모두 한 곳으로 모여 근사하게 만들어진 'ㅇㅇㅇ 국회 토론회, 주최: (네 명의 국회의원 이름)'이라는 현수막을 배경으로 사진을 찍었다. 토론회를 했다는 증거 사진으로, 이른바 인증샷이었다.

이제 토론회가 시작되나보다 싶었는데 더 큰 가관이 기다리고 있었다. "ㅇㅇㅇ의원님이 지구당에 일이 있어 가보셔야 합니다" 하며 자리를 떴고, "ㅇㅇㅇ의원님은 중요한 손님이 오셔서 먼저 실례하겠습니다" 하면서 빠져나갔다. 결국 국회의원은 한 명도 토론회에 참석하지 않았다. 자신들이 개최한다고 해놓고 어쩌면 그렇게 한 사람의 의원도 남지 않고 모두 빠져나가는지 의아할 따름이었다.

일본 국회의원의 메일 매거진

일본에서 오랫동안 있다 보니 한국에 적응이 덜 되었기 때문일까? '일본의 지역 경제에 대한 태도가 한국과 어떻게 다를지, 또 한국에 줄 수 있는 시사점은 무엇인지를 중심으로 밤잠 아끼며 준비한 시간이 허무하게 느껴졌다. 내 차례가 되어 토론에 들어가기 전 한마디했다. "도움이 되었으면 해서 나름 열심히 준비했는데, 어쩜 한 분의 의원님도 자리를 지키지 않네요" 하고.

문득 오츠카 코헤이大塚耕平라는 일본의 야당(민주당) 공동대표가 떠올랐다. 그는 일본재정학회에 참가해 발표도 곧잘 하곤 했다. 학회에서 그와 명함 교환을 한 바 있는데, 지금도 오츠카 의원으로부터 〈정치경제 리포트〉라는 현안 분석 메일 매거진이 일정한 주기로 오고 있다. 〈정치경제 리포트〉 권Vol 번호가 401까지 이어졌다고 하는 것도 그의 꾸준한 공부를 방증하고 있다.

〈정치경제 리포트〉의 분석 내용도 매우 구체적이며 본인이 작성한다. 깜짝 놀랄 때가 많다. 최근에 온 내용을 예시한다면, "가상화폐를 이용한 자금 조달 수단을 의미하는 가상화폐공개initial coin offering, ICO에 대해 말씀드리겠다" 하면서 그 의미, 유래, 관련 제도 등의 설명을 이어가고 있다(2018년 5월, Vol. 401). 그러면서 "정보기술과 관련 없는 사업·프로젝트를 위해 ICO를 이용하는 것은 '가상화폐'의 거품bubble, ICO 거품에 편승한 불합리한 대응이라 생각된다"며 자신의 견해도 확실하게 피력하고 있다. 보좌관이 준비해준 것을 본인이 한 것처럼 말하곤 하는 일부 의원들과는 깊이가 다르다.

한국에서 그렇게 말하면 출세 못 한다

특권도 많고 보좌관도 많이 두고 있는 한국의 국회의원들이다. 여덟 명의 보좌관은 필요 없고 한 명이면 된다고 말한 의원도 있다고는 하지만 대부분은 그렇지 않은 듯하다. 보좌관들 중 일부라도 지역구를 관리하며 자신의 재선을 위해 동원되고 있다면 국민의 세금이 사적으로 사용되는 것이니만큼 크게 잘못된 일이다. 한국의 국회의원들 가운데도 열심히 일하는 사람이 그렇지 않은 사람보다 많을 것이라 믿고 싶다. 하지만 정작 본인이 직접 하나씩 하나씩 다져가며 실력을 쌓아가려는 의원들보다는 여기저기 관여하며 분주하게 움직이는 의원들이 많다는 인상이다.

토론회를 마친 후 국회의원 보좌관 경험이 있는 선배한테 연락해봤다. 개최 국회의원들이 한 사람도 자리를 지키지 않은 것에 대해 한마디 쏘아붙였다고 했더니, 선배가 즉각 내 말을 받아쳤다. "국 교수! 한국에서 그렇게 말하면 출세 못 해." 어쨌든 2018년 봄 내가 여의도 의원회관에서 경험한 토론회는 지역 발전을 위한 토론의 장이 아니라 그들의 활동 이력 자료로만 이용될 것 같아 씁쓸한 마음이 들었다.

이삭줍기: **오츠카 코헤이 의원도 드문 케이스**

앞서 오츠카 코헤이라는 야당(민주당) 공동대표를 예로 들었으나 그가 일본 국회의원의 전형적인 모습이라고 보기는 어렵다. 자신의 주장을 펼쳐가며 적극적으로 발신을 이어가는 데는 그가 여당이 아닌 야당의 참의원 국회의원으로서 활동하며 정부의 정책 등을 비판하거나 하는 위치라는 점과 깊은 관련이 있다. 참의원 국회의원은 중의원 국회의원과는 달리 총리의 의회 해산권의 영향을 받지 않고 6년의 임기 동안 안정적으로 활동할 수 있는 국회의원이다.

오츠카는 참의원 재정금융위원회에서 활동하며 "일본은행의 대담한 금융완화 정책이 금융 기관의 수익 악화나 거품경제적인 부작용을 초래하고, 최근에는 그 심각성을 더해가고 있다"고 비판한다(〈정치경제 리포트〉 Vol. 401). 오츠카 의원과는 달리 대부분의 여당 자민당 의원들은 정부 정책에 대해 비판하지 않고 두둔하는 입장이다. 일본 국회의원들이 한국 국회의원들처럼 배포는 크지 않으나, 여당이든 야당이든 일본 국회의원들은 공부 모임을 갖으며 자신의 분야를 심화해가려는 경향이 강하다고 할 것이다. 자신이 주체가 되어 국회 토론회를 개최하기로 했을 때 토론회 자리를 비우거나 하는 일은 거의 일어나지 않는다는 뜻이기도 하다.

5부

Comment

일본, 어떻게 대할 것인가

14장
양국의 접점을 찾아라

세 축의 접점 찾기

사고를 가늠하는 세 가지 축

한국인과 일본인이 생김새가 비슷하다 보니 생각이나 사고방식도 비슷
하려니 싸잡아 생각하고 쉽게 넘겨버릴 수 있다. 이는 물론 피상적 파악
에 불과하다. 한국 사회와 일본 사회, 그리고 한국인과 일본인 간에는
물리적인 거리는 가까워도 서로 간에는 질적, 양적으로 두드러진 차이
를 보인다. 어느 나라의 국민이 어떤 사고를 형성해왔는가를 알기 위해

서는 역사적 배경이나 지정학적 위치가 갖는 의미도 파악할 필요가 있다. '어째서, 왜' 다른지를 골똘히 생각해보며 인식하고 납득해가는 과정에는 그에 상응하는 때로는 길고도 고심스러운 시간과 노력이 요구된다. 그러함에도 한국에서는 일본인이나 일본 사회를 주관적으로 쉽게 규정해버리는 인상을 받기도 한다.

어떤 이들은 한국이 몇 년 또는 몇 십 년의 터울을 두고 일본의 상황을 닮아간다고 한다. 그런 징후로 저출산 고령화와 저성장 진행이 일본의 전철을 밟고 있다고 예를 들곤 한다. 이런 언급은 일부 현상적 징후가 엇비슷하게 나타남을 지적하는 데 불과하다. 양국 간에는 그 근저에 깔려 있는 사고방식의 차이가 커, 냉정한 진단과 이성적 대처가 요구된다. 다음은 2장에서 언급한 한일 이해를 위한 세 축과 그 이후의 논의를 총괄한다는 뜻을 담고 있다. 마무리 단계에 접해 '넓고 얕게 vs. 깊고 좁게', '디지털과 아날로그', '흐름과 축적'이라는 세 가지 축을 다시 언급하면서 한일 간 사고방식의 근본적 차이를 요약하고, 세 축의 접점 찾기를 제시해보기로 한다.

'넓고 얕게' vs. '깊고 좁게'

우선 한국은 '넓고 얕게'의 사고, 일본은 '깊고 좁게'의 사고다. 변화무쌍한 한국에서는 어떤 일에 골똘히 집중해 일가견을 이루기가 참으로 어렵다. 한반도는 지정학적으로도 주변 강대국들의 영향을 받기 쉬운 위치였던지라 제대로 대응을 하지 못하고 당할 때도 적지 않았다. 정세 파악을 그르쳐 임진왜란과 같은 일본(에도 막부)의 침략이나 병자호란에서처럼 중국(청나라)의 침입을 당한 예를 들 수 있을 것이다. 변화가 심한 환경에서 살아남으려는 행동 패턴이 이뤄지다 보니 주변 정세 파악을 하며 처신을 잘해야 살아남았다. 한국은 이처럼 여기저기 두루 섭렵해야 하는 위치 관계라는 점도 있어 '넓고 얕게'라는 박천博淺의 일반인을 양산하기 쉬운 입장이었다.

　일본은 아시아 대륙 끝자락의 섬나라에 위치하면서 외세의 침략을 거의 받지 않고 12세기 후반부터 지역성이 강한 무사 지배 봉건 시대를 거쳐왔다. 이동의 자유도 제한되어 진득하게 파고들며 각자 주어진 일에 충실하게 살아가는 삶이 강조되었다. 그러한 삶이 이어지면서 자신의 역할에 머물며 남의 집 담장 너머까지 넘보려 하지 않는 행동 패턴이 오랜 기간에 걸쳐 자리 잡았고, '좁고 깊게'라는 협심狹深의 전문인을 낳게 했다. 한국의 일반인은 여기저기 오가며 삶을 경험하느라 바쁘지만, 일본의 전문인은 자기 일에 조용히 매달리며 살아가느라 바쁘다.

디지털 vs. 아날로그

다음으로, '디지털과 아날로그'로 대비되는 한일 간의 특징 차이다. 조선 말기 쇄국 정책, 일제 식민지 지배, 한국전쟁을 거친 한국은 거의 모든 산업에서 일본에 뒤져 있었다. 그러던 한국이 일본을 따라잡고 앞서가는 대표적인 분야가 정보통신기술 산업이다. 이것저것을 경험하며 다시 비약을 이뤄보려는 성향이 강한 한국인에게는 디지털 속성이 잘 들어맞았기 때문이다.

한국인의 디지털적 사고와는 달리 일본인은 조직 내 사람들과 연계하며 그동안 해오던 방식을 조금씩 개선해가는 아날로그적 사고에 익숙하다. 그래서 일본은 아날로그 기술과 부합하는 자동차나 기계장비 산업에서 강점을 발휘한다. 디지털 한국, 아날로그 일본이다. 디지털의 삼성 갤럭시가 아날로그의 현대차보다 향후 일본 시장에서 먹혀들 여지가 더 크다는 뜻이다. 앞으로 디지털 전기자동차^{EV}가 주류가 된다면 일본 자동차 산업의 강점이 흔들릴 여지가 있다. 도요타자동차도 ICT 업계의 강자인 구글의 전기자동차 생산 참가를 가장 큰 위협으로 보고 있다.

흐름 vs. 축적

마지막으로, '흐름과 축적'으로 대변되는 한 축이다. 대륙과 일본 사이에 대륙과 해양을 잇는 지역에 위치한 한반도는 이것저것 혼합되어 흐름의 속성이 역력하다. 쌓인 자산이 금방 소진되기도 하고 다시 일약 큰 소득을 벌어들이기도 한다. 쌓은 자산이 일본에 비해 부족한 한국은 '소득'과 같은 흐름 변수(일정 기간 동안의 관측 대상의 크기)가 '자산'과 같은 축적 변수(어떤 시점에서의 관측 대상의 크기) 간에 미치는 영향도 크다. 실제로 일본에 비해 한국이 흐름(예, 소득) 변수와 축적(예, 자산) 변수 간에 높은 상관 관계를 보인다(국중호, 〈경제 재정 운용의 한일 비교와 시사經濟財政運用の日韓比較と示唆〉).

한국의 흐름 기질과는 달리 대륙의 끝 섬에 자리 잡은 일본은 갖가지를 쌓아가는 축적 성향의 기질이 강하다. 장기간에 걸친 기술·자본·지식 축적이 많은 반면, 국채 누증과 같이 바람직하지 않은 것도 쌓여왔다.

한국은 흐름 속성으로 나쁜 것도 금방 바꾸지만 좋은 것도 잘 바꿔 긁어 부스럼을 내기도 한다. 일본은 축적 속성으로 좋은 것도 쌓이지만 나쁜 것도 쌓이기 쉬운 사회다. 흐름은 동적인 활발함이 있지만 불안정성도 내포한다. 축적은 정적인 안정감이 있지만 신속한 대응을 하지 못하는 폐단이 있다. 요컨대 흐름이나 축적 중 한쪽만이 강조되면 불균형이 심화될 우려가 있다.

세 가지 축의 조화

위에서 든 세 축은 각각 한국과 일본을 대비해 상징적으로 보인 표상表象들이다. '넓고 얕게' 행동하기 쉬운 일반인, 빠른 반응을 추구하나 왠지 불안이 함축된 디지털, 나쁜 것도 바꾸고 좋은 것도 바꾸는 흐름, 이들 속성은 한국인의 기질을 상징한다. 이에 비해 해당 분야에 집중하려는 '깊고 좁게'의 전문인, 반응은 느리지만 안정감을 내포한 아날로그, 좋은 것도 쌓이고 나쁜 것도 쌓이는 축적, 이들 속성은 일본인의 속성을 드러낸다.

한일 양국 간 일장일단을 보완해줄 나라를 옆에 두고 있다는 것은 서로에게 행운이다. 어려운 일일지라도 상대국을 활용한, '넓고 깊게'라는 박심博深의 추구, 디지털과 아날로그의 균형, 흐름과 축적의 조화는 양국에게 높은 품격과 넉넉함을 가져다줄 것으로 믿는다.

과연 '넓고 깊은' 박심 추구, 디지털과 아날로그의 균형, 흐름과 축적의 조화가 가능한 것일까? 어떤 것을 성취하다 보면 다른 한쪽의 희생이 따르기 때문에 불가능하다고 여기고 쉽게 포기하는 것은 아닌지 모르겠다. 일본의 대문호 나쓰메 소세키는 20세기가 시작할 무렵 이미 직업의 분화에 따라 각각의 영역이 협소하게 분화되고 있음을 지적하고 있다. 그러면서 자기 분야 외에 대해서는 거의 알지 못하고 '절름발이 전문가'로서의 문제에 어떻게 대처할 것인가를 논하고 있다《도락道樂과 직업》).

소세키는 절름발이 전문가를 탈피하기 위한 방편으로서, '다른 분야를 몸소 경험할 것'을 제시하고 있다. 만일 그러한 경험이 어렵다면 간접적으로 '다양한 문학작품의 독서'를 권하고 있다. 문학작품이 다채로운 감성을 키워준다고 보기 때문일 것이다. 참고로 소세키는 천 엔권 지폐의 주인공이기도 한 인물이다.

너그러움을 찾는 여정

금의환향은 못 하고

한국의 많은 청년들이 취업을 하지 못하고 있다. 또 교육의 현장에선 교사의 설 자리도 잃어가는 듯하다. 초등학교 교사였던 지인이 아동들의 잘못도 꾸짖을 수 없는 교육 현장이 되었다며 한탄했다. 서로 다툼이 있을 때 선생님보다 경찰에 먼저 연락하는 세태가 되었다고 했다. 제대로 된 교육이 되지 않으면 세상이 어수선하고 어지러워진다. 어쩌면 이제 더 이상 한국을 두고 '동방예의지국'이라고 자부심을 갖기에는 뒤가 켕기는 듯하다. 자기 자녀가 소중하지 않은 부모가 어디 있으랴마는 남의 자녀도 소중하다는 역지사지 성찰의 깊이가 약해진 것은 아닌지 모르겠다.

성정性情이 거칠어지고 기氣가 흩어졌다고 본다면 나만의 착각일까? 어쩌면 한국이 안고 있으면서 가장 절실하게 풀어야 할 과제는 흩어진 기와 거칠어진 성정을 되돌리는 데 있지 않나 싶다. 나는 충남 서산瑞山의 성연聖淵면에서 태어났다. 상서로운 산과 성스러운 연못의 고장이니 필연 좋은 기운을 받고 자라왔을 것이라 자부한다. 삼거리 떡방앗간이던 어릴 적 나의 집과 뛰놀던 동네 마당은 1970~1980년대 개발 시대를 거치며 흔적 없이 사라졌고 이젠 산업단지가 들어섰다. 그래도 나는 고향 땅을 깊이 사랑한다.

많은 분들이 그러했듯 어린 시절 공부 좀 한다고 하던 사람들, 돈을 벌고자 했던 사람들은 도회지로 나가 출세해 금의환향을 꿈꿨던 때이기도 했다. 나도 중학교 때까지 시골에서 지냈고 고등학교 때부터 도회지로 나왔다. 대전, 서울, 도쿄, 요코하마 등에서 체재했으나 금의환향은 하지 못하고 종종 한일 상공을 왕래하면서 한반도 강산과 사는 모습을 관찰해왔다.

창가에서 조망하는 네모투성이

내가 일본 생활을 시작한 것은 1992년 4월 3일이다. 참으로 긴 시간을 일본에서 지내고 또 한국을 왕래하며 나의 할 일이 무엇인가 고심하곤 했다. 비행기로 한일 상공을 왕복할 때면 가급적 창쪽 좌석을 예약한다. 창가에 앉아 펼쳐지는 푸른 창공과 두리둥실 떠 있는 구름을 보며 갖은 상상을 펼치기 좋기 때문이다. 비행기가 구름보다 높이 날고 있음을 실감할 때면 이국 땅 생활의 긴장감도 느슨해져 있다.

창가 좌석을 찾는 또 다른 이유는 한반도 하늘 위로 접어들면서 대한민국의 좁은 땅덩이를 한눈에 조망할 수 있기 때문이다. 산이 많은 한국이기에 비행기 창 밖으로 보면 녹색의 수풀이 피곤했던 눈을 싱그럽게 회복시켜주면서 생동감을 선사한다. 그러다가 빽빽한 도회지 모습이 시야에 들어오면 눈은 다시 뻑뻑해져간다. 닭장 같은 아파트군群이 상자처럼 90도 각도로 삶의 터전으로 자리 잡고 있고, 활동 무대인 사무실이나 주거 공간은 네모 건물 투성이다.

둥글둥글함이 사라져간다. 곡선의 전통 가옥이 거의 다 헐려나갔고 사각의 연립주택이 들어섰다. 아카시아꽃이 활짝 폈던 동구밖 과수원 길도 반듯한 콘크리트 길로 포장되었다. 모난 사각과 콘크리트가 늘어나며 우리네 성정에 각角이 지기 시작했을까? 땅 기운이 막히며 얼굴 표정도 딱딱해진 것일까? 70년대 유행가였던 돌고 도는 〈물레방아 인생〉(1971년 조영남)의 정취도 사라졌다. 흙 딛는 시간이 극히 줄어들고 부드러운 곡선이 까칠한 직선으로 생활권이 바뀌면서 기가 흩어지고 성정이 거칠어진 것은 아닐까?

어떻게 살라 가르쳐야 하나?

잘살게 되었지만 가슴팍 여기저기에 뭔가 허전한 구멍이 숭숭 뚫려 있다. 옛적 초가지붕에 곡선이 있었다고 해 가난에 찌들렸던 옛 시절로 돌아가자는 얘기가 아니다. 나 자신이 한참 어른이어야 할 대열에 들어섰고 젊은이들을 가르치는 일을 직업으로 삼고 있다. 부끄럽지만 도대체 무엇을 가르쳐야 하는지, 또 어떻게 살라고 그네들한테 호소해야 하는지 혼란스럽기도 하다. 전문가가 되라고 역설하자니 몰인간이 되라고 몰아대는 듯하고, 이것저것 두루두루 섭렵하라고 권하자니 한 가지도 깊이 파기 벅찬 이즈음 이도저도 아닌 낙오자로 떠미는 듯하다.

글로벌 시대일수록 자신이 살고 있는 지역 특성을 살려야 한다고 하지만 어떤 특성을 살려야 하나? 한민족은 끼도 많고 흥도 넘치기에 한번 불이 붙으면 엄청난 시너지 효과를 발휘하는 힘이 숨겨져 있다고들 한다. 한데 무엇에 흥을 붙이고 어디를 향해 가야 하는지 방향타를 잡기가 어려워졌다. 그렇게 한동안 지내다 보니 자신의 기운을 가지런히 다듬는 '평정심'을 갖지 못하고 조급해진 것은 아닐까?

문명이 발달했다 해서 우리가 우리네 선조들보다 재주가 꼭 뛰어난 것은 아닌 듯하다. 문화유산을 끔찍이도 사랑하는 유홍준의 답사기에는 "나는 항상 우리 시대의 문화능력으로는 옛 유적에 손대지 않는 것이 최상의 보존이라고 생각하고 있다"는 글귀가 있다(《나의 문화유산 답사기》). 선조들이 빚어낸 유산을 지금의 우리가 잘못 손대면 원형이 훼손되어 오히려 그 정수精髓가 흐려진다는 애석함이 배어 있다. 마음을 가라앉히지 못하고 숨결이 거칠어진 때문은 아닐까?

한국이 쪼그라들어서는 안 되는데

잘살아보려고 성냥갑 쌓아올리듯 지었던 사각의 아파트나 사무실 건물은 풍요의 상징이었다. 의학 문명 덕분에 장수 사회의 축복도 실현되었다. 겉으로는 풍요와 축복인 듯 한데 속으로는 겁먹고 있는 듯하다. 경쟁 교육에 짓눌려 지레 겁먹어 아이 낳아 키우기가 샘솟는 복이 아니라 떠안는 짐으로 다가오기 때문이어서일까? 보이지 않는 가위눌림의 공포가 다가오기 때문일까? 각이 져가는 사회에서 교육시키기 어려워지고 아이도 낳지 않으니 대한민국이 쪼그라들고 있는 듯하다.

뾰족한 사각四角의 기와 성정이 서로를 긁고 긁혀가며 우리를 흉물스런 괴물로 거칠게 몰아가고 있는지도 모르겠다. 생업을 위해 어쩔 수 없는 거친 시간이 있겠지만 부드러운 원과 곡선의 너그러움을 찾는 여정은 세상살이의 윤활유가 되지 않을까 싶다.

이삭줍기: 내공 쌓기 노력

기를 가다듬고 성정을 온화하게 이끄는 내공 쌓기 노력이 있어야 나의 허술함을 치유해줄 것이라 여기고 있다. 자신의 리듬에 맞는 상큼한 맛과 포근한 멋을 찾으며 지내고 싶은데, 그러지 못하고 무언가에 쫓기듯 살아간다. 차분히 생각할 겨를도 없이 걸려오는 말들, 들이닥치는 소식들에 파묻혀 느긋하게 지내지 못하고 세파에 떠밀려가곤 한다. 겉으로는 웃고 있지만 속으로는 '살아남아야 한다'는 조바심에 때로는 옆 사람 앞 집단을 밀어내고 앞으로 앞으로 나아가려 서두르고 허둥댄다. 주변을 어루만지며 달래야 할 소중한 마음이 스러져가는 것은 아닐까?

　'중원은 넓고 고수高手는 많다'는 세상. 그런 세상에 나의 고백과 신변 넋두리를 곁들이며 '너그러움을 찾는 여정'이라는 뜬금없는 제목을 붙여봤다. 마무리를 대신하며.

대 (代)	한자 이름	한글 읽기	재임 기간	재임 일수	집권당
			부표 1 l 일본의 역대 내각총리대신(수상) 명단		
1	伊藤博文(1)	이토 히로부미	1885년 12월 22일~1888년 4월 30일	861	
2	黒田清隆	구로다 키요타카	1888년 4월 20일~1889년 10월 25일	544	
3	山県有朋(1)	야마가타 아리토모	1889년 12월 24일~1891년 5월 6일	499	
4	松方正義(1)	마쓰카타 마사요시	1891년 5월 6일~1892년 8월 8일	461	
5	伊藤博文(2)	이토 히로부미	1892년 8월 8일~1896년 8월 31일	1,485	
6	松方正義(2)	마쓰카타 마사요시	1896년 9월 18일~1898년 1월 12일	482	진보당(進歩党)
7	伊藤博文(3)	이토 히로부미	1898년 1월 12일~1898년 6월 30일	170	
8	大隈重信(1)	오쿠마 시게노부	1898년 6월 30일~1898년 11월 8일	132	헌정당(憲政党)
9	山県有朋(2)	야마가타 아리도모	1898년 11월 8일~1900년 10월 19일	711	헌정당
10	伊藤博文(4)	이토 히로부미	1900년 10월 19일~1901년 5월 10일	204	입헌정우회 (立憲政友会)
11	桂太郎(1)	가쓰라 타로	1901년 6월 2일~1906년 1월 7일	1,681	
12	西園寺公望(1)	사이온시 킨노지	1900년 1월 7일~1908년 7월 14일	920	입헌정우회
13	桂太郎(2)	가쓰라 타로	1908년 7월 14일~1911년 8월 30일	1,143	
14	西園寺公望(2)	사이온지 킨모치	1911년 8월 30일~1912년 12월 21일	480	입헌정우회
15	桂太郎(3)	가쓰라 타로	1912년 12월 21일~1913년 2월 20일	62	
16	山本権兵衛(1)	야마모토 곤노효에	1913년 2월 20일~1914년 4월 16일	421	입헌정우회
17	大隈重信(2)	오쿠마 시게노부	1914년 4월 16일~1916년 10월 9일	908	입헌정우회
18	寺内正毅	테라우치 마사타케	1916년 10월 9일~1918년 9월 29일	721	
19	原敬	하라 타카시	1918년 9월 29일~1921년 11월 4일	1,133	입헌정우회
20	高橋是清	다카하시 고레키요	1921년 11월 13일~1922년 6월 12일	212	입헌정우회
21	加藤友三郎	가토 토모사부로	1922년 6월 12일~1923년 8월 24일	440	입헌정우회
22	山本権兵衛(2)	야마모토 곤노효에	1923년 9월 2일~1924년 1월 7일	128	혁신구락부 (革新倶楽部)
23	清浦奎吾	기요우라 케이고	1924년 1월 7일~1924년 6월 11일	157	정우본당 (政友本党)
24	加藤高明	가토 타카아키	1924년 6월 11일~1926년 1월 28일	597	입헌정우회 헌정회+
25	若槻礼次郎(1)	와카쓰키 레이지로	1926년 1월 30일~1924년 4월 20일	446	헌정회
26	田中義一	다나카 기이치	1924년 4월 20일~1929년 7월 2일	805	입헌정우회
27	浜口雄幸	하마구치 오사치	1929년 7월 2일~1931년 4월 14일	652	입헌민정당 (立憲民政党)

28	若槻礼次郎(2)	와카쓰키 레이지로	1931년 4월 14일~1931년 12월 13일	244	입헌민정당
29	犬養毅	이누카이 쓰요시	1931년 12월 13일~1932년 5월 16일	156	입헌정우회
30	斎藤実	사이토 마코토	1932년 5월 26일~1934년 7월 8일	774	거국일치내각 (挙国一致内閣)
31	岡田啓介	오카다 케이스케	1934년 7월 8일~1936년 3월 9일	611	거국일치내각
32	広田弘毅	히로타 코우키	1936년 3월 9일~1937년 2월 2일	331	거국일치내각
33	林銑十郎	하야시 센쥬로	1937년 2월 2일~1937년 6월 4일	123	거국일치내각
34	近衛文麿(1)	고노에 후미마로	1937년 6월 4일~1939년 1월 5일	581	거국일치내각
35	平沼騏一郎	히라누마 키이치로	1939년 1월 5일~1939년 8월 30일	238	거국일치내각
36	阿部信行	아베 노부유키	1939년 8월 30일~1940년 1월 16일	140	거국일치내각
37	米内光政	요나이 미쓰마사	1940년 1월 16일~1940년 7월 22일	189	거국일치내각
38	近衛文麿(2)	고노에 후미마로	1940년 7월 22일~1941년 7월 18일	362	거국일치내각
39	近衛文麿(3)		1941년 7월 18일~1941년 10월 18일	93	거국일치내각
40	東條英機	도죠 히데키	1941년 10월 18일~1944년 7월 22일	1,009	거국일치내각
41	小磯国昭	고이소 쿠니아키	1944년 7월 22일~1945년 4월 7일	260	거국일치내각
42	鈴木貫太郎	스즈키 칸타로	1945년 4월 7일~1945년 8월 17일	133	거국일치내각
43	東久邇宮稔彦	히가시쿠니노미야 나루히코	1945년 8월 17일~1945년 10월 9일	54	거국일치내각
44	幣原喜重郎	시데하라 키쥬로	1945년 10월 9일~1946년 5월 22일	226	일본진보당, 일본자유당
45	吉田茂(1)	요시다 시게루	1946년 5월 22일~1947년 5월 24일	368	일본자유당, 일본진보당
46	片山哲	가타야마 테쓰	1947년 5월 22일~1948년 3월 10일	296	일본사회당, 민주당 +
47	芦田均	아시다 히토시	1948년 3월 10일~1948년 10월 5일	220	민주당, 일본사회당+
48	吉田茂(2)	요시다 시게루	1948년 10월 15일~1949년 2월 16일	125	민주자유당
49	吉田茂(3)		1949년 2월 16일~1952년 10월 30일	1,353	자유당
50	吉田茂(4)		1952년 10월 30일~1953년 5월 21일	204	자유당
51	吉田茂(5)		1953년 5월 21일~1954년 12월 10일	569	자유당
52	鳩山一郎(1)	하토야마 이치로	1954년 12월 10일~1955년 3월 19일	100	일본민주당
53	鳩山一郎(2)		1955년 3월 19일~1955년 11월 22일	249	일본민주당
54	鳩山一郎(3)		1955년 11월 22일~1956년 12월 23일	398	자유민주당 (자민당)
55	石橋湛山	이시바시 탄잔	1956년 12월 23일~1957년 2월 25일	65	자민당

56	岸信介(1)	기시 노부스케	1957년 2월 25일~1958년 6월 12일	473	자민당
57	岸信介(2)		1958년 6월 12일~1960년 7월 19일	769	자민당
58	池田勇人(1)		1960년 7월 19일~1960년 12월 8일	143	자민당
59	池田勇人(2)	이케다 하야토	1960년 12월 8일~1963년 12월 9일	1,097	자민당
60	池田勇人(3)		1963년 12월 9일~1964년 11월 9일	337	자민당
61	佐藤栄作(1)		1964년 11월 9일~1967년 2월 17일	831	자민당
62	佐藤栄作(2)	사토 에이사쿠	1967년 2월 17일~1970년 1월 14일	1,063	자민당
63	佐藤栄作(3)		1970년 1월 14일~1972년 7월 7일	906	자민당
64	田中角栄(1)		1972년 7월 7일~1972년 12월 22일	169	자민당
65	田中角栄(2)	다나카 카쿠에이	1972년 12월 22일~1974년 12월 9일	718	자민당
66	三木武夫	미키 타케오	1974년 12월 9일~1976년 12월 24일	747	자민당
67	福田赳夫	후쿠다 다케오	1976년 12월 24일~1978년 12월 7일	714	자민당
68	大平正芳(1)		1978년 12월 7일~1979년 11월 9일	338	자민당
69	大平正芳(2)	오히라 마사요시	1979년 11월 9일~1980년 6월 12일	217	자민당
70	鈴木善幸	스즈키 젠코	1980년 7월 17일~1982년 11월 27일	864	자민당
71	中曽根康弘(1)		1982년 11월 27일~1983년 12월 27일	396	자민낭
72	中曽根康弘(2)	나카소네 야스히로	1983년 12월 27일~1986년 7월 22일	939	자민당
73	中曽根康弘(3)		1986년 7월 22일~1987년 11월 6일	473	자민당
74	竹下登	다케시타 노보루	1987년 11월 6일~1989년 6월 3일	576	자민당
75	宇野宗佑	우노 소우스케	1989년 6월 3일~1989년 8월 10일	69	자민당
76	海部俊樹(1)		1989년 8월 10일~1990년 2월 28일	203	자민당
77	海部俊樹(2)	가이후 토시키	1990년 2월 28일~1991년 11월 5일	616	자민당
78	宮澤喜一	미야자키 키이치	1991년 11월 5일~1993년 8월 9일	644	자민당
79	細川護熙	호소카와 모리히로	1993년 8월 9일~1994년 4월 28일	263	日本新黨+
80	羽田孜	하타 쓰토무	1994년 4월 28일~1994년 6월 30일	64	신생당+
81	村山富市	무라야마 토미이치	1994년 6월 30일~1996년 1월 11일	561	日本社會黨+
82	橋本龍太郎(1)		1996년 1월 11일~1996년 11월 7일	302	자민당+
83	橋本龍太郎(2)	하시모토 류타로	1996년 11월 7일~1998년 7월 30일	631	자민당+
84	小渕恵三	오부치 케이조	1998년 7월 30일~2000년 4월 5일	616	자민당+
85	森喜朗(1)		2000년 4월 5일~2000년 7월 4일	91	자민당+
86	森喜朗(2)	모리 요시로	2000년 7월 4일~2001년 4월 26일	297	자민당+

87	小泉純一郎(1)		2001년 4월 26일~2003년 11월 19일	938	자민당+
88	小泉純一郎(2)	고이즈미 준이치로	2003년 11월 19일~2005년 9월 21일	673	자민당+
89	小泉純一郎(3)		2005년 9월 21일~2006년 9월 26일	371	자민당+
90	安倍晋三(1)	아베 신조	2006년 9월 26일~2007년 9월 26일	366	자민당+
91	福田康夫	후쿠다 야스오	2007년 9월 26일~2008년 9월 24일	365	자민당+
92	麻生太郎	아소 타로	2008년 9월 24일~2009년 9월 16일	358	자민당+
93	鳩山由紀夫	하토야마 유키오	2009년 9월 16일~2010년 6월 8일	266	민주당+
94	菅直人	칸 나오토	2010년 6월 8일~2011년 9월 2일	452	민주당+
95	野田佳彦	노다 요시히코	2011년 9월 2일~2012년 12월 26일	482	민주당+
96	安倍晋三(2)		2012년 12월 26일~2014년 12월 24일	1,095	자민당+
97	安倍晋三(3)	아베 신조	2014년 12월 24일~2017년 11월 1일	1,043	자민당+
98	安倍晋三(4)		2017년 11월 1일~		자민당+

· 집권당에서 '+' 표시는 다른 정당(대개는 소수 정당)과의 연립을 의미한다.
· 총리 경험자는 63명이며, 재임 기간 1위는 2,886일을 재임한 가쓰라 타로(11, 13, 15대)다.

자료: 스트로와라노 정보교차점 〈일본의 역대 내각총리대신〉과 일본수상관저 〈역대내각〉을 참고로 필자 작성.

이삭줍기(권말): 내게 새벽은 나를 찾는 시간

사람마다 생체(바이오) 리듬이 다른지라 하루의 시간대에 따라 느껴지는 기분도 다르다. 시간대가 다르겠지만 누구한테나 하루 시간 중 가장 순수해지는 때가 있나보다. 그렇지 않다고 하면 '다만 느끼지 못할 뿐'이라 말하고 싶다. 어떤 사람은 모두들 잠이 든 한밤중의 조용한 시간이 집중하기 좋은 때일 수도 있을 것이다. 나의 경우는 새벽이나 아침에 일어났을 때가 가장 순수하게 나다워지고 싶어지는 시간이다.

언제부터인가 심금을 울리고 영혼에 호소하는 책을 만나고 싶다는 마음이 찾아왔다. 눈을 뜨는 새벽 시간에는 스마트폰이나 컴퓨터 스위치를 켜거나 경제학 서적을 읽거나 하고 싶지는 않다. 그런 일은 대개 아침 먹고 난 후의 낮 시간에 하게 된다.

새벽 시간에는 인문 고전이나 경전을 접하거나 묵상하고 싶은 마음이다. 그렇게 새벽과 아침 시간을 보내며 나에게 많은 영향을 준 책을 든다면, 영어 성경, 불교대전, 고승·선승들의 책들, 박경리 《토지》, 나쓰메 소세키 작품집 등을 들 수 있겠다. 또 가끔씩 시 감상을 하면서 어설프지만 답시나 감상시를 적어보기도 한다.

참고문헌

한국어 문헌

〈경향신문〉, '대한민국정당사'(http://news.khan.co.kr/kh_storytelling/2017/party/). (열람일: 2018년 5월 21일).

국중호(2013), 《호리병 속의 일본》, 도서출판한울.

국중호(2015), '엔저원고를 어떻게 볼 것인가?', 〈亞洲時代〉, 아주홀딩스, Vol. 1, 9월, 56~57쪽.

국중호(2017), '한국과 일본 교수의 특징비교', 〈대학교육〉, 한국대학교육협의회, 196호 (04+05+06월호), 40~46쪽.

국중호(2018a), '일본 경제의 실상 파악 및 한일 소득 수준 비교', 〈경제논집〉, 서울대학교 경제연구소, 제57권 제1호, 69~94쪽.

국중호(2018b), '양적 · 질적 속성이 판이한 한국과 일본의 국가 채무', 〈재정포럼〉, 4월호 권두칼럼, 한국조세재정연구원, 2~4쪽.

국중호(2018c), '일본 경제 진상 파악과 전망', 《Economy21》, The Monthly Economy Magazine, 2월호(통권446호), 42~49쪽.

기획재정부(2018), 〈2017~2021년 국가채무관리계획〉.

기획재정부, 〈e-나라지표〉(http://www.index.go.kr/). (열람일: 2018년 5월 28일).

김영래(2011), 《삼성의 DNA》, 비즈프라임.

대한민국정부(2015), 〈창조경제 실현방안〉.

박근혜(2007), 《절망은 나를 단련시키고 희망은 나를 움직인다》, 위즈덤하우스.

박영호(2006), 《다석사상으로 본 불교, 금강경》, 도서출판 두레.

배준호(2017), 《역사의 품격》(상·하), 책과 나무.

이병철(1986), 《호암자전》, 중앙M&B.

전국경제인연합회(2018), 〈2017년 전경련 사업보고서〉.

통계청(각 년), 《장래인구추계》(KOSIS).

통계청(각 년), 《가계동향조사》(KOSIS).

통계청(각 년), 《경제활동인구조사》(KOSIS).

한국은행, 〈한국은행경제통계시스템〉(ECOS, https://ecos.bok.or.kr/). (열람일: 2018년 5월 21
  일).

행정안전부, 〈국가기록원 대통령기록관〉(http://pa.go.kr/online_contents/president/). (열람일:
  2018년 5월 21일).

영어 문헌

Huntington, Samuel P. (2002), *The Clash of Civilizations and the Remaking of World Order*, The Free
  Press. (사무엘 헌팅턴, 《문명의 충돌》).

IMF, *World Economic Outlook Database*, April 2018.

Jobs, Steve, *The Commencement speech* to the graduates of Stanford University, on June 12, 2005. (스
  티브잡스, 〈스탠퍼드대 졸업식 연설〉).

OECD(each year), *Economic Outlook* (https://stats.oecd.org/).

OECD(each year), *Household savings forecast*.

Pew Research Center (http://www.pewresearch.org/).

Principal Global Indicators (http://www.principalglobalindicators.org/).

Roberts, Anne F. (1982), *Public Relations for Librarians*, Libraries Unlimited Inc. (앤 로버츠, 《사서
  를 위한 홍보활동》).

Schwab, Klaus (2016), *The Fourth Industrial Revolution*, World Economic Forum. (클라우스 슈바브,
  《4차 산업혁명》).

일본어 문헌

ストローワラの情報交差点,〈日本の歴代内閣総理大臣(일본의 역대 내각총리대신)〉(https://straw-wara.net/archives/politics/prime-minister.html).

マックスヴェーバー(Max Weber),(尾高邦雄訳)(1980),《職業としての政治》, 岩波書店. (막스베버,《직업으로서의 정치》).

安倍晋三(2013),《新しい国へ : 美しい国へ 完全版》, 文春新書903. (아베 신조,《새로운 나라로》).

井上光貞・笠原一男・児玉幸男(1992),《新詳説日本史》, 山川出版社. (이노우에 외,《신상설일본사》).

夏目漱石(1907),〈文芸の哲学的基礎〉, 磯田光一編,《漱石文芸論集》, 岩波文庫, 緑10-0, 2014, 104~105쪽. (나쓰메 소세키,〈문예의 철학적 기초〉).

夏目漱石(1908),〈創作家の態度〉, 磯田光一編,《漱石文芸論集》, 岩波文庫, 緑10-0, 2014, 144~145쪽. (나쓰메 소세키,〈창작가의 태도〉).

夏目漱石(1911),〈道樂と職業〉, 磯田光一編,《漱石文芸論集》, 岩波文庫, 緑10-0, 2014, 215~244쪽. (나쓰메 소세키,〈도락과 직업〉).

大塚耕平(2018),〈政治経済レポート〉(Vol. 401), 5월 23일. (오츠카 코헤이,〈정치경제 리포트〉).

河合真帆(2015),〈鎌倉市中央圖書館Twitter〉, (가와이 마호, '가마쿠라시중앙도서관 Twitter') 캡처, 8월 26일.

笠原一男(1992),《詳説日本史研究》, 山川出版社. (가사하라 가즈오,《상설일본사연구》).

丸山真男(1961),《日本の思想》, 岩波書店, 1961. (마루야마 마사오,《일본의 사상》).

鞠重鎬(2012),〈仮名文字から見た日本〉, 韓国人研究者フォーラム公式ホームページ(http://ksfj.jp/). (국중호,〈가나 문자로 본 일본〉).

鞠重鎬(2015),〈書評 金慶珠〉(2014),《嫌韓の論法》, ベストセラーズ出版ベスト新書446, 韓国人研究者フォーラムへの寄稿. [국중호 서평,《혐한의 논법》(김경주 저)].

鞠重鎬(2016),〈経済財政運用の日韓比較と示唆-ストックとフローの調和を目指して-〉,《改革者》, 政策研究フォーラム刊行, 通巻676号(11月号), 46~49쪽. (국중호,〈경제 재정 운용의

한일 비교와 시사〉).

金慶珠(2014), 《嫌韓の論法》, ベストセラーズ出版ベスト新書446. (김경주, 《혐한의 논법》).

金明中(2017), 〈日本経済と働き方改革, そして社会保障制度の現状や課題〉, 横浜市立大学国際
　　総合科学部　教室セミナー発表原稿, 7월 24일. (김명중, 〈일본경제와 노동방식 개혁, 사회
　　보장제도의 현황과 과제〉).

権五景(2017), 〈地域資源の観点から見た国家間・地域間経済格差〉, 経営学会研究会発表論
　　文, 大阪経済法科大学アジア太平洋研究センター. 7월 29일. (권오경, 〈지역자원의 관점에서
　　본 국가간・지역간경제격차〉).

厚生労働省(各年), 〈職業安定業務統計〉. (후생노동성, 〈직업안정업무통계〉).

厚生労働省(各年), 〈人口動態統計月報〉. (후생노동성, 〈인구동태통계월보〉).

財務省(2018), 〈国及び地方の長期債務残高〉 資料.

財務省(2017), 〈財務省協力資料〉.

財務省(2018), 〈1970年度以降の長期債務残高の推移〉.

首相官邸, 〈歴代内閣(역대내각)〉(http://www.kantei.go.jp/jp/rekidainaikaku/).

小林よしのり(2009), 《ゴーマニズム宣言SPECIAL 天皇論》, 小学館. (고바야시 요시노리, 《천황
　　론》).

菅野完(2016), 《日本会議の研究》, 扶桑社新書. (스가노 타모츠, 《일본회의의 연구》).

政府統計の総合窓口(e-Stat), 〈統計でみる日本〉(https://www.e-stat.go.jp/), 政府統計ポータル
　　サイト. [정부통계의 종합 창구(e-Stat)].

青木理(2016), 《日本会議の正体》, 平凡社新書. (아오키 오사무, 《일본회의의 정체》).

石弘光(2002), 《大學はどこに行く》, 講談社現代新書. (이시 히로미츠, 《대학은 어디로 가나》).

石塚雅彦(2007), 《経済英語: はじめて学ぶ40日間トレーニングキット》, 日本経済新聞社監修,
　　アルク. (이시즈카 마사히코, 《경제영어》).

総務省統計局(各年), 《労働力調査》. (총무성통계국, 《노동력조사》).

総務省統計局(各年), 《家計調査年報》.

孫正義(2010), 〈孫の二乗兵法〉, 開校式・戦略特別講座, ソフトバンク・アカデミア, 2010년 7
　　월 28일.(http://www.softbank.co.jp/academia/). (손정의, 〈손의 제곱병법〉).

孫正義(2011), 〈孫正義の白熱教室〉, 《プレジデント》(President), 3月7日号, プレジデント社, 28~87쪽. (손정의, 〈손정의의 열띤 교실〉).

中根千枝(1987), 《タテ社会の人間関係 - 単一社会の理論 - 》, 講談社現代新書. (나카네 치에, 《종적 사회의 인간관계》).

電通リサーチ(2010), 《韓国製品イメージ調査結果報告書》, 7월 7일. (덴츠리서치, 《한국제품 이미지 조사결과보고서》).

土居健郎(1971), 《甘えの構造》, 弘文堂. (도이 다케오, 《응석부림의 구조》).

内閣府(各年), 《家計調査》. (내각부, 《가계조사》).

内閣府(各年), 《高齢社会白書》. (내각부, 《고령사회백서》).

内閣府(各年), 《国民経済計算》. (내각부, 《국민경제계산》).

日本会議ホームページ(http://www.nipponkaigi.org/). (일본회의 홈페이지).

日本経済新聞デジタルメディア(2016), '日経マクロ経済データ(CD-ROM)'. [〈일본경제신문〉 디지털미디어 '닛케이매크로경제데이터(CD-ROM)'].

日本銀行(各年), 〈営業毎旬報告〉. (일본은행, 〈영업매순보고〉).

日本銀行(2016), 〈金融政策の評価と展望〉. (일본은행, 〈금융정책의 평가와 전망〉).

日本銀行(各年), 〈資金循環統計〉. (일본은행, 〈자금순환통계〉).

日本銀行, 〈時系列統計データ検索サイト〉(http://www.stat-search.boj.or.jp/index.html) (일본은행, 〈시계열 통계 데이터〉).

日本自動車輸入組合(JAIA), 〈輸入車新規登録台数〉(http://www.jaia-jp.org). (일본자동차수입조합, 〈수입차 신차 등록대수〉).

飯尾潤(2007), 《日本の統治構造: 官僚内閣制から議院内閣制へ》, 中央公論新社. (이이오 준, 《일본의 통치구조》).

尾崎行雄(1947), 《民主政治読本》, 日本評論社. (오자키 유키오, 《민주정치독본》).

防衛省·自衛隊《防衛白書2015》(平成27年度版). (방위성·자위대, 《방위백서 2015》).

野口悠紀雄(2013), 《虚構のアベノミクス》, ダイヤモンド社. (노구치 유키오, 《허구의 아베노믹스》).

野口悠紀雄(2013), 《金融緩和で日本は破綻する》, ダイヤモンド社. (노구치 유키오, 《금융완화

로 일본은 파탄한다》).

野口悠紀雄(2014), 《期待バブル崩壊》, ダイヤモンド社. (노구치 유키오, 《기대버블 붕괴》).

野口悠紀雄(2017), 《日本經濟入門》, 講談社現代新書2416. (노구치 유키오, 《일본경제입문》).

野中郁次郎(1990), 《知識創造の経営》, 日本経済新聞出版社. (노나카 이쿠지로, 《지식창조의 경영》).

李錫宇(2013), 〈化粧品と文化力〉, 《東京FORUM 100回記念文集》, 東京FORUM, 28~31쪽. (이석우, 〈화장품과 문화력〉).

鈴木孝夫(1973), 《ことばと文化》, 岩波新書C8. (스즈키 타카오, 《말과 문화》).

和辻哲郎(1979), 《風土》, 岩波書店. (와츠지 테츠로, 《풍토》).

齋藤孝(2016), 《語彙力ころが教養である》, 角川新書K−56. (사이토 타카시, 《어휘력이야말로 교양이다》).

稲盛和夫(2014), 《生き方: 人間として一番大切なこと》, サンマーク出版. (이나모리 가즈오, 《삶의 방식: 인간에게 있어 가장 소중한 것》).

일본 신문

〈朝日新聞(아사히신문)〉, 2015년 6월 8일자, 2015년 8월 27일자, 2016년 10월 7일자, 2017년 1월 12일자, 2018년 4월 28일자.

〈朝日新聞Digital(아사히신문 디지털)〉, 〈ノーベル賞(노벨상)〉(http://www.asahi.com/special/nobel/), 2017년 10월 5일자.

〈毎日新聞(마이니치신문)〉, 2018년 4월 28일자.

〈読売新聞(요미우리신문)〉, 2018년 4월 28일자.

〈産経新聞(산케이신문)〉, 2018년 4월 28일자.

〈日本経済新聞(니혼게이자이신문)〉, 2018년 4월 28일자.

〈日本経済新聞〉, 〈日本人のノーベル賞　受賞者(일본인의 노벨상 수상자)〉(https://www.nikkei.com/article/DGXLAS0040011 _V01C15A0000000/), 2015년 10월 5일자.

〈東京新聞(도쿄신문)〉, 2018년 4월 28일자.

〈北海道新聞(홋카이도신문)〉, 2018년 4월 28일자.

〈琉球新聞(류큐신문)〉, 2018년 4월 28일자.

한·일 간 차이를 만드는 세 가지 축

흐름의 한국 축적의 일본

제1판 1쇄 인쇄 | 2018년 8월 13일
제1판 1쇄 발행 | 2018년 8월 17일

지은이 | 국중호
펴낸이 | 한경준
펴낸곳 | 한국경제신문 한경BP
외주편집 | 이근일
저작권 | 백상아
홍보 | 정준희·조아라
마케팅 | 배한일·김규형
디자인 | 김홍신
본문디자인 | 김수아

주소 | 서울특별시 중구 청파로 463
기획출판팀 | 02-3604-553~6
영업마케팅팀 | 02-3604-595, 583 FAX | 02-3604-599
H | http://bp.hankyung.com   E | bp@hankyung.com
T | @hankbp   F | www.facebook.com / hankyungbp
등록 | 제 2-315(1967. 5. 15)

ISBN 978-89-475-4399-6   03320